역사의 맞수 1

: 백제 성왕과 신라 진흥왕

노중국

지식산업사

노중국盧重國

경북 울진에서 태어나 계명대학교 사학과를 졸업하고, 서울대학교 대학원 국사학과에서 석사학위와 박사학위를 취득했다. 계명대학교 인문대학 사학과 교수(1979~2014)로 재직했으며, 인문대학 학장을 역임하였다. 현재 계명대학교 사학과 명예교수이다. 한국고대사학회를 창립하여 1~4대 회장을 맡았고, 대구사학회 회장, 백제학회 회장을 역임했다. 제1기 한일역사공동연구위원회 위원, 한성백제박물관 건립추진단 전시기획실무위원회 위원장, 문화재위원회 사적분과위원장, 서울특별시사편찬위원회 위원, 백제역사유적지구 세계유산등재추진위원회 위원장, 백제문화사대계(25권) 편집위원장, 신라 천년의 역사와 문화 연구총서·자료집(30권) 편집위원장을 지냈다.

저서로는《백제사회사상사》,《백제의 대외 교섭과 교류》,《백제부흥운동사》,《백제정치사》, 공저로는《개정 증보 역주 삼국사기 Ⅰ-Ⅴ》,《대가야의 정신세계》,《한국고대의 수리시설과 농경》,《한류 열풍의 진앙지 일본 가와치》,《금석문으로 백제를 읽다》 등이 있다.

역사의 맞수 1
: 백제 성왕과 신라 진흥왕

초판 1쇄 인쇄   2020. 7. 24.
초판 1쇄 발행   2020. 8. 10.

지은이   노중국
펴낸이   김경희
펴낸곳   (주)지식산업사
본사 ● 10881, 경기도 파주시 광인사길 53(문발동)
전화 031-955-4226~7 팩스 031-955-4228
서울사무소 ● 03044, 서울시 종로구 자하문로6길 18-7
전화 02-734-1978, 1958 팩스 02-720-7900
영문문패   www.jisik.co.kr
전자우편   jsp@jisik.co.kr
등록번호   1-363
등록날짜   1969. 5. 8.

책값은 뒤표지에 있습니다.

이 책에 대한 문의는
지식산업사로 연락해 주시길 바랍니다.

사 속에 살아 있는 인간 탐구 38

역사의

백제 성왕과　신라 진흥왕

맞수 ①

노중국 지음

지식산업사

책을 펴내며

Ⅰ.

사람은 경쟁 속에서 살아간다. 국가도 마찬가지다. 나라와 나라는 경쟁하다가 화호和好하고 화호하다가 대립하기도 한다. 모두 자국의 이익과 국제관계상에서 세력균형을 위해서다. 그래서 국제관계에서는 영원한 우방도, 영원한 적도 없다고 하였다. 이런 복잡한 국제관계 속에서 역사의 맞수가 생겨난다.

역사의 맞수는 동시대에 용호상박의 대결을 펼친 역사상의 두 인물을 말한다. 사람의 입에 가장 많이 오르내리는 역사상 맞수는 중국의 삼국시대에 촉한의 제갈량諸葛亮과 조위의 사마의司馬懿일 것이다. 소설《삼국지연의: 삼국지》의 덕분이다. 그러나 우리나라 삼국시대에도 만만치 않은 대결을 펼친 맞수가 있었다. 이 책에서 다루는 백제 성왕(523-554)과 신라 진흥왕(540-576)이 역사의 맞수다.

역사상 맞수의 대결과 그 결과는 당시뿐만 아니라 그 이후 두 나라의 역사 전개 과정에 큰 영향을 미쳤다. 따라서 맞수의 대결이 어떻게 일어났고, 어떻게 전개되었고, 결과가 어떠하였으며, 그것이 그 시대에 또 그 이후의 시대에 어떤 영향을 미쳤는지를 살펴보는 것이 필요하다. 성왕과 진흥왕을 맞수의 관점에서 정리하는 목적도 여기에 있는 것이다.

성왕은 스무 살 정도 되는 523년에 즉위하였다. 진흥왕은 540년 즉위할 당시 일곱 살이었다. 나이로 따지면 성왕은 진흥왕의 아버지 뻘이었다. 그러나 두 왕은 14년 동안 재위 기간을 같이하였으므로 동시대의 인물이었다. 두 왕은 때로는 화호하고 때로는 대결하면서 이 시대를 이끌어 갔다.

성왕은 아버지 무령왕이 다져 놓은 '갱위강국'을 토대로 사비 천도를 단행하여 새 시대를 열었다. 중앙과 지방의 통치조직을 정비하고, 강력한 왕권 중심 체제를 만들어 중흥을 이루었다. 중국 양나라의 선진 문물을 받아들여 문화 수준을 높였다. 장육불상을 만들어 왕실을 신성화하였다. 그래서 백제인들은 그를 '성왕聖王'이라 불렀다. 성왕의 꿈은 백제를 더욱 강한 나라로 만들어 근초고왕-근구수왕대의 영광을 재현하는 것이었다.

진흥왕은 18세가 되는 재위 12년(551)에 친정을 하면서 연호를 개국開國으로 고쳐 새로운 정치를 펼 것을 선언하였다. 왕권을 신성화하고 정복 활동을 적극 전개하여 영토를 넓혔다. 인도의 아육왕(阿育王: 아쇼카왕)이 만들지 못한 장육불상을 한번에 만들어 자신이 뛰어난 군주임을 과시하였다. 진흥왕의 꿈은 지증왕이 선포한 '덕업일신 망라사방'과 법흥왕이 이룬 '대왕' 의식과 '건원' 칭원稱元을 실천해 신라를 이웃 나라들이 신의를 지키겠다고 서약하는 천하의 중심국으로 만들려고 하였다.

성왕과 진흥왕은 처음부터 맞붙은 것은 아니었다. 삼국이 정족鼎足을 이루고 있는 상황에서 강대한 고구려의 압력에 대응하기 위해 두 왕은 손을 맞잡기도 하였다. 그래서 고구려가 백제를 치자 진흥왕은 원군을 파견하여 백제를 도와주었다. 이렇게 두 왕은 대고구려 공동전선을 형성하여 세력균형을 이루었다.

그러나 두 왕은 점차 숙명의 맞대결로 나아가고 있었다. 그 배경에 한강유역이 있었다. 한강유역은 삼국이 국경을 접한 군사적 요충지였고, 물산이 풍부하였으며, 대중국 해상 교두보로서 삼국의 '쟁패지지爭覇之地'였다. 이곳을 차지해야만 진정한 패권자覇權者가 될 수 있었다. 이리하여 두 맞수는 한강유역을 놓고 한판 승부를 펼쳤다. 어제의 동맹이 오늘의 적으로 바뀐 것이다.

맞수의 대결은 관산성 대회전에서 판가름 났다. 백제의 대패였다. 성왕은 포로로 잡혀 죽었고, 진흥왕은 대승을 거두었다. 이 전쟁의 패배로 근초고왕-근구수왕의 영광을 재현하려 한 성왕의 꿈은 산산이 깨어졌다. 반면에 진흥왕은 욱일승천의 기회를 잡아 한강유역은 물론 가야 지역과 함경남도 지역까지를 영역으로 편입하여 "덕업일신 망라사방"을 이루었다.

관산성 대회전의 승리와 그 결과로서 진흥왕이 차지한 한강유역과 '사방탁경'은 훗날 신라가 삼국을 통일하는 경제적, 군사적, 이념적 기반이 되었다. 관산성 대회전이 한국고대사에서 가지는 역사적 의미는 바로 여기에 있는 것이다.

Ⅱ.

저자가 성왕과 진흥왕을 역사의 맞수로서 정리하기로 마음을 먹은 것은 절판된 저자의 첫 저서 《백제정치사연구》(일조각, 1988)를 개정·증보하는 작업을 진행하면서부터였다. 그 결과물이 2018년에 출간된 《백제정치사》(일조각)이다. 개정·증보 작업을 하면서 저자는 관산성 대회전의 결과가 당시의 백제와 신라 사회에 미친 영향력이 컸을 뿐만 아니라 훗날 신라가 삼국을 통일하는 기반이 되었음을 새롭게 재인식할 수 있었다. 그래서 이 역사적 대회전을 성왕과 진흥왕이라는 맞수를 중심에 두고 살펴보기로 하였다.

성왕과 진흥왕을 역사의 맞수로 설정하면서 고민되었던 것이 크게 두 가지였다. 하나는 인물을 강조하는 것이 과연 한국고대사를 이해하는 데 얼마만큼의 도움이 되겠느냐는 문제였다. 맞수의 대결에서는 맞수의 능력과 지혜, 통솔력과 결단력이 강조되는데, 자칫 잘못하면 영웅주의에 빠져들 위험이 있기 때문이다. 그렇지만 국가와 사회를 운영함에는 잘 짜여진 제도도 중요하지만 이에 못지않게 제도를 운영하는 사람의 능력이나 영향력도 무시할 수 없다. 특히 국왕의 경우 판단력과 통솔력의 여하는 국가 전체의 명운을 좌우한다. 이런 측면에서 성왕과 진흥왕이라는 걸출한 두 왕의 대결을 맞수의 관점에서 정리하는 것도 의미가 있다고 생각하였다.

다른 하나는 두 왕의 업적이나 활동을 일관성 있게 비교할 수 있느냐는 문제였다. 비교는 객관적인 기준이 있어야 한다. 그러나 비교의 기준을 만드는 것은 쉽지 않았다. 이 책에서는 성왕과 진흥왕이 자신들의 꿈을 펼칠 수 있도록 토대를 놓아 준 백제 무령왕과 신라 지증왕·법흥왕대를 먼저 개관하고, 그 다음 두 왕이 국가체제를 정비하고 군사력을 키우고 왕권을 신성화하여 두 나라를 강국으로 만들어 가는 모습을 몇 개의 항목으로 나누어 정리하였다. 그리고 이 책의 핵심 주제인 한강유역을 차지하기 위해 두 맞수가 명운을 걸고 싸운 관산성 대회전의 전개 과정을 집중적으로 살펴보기로 하였다. 관산성 대회전의 승패와 두 왕의 최후가 두 나라의 역사 전개 과정에 미친 영향은 두 나라 내부에 일어난 변화를 정리하는 것으로 갈음하였다. 맺는 글에서는 고대 동아시아에서 일어난 국제전의 하나인 관산성 대회전의 승패가 관련국들에게 미친 영향과 이후 신라의 삼국통일에 끼친 역사적 의미를 정리해 보았다.

Ⅲ.

원고를 최종 정리하는 시기에 코로나19 사태가 벌어졌다. 특히 대구 지역에 피해가 심했다. 이 어려운 상황을 극복하기 위해 온 국민은 다른 사람에게 피해를 주지 않으려고 스스로 조심하였고, 자원 봉사자는 자원 봉사자답게, 의료진은 의료진답게, 방역 당국은 방역 당국답게 최선의 노력을 기울였다. 난국에 처하였을 때 국민의 내적 역량을 끌어올리는 것은 국가 지도자의 몫이다. 국가 지도자의 통찰력과 리더십이 얼마나 중요한가를 새삼 느꼈다. 그러면서 현재 우리가 처한 국난 극복 과정을 먼 과거로 투사시켜 보았다. 성왕과 진흥왕은 백제와 신라가 처한 국가적 어려움을 어떻게 헤쳐 나갔을까? 어떻게 민들의 내적 역량을 묶어 냈을까? 역사는 결국 사람이 만들어 가는 것이기 때문이다.

이 책의 출간은 지식산업사에서 맡아 주었다. 어려운 출판 환경에도 인문학을 진흥시켜야 한다는 뜻에서 선뜻 출판을 허락해 주신 김경희 사장께 먼저 감사의 말씀을 드린다. 내용을 꼼꼼하게 살피고 모양 좋은 책으로 만들어 준 편집부의 김연주 선생에게 감사 인사를 전한다. 전공하지 않은 사람이 이해할 수 있어야 제대로 된 글이라고 하면서 내용을 경청해 주고 때로는 미처 생각지도 못한 질문을 해 주기도 한 아내 전중기에게도 감사의 마음을 표한다.

2020년 5월
팔공산 아래 단산 저수지를 바라보며
미관未盥 노중국 삼가 쓰다

차 례

역
사
의

맞
수

머리글: 맞수의 앞 시대

I. 사비기의 토대를 놓은 무령왕과 중고기의 기반을 다진 지증왕

백제는 678년의 역사를 가진 나라였고, 신라는 천 년의 역사를
가진 나라였다. 이렇게 긴 역사를 가진 왕조를 제대로 이해하려면
시기를 나누어 보아야 한다. 각 시기는 그 나름의 특징을 가지고
있으면서 그러한 특징을 나타낼 수밖에 없는 역사적 조건을 갖고
있기 때문이다.

백제사의 시기 구분은 수도를 기준으로 한성기(기원전 18-기원후
475), 웅진기(475-538), 사비기(538-660)로 나눈다. 한성漢城은 지
금의 서울로서 시조 온조왕이 건국한 이후 백제가 성장하는 데 중
심지가 된 곳이다. 웅진성熊津城은 지금의 공주로서, 475년 고구려의
공격으로 한성이 함락된 뒤 문주왕이 황급히 천도하여 수도가 되었
다. 사비성泗沘城은 지금의 부여로서 성왕이 계획적으로 천도한 곳
이다. 이처럼 백제의 수도는 각각 독특한 역사성을 가지고 있다.

신라는 건국 이후 멸망 때까지 수도를 한 번도 옮겨본 적이 없
다. 이것이 신라사의 특징 가운데 하나이다. 신라사의 전개 과정을
《삼국사기》와 《삼국유사》는 각각 세 시기로 구분하였다. 《삼국사기》
는 무열왕의 직계 후손이 왕위를 계승한 시대를 중대(中代: 654-780)
로 하고, 그 이전을 상대(上代: 기원전 57-기원후 654), 그 이후를

하대(下代: 780-935)라고 하였다. 《삼국유사》는 불교식 왕명을 사용한 시기를 중고(中古: 514-654)라 하고, 그 이전을 상고(上古: 기원전 57-기원후 514), 그 이후를 하고(下古: 654-935)라 하였다.

천 년의 역사를 세 시기로 구분하면 각 시기에 포함되는 시간이 너무 길어 신라사 전개 과정의 역동성을 담아내기 어렵다. 때문에 이 책에서는 시기를 세분하여 통일 이전까지는 《삼국유사》에 따라 상고기와 중고기로, 통일 이후는 《삼국사기》에 따라 중대기와 하대기로 나누고, 여기에 후삼국기를 포함시켜 상고기-중고기-중대기-하대기-후삼국기로 나누어 보는 시기 구분을 따르기로 하였다.

이 책에서 다루는 시기는 백제사에서는 사비기이고, 신라사에서는 중고기이다. 백제사에서 사비기는 높은 문화를 이루고 국제적 위상을 높인 '갱위강국'의 시기였다. 사비기를 열 수 있도록 토대를 놓은 왕이 무령왕(501-523)이고, 이를 이루어낸 왕이 성왕이다. 신라에서 중고기는 중앙집권체제를 갖추고 영역을 크게 확대하여 후일 삼국을 통일할 수 있는 토대가 놓인 시기이다. 중고기를 열 수 있게 기틀을 다진 왕이 지증왕(500-514)이고, 중고기를 연 왕이 법흥왕(514-540)이다. 그리고 이 토대 위에서 중고기를 반석 위에 올려놓은 왕이 진흥왕이다.

무령왕과 지증왕은 14년 동안 재위 기간을 같이 하면서 사비기와 중고기의 시작점을 만들었다. 묘하게도 두 사람은 닮은 점이 많다. 이를 몇 가지로 정리하면 다음과 같다.

첫째, 무령왕은 웅진 천도 이후 왕계가 문주왕계에서 곤지계로 옮겨지는 복잡한 과정을 거쳐 즉위하였다. 이후 백제 왕위는 멸망에 이르기까지 무령왕계가 계승하였다. 지증왕은 마립간 시기에 눌지마립간의 후손으로 이어지는 직계의 왕위계승을 마감하고 눌지마립간의 동생인 복호갈문왕계로서 왕위에 올랐다. 이후 중대기 말에 이르기까지 지증왕의 후손이 왕위를 이어 갔다.

둘째, 무령왕과 지증왕은 출계出系가 복잡하였다. 《삼국사기》에는 무령왕을 동성왕의 둘째 아들이라 하였고, 《일본서기》에는 개로왕의 아들이라는 설과 곤지의 아들이라는 설 그리고 동성왕의 이모형異母兄이라는 설이 나온다. 동성왕의 둘째 아들이라는 설은 〈무령왕릉묘지석, 이하 묘지석〉이 나옴에 따라 잘못임이 밝혀졌다. 지증왕의 아버지 습보(習寶: 期寶)갈문왕은 《삼국사기》에는 내물왕의 아들로, 《삼국유사》에는 내물왕의 손자로 나온다. 어느 자료를 따르느냐에 따라 지증왕은 내물왕의 손자가 되기도 하고 증손자가 되기도 하는 등 복잡한 면을 가지고 있다.

셋째, 무령왕과 지증왕은 정변을 통해 왕이 되었다. 무령왕은 가림성 성주로 파견된 백가苩加가 동성왕을 죽인 것을 계기로 왕위에 올랐다. 지증왕은 《삼국사기》에는 500년에 왕위에 오른 것으로 되어 있지만 〈포항냉수리신라비, 이하 냉수리비〉에는 503년 9월까지 갈문왕의 지위에 있다가 왕위에 올랐다. 지증왕도 정변을 통해 왕위를 계승하였던 것이다.

넷째, 무령왕은 즉위할 당시 40세였고, 지증왕은 62세였다. 비록 두 왕은 20여 세 차이가 나지만 40세가 넘어 왕위에 오른 경우는 백제에서도 신라에서도 찾아보기 드물다. 나이가 들어 즉위한 뒤 두 왕은 또 각각 새 왕비를 맞이하여 소생을 두었다. 무령왕의 뒤를 이은 성왕은 새 왕비 소생이었다. 지증왕의 뒤를 이은 법흥왕은 전비 소생이었지만 진흥왕의 아버지 입종갈문왕은 새 왕비의 소생이었다.

다섯째, 무령왕과 지증왕은 백제와 신라가 앞으로 나아가야 할 방향과 이상을 제시하였다. 무령왕이 제시한 국정 운영의 방향은 '다시 강한 나라가 된다〔更爲强國〕'는 것이었다. 지증왕의 국정 목표는 '덕업이 날로 새로워지고 사방을 망라한다〔德業日新網羅四方〕'는 것이었다. 갱위강국은 성왕이 이루어야 할 과제가 되었고, 덕업일신 망라사방은 법흥왕과 진흥왕이 지향해야 할 목표가 되었다.

II. 갱위강국을 선언한 무령왕

1. 무령왕의 즉위와 체제 정비

무령왕(501-523)은 백제 제25대 왕이다. 즉위할 당시 40세였고, 향년은 63세였다. 이름은 사마斯麻 또는 융隆이다. 사마는 어릴 때 이름〔小名〕인데 왕모가 왜로 가던 길에 각라도(各羅島, 筑紫島)에서 출산하였기 때문에 붙여졌다. 융은 성년이 되면서 불린 이름이다. 시호는 무령이고, 작호는 영동대장군寧東大將軍이다. 무령왕릉에서 출토된 〈묘지석〉에는 "영동대장군 백제사마왕"으로 나온다.

무령왕의 출계에 대해 개로왕의 아들로 보는 설과 개로왕의 동생 곤지昆支의 아들로 보는 설이 있다. 이 두 설 가운데 무령왕의 어머니가 개로왕의 잉부孕婦이면서 후일 곤지의 부인이 되었다는 사실과 무령왕이 곤지의 아들인 동성왕의 이모형異母兄이라는 사실을 종합

해 보면 개로왕의 아들로 보는 것이 타당하다.[1]

무령왕이 14세가 된 해인 475년 백제는 고구려 장수왕의 공격으로 한성이 함락되고 개로왕이 잡혀 죽었다. 그래서 문주왕은 황급히 웅진으로 천도하였다. 웅진 천도 이후 병관좌평 해구解仇는 문주왕을 시해하고 군국정사를 자임하다가 반란을 일으켰다. 이처럼 웅진 천도 초기는 정치적, 사회적으로 매우 불안정하였다. 이런 황급한 천도와 불안한 정치 상황에서도 무령왕은 용케 살아남았다.

무령왕은 "신장이 8척이나 되고 미목眉目이 그림과 같았으며 인자하고 너그러워 민심이 따랐다"고 할 정도로 장대한 신체에 뛰어난 인품의 소유자였다. 민심이 따랐다는 것은 그를 추종하는 세력이 있었음을 의미한다. 이로 미루어 무령왕은 점차 자신의 세력을 키워 나간 것 같다.

이 무령왕에게 왕위를 엿볼 수 있는 기회가 왔다. 동성왕(479~501)이 말년에 정치를 파행적으로 운영한 것이다. 이를 잘 보여 주는 것이 499년 기근이 들었을 때이다. 신하들은 가뭄이 들어 백성들이 굶주려 죽고 도적들이 많이 일어나자 창고의 곡식을 내어 구휼하자고 하였지만 동성왕은 받아들이지 않았다. 이로 말미암아 한산인漢山人 2천여 호가 고구려로 도망가는 대규모 집단 이탈이 일어났다.[2]

이러한 상황에서 동성왕은 최측근 세력인 위사좌평 백가를 가림성 성주로 파견하였다. 15년 동안 위사좌평의 직에 있으면서 힘이 비대해진 그를 견제하기 위해서였다. 이에 앙심을 품은 백가는 동성왕을 살해하였다. 왕이 피살된 비상 상황에서 무령왕은 지지 세력들의 힘을 업고 왕위에 올랐다. 그리고 곧장 일어난 백가의 난을 평정하였다. 이리하여 무령왕 시대가 열렸다.

즉위하고 나서 무령왕은 웅진 천도 초기의 혼란한 정세를 안정시키면서 왕권 강화를 위한 여러 조치들을 취하였다. 정치적으로 지배체제를 정비하고 왕권을 강화하는 데 힘을 기울였다. 그 일환으로 골족骨族 의식을 강조하여 이성異姓 귀족들의 힘을 억제하고 왕족들을 울타리로 삼았다. 왕족 중심의 정치운영에 힘쓴 것이다. 왕도의 행정조직을 상부, 전부, 중부, 하부, 후부 등 5부로 편제하여[3] 귀족들에 대한 통제력을 강화하였다. 지방 통치조직인 담로에 자제종족子弟宗族을 파견하여 지방을 장악하였다.

경제적으로 무령왕은 10년(510)에 저수지를 완비하게 하여 농업 생산력을 높였다. 유식자들을 귀농시켜 민들의 삶의 안정을 도모하였다.[4] 이를 통해 무령왕은 왕실의 재정도 튼튼히 하면서 노동력도 확보하고, 민생의 안정도 기할 수 있었다.

사상적으로 무령왕은 충효에 기반을 둔 유교정치 이념을 강조하여 태학太學을 설치하고 여기에 오경박사五經博士를 두어 유학 교육을 담당하게 하였다. 오경박사의 존재는 무령왕이 13년(513)에 오경박사 단양이段楊爾를, 16년(516)에 한漢 고안무高安茂를 왜에 파견한 사실에서 확인된다.[5] 태학은 〈진법자묘지명〉에 진법자陳法子의 증조 진춘陳春이 태학정太學正이었다는 사실에서 확인된다. 그런데 오경박사는 태학에 속하였다. 이로 미루어 유학 교육 기관인 태학은 무령왕대에 설치되어 있었던 것으로 볼 수 있다.

한편 무령왕은 웅진 천도 이후 분열된 불교교단을 정비하려 하였다. 이를 위해 무령왕은 발정發正을 양나라에, 겸익謙益을 중인도에 파견하였다. 양나라에 건너간 발정은 스승을 찾아 30여 년 동안 불

사진 ┃ 진법자묘지명(김영관 교수)

도를 배우고 법화경을 공부한 뒤 귀국하여 법화 신앙을 크게 성행
시켰다.[6] 중인도에 간 겸익은 나란타사에서 4년 동안 범문을 배우고
계율을 공부하였다. 그러나 겸익이 귀국하기 전에 무령왕은 사망했
다. 때문에 새로운 계율을 통한 교단 정비 과업은 아들 성왕에게로
넘어갔다.

이렇게 정치적, 경제적으로 안정을 이룬 무령왕대의 백제의 모습
을 잘 보여 주는 것이 1971년에 발굴된 무령왕릉이다. 전축분塼築墳

인 무령왕릉은 고대동아시아 제왕의 무덤 가운데 주인공이 누구인 지 분명하고, 축조연대가 확실하며, 내부 구조를 확실히 알 수 있고, 부장된 유물이 하나도 도굴되지 않은 채 온전히 발굴된 유일한 왕 릉이다. 여기에서 출토된 108종 4,600여 점의 유물들은 무령왕의 위상과 백제의 사상, 문화, 공예 기술, 건축 기술뿐만 아니라 백제 가 이루어 낸 고대동아시아의 문물 교류를 잘 보여 주는 귀중한 자 료이다.

2. '갱위강국' 선언과 '외왕내제' 표방

무령왕은 내적으로 체제를 정비하면서 대외적으로도 새로운 정책 을 추진하였다. 먼저 고구려에 대해서는 종래의 방어적인 정책에서 공격적인 정책으로 바꾸었다. 즉위년(501) 11월에 달솔 우영을 보 내 고구려의 수곡성을 습격하였다. 2년(502)에 고구려 변경을 침략 하였다. 백제가 고구려를 선제공격한 것은 웅진 천도 이후 처음이 다. 이후 무령왕은 12년(512)에 친히 기병 3천을 거느리고 위천葦川 전투에서 고구려군을 기습 공격하여 대승을 거두었다.[7]

한편 무령왕은 가야 지역으로의 진출을 적극 추진하였다. 12년 (512)에는 가야의 상치리·하치리·사타·모루 등 이른바 '4현'이 위치한 광양만여수만 일대를 차지하였고, 13년(513)에는 기문이 위치한 남 원·운봉 지역과 대사가 위치한 하동 지역을 차지하였다.[8] 그리고 이 곳에 군령郡令과 성주城主를 파견하여 통치하였다. 가야 제국諸國을 영역으로 편입하기 시작한 것은 무령왕대가 처음이다. 이리하여 무 령왕은 한강유역과 경기도 일대를 고구려에 빼앗김으로 말미암아

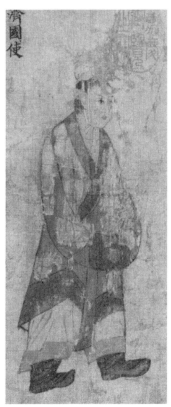

사진 2 〈양직공도〉 백제국사도(왼쪽)와 염립본 〈왕회도〉의 백제사신(윤용구 교수)

축소된 경제기반을 어느 정도 회복할 수 있었다.

위천 전투의 대승과 가야 지역으로 성공적인 진출은 무령왕에게 자부심을 심어 주었다. 이를 보여 주는 것이, 무령왕이 21년(521)에 양나라에 사신을 보내 "앞서 고구려에게 격파당하여 여러 해 동안 쇠약하였으나 이제 여러 번 고구려를 깨뜨렸으며 다시 강국이 되었다"[9]고 '갱위강국更爲强國'을 선언한 것이다.

'여러 번 고구려를 깨뜨렸다'고 한 것은, 백제의 국력이 고구려를 능가할 정도로 강하였음을, '갱위강국'은 백제가 이제 강국이 되었다는 무령왕의 자신감을 표현한 것이다. 이에 양 무제는 521년에 무령왕의 작호를 종래의 진동대장군鎭東大將軍에서 '영동대장군寧東大將軍'으로 올려 주었다. 2품 영동대장군호는 양 무제가 520년에 고구려 안장왕에게 수여한 3품 영동장군호보다 높다. 이는 국제관계에서도 무령왕의 위상이 높아졌음을 보여 준다.

무령왕의 갱위강국 선언은 신라와 가야 제국을 보는 인식에도 변화를 가져왔다. 520년 무렵에 만들어진 〈양직공도〉 백제국사도百濟國使圖에 따르면 무령왕은 사라(斯羅: 신라)와 반파叛波·다라多羅·상기문上己汶·하침라下枕羅 등 가야 제국을 "백제 곁에 있는 소국(傍小國)"이라 하였고, 이 나라들은 "백제에 부용하고 있다(附之)"고 하였다.

주변국을 '소국'이라 한 것은, 백제는 '대국'이고 무령왕은 '대국의 왕'임을 의미한다. '부지'는 신라와 가야 제국이 백제에 부용한다는 의미이다. 부용국附庸國은 천자를 직접 만날 수 없어 주변의 큰 나라를 통해 만나는 작은 나라를 말한다.[10] 실제로 신라는 521년에 양나라에 사신을 파견할 때 백제의 뱃길 안내와 통역의 도움을 받았고,[11] 대가야도 479년에 남제에 사신을 파견할 때 백제의 도움을 받았을 가능성이 크다. 그래서 무령왕은 신라와 가야 제국을 부용국으로 본 것이다. 이는 무령왕의 천하관의 반영이다.

무령왕의 이러한 천하관은 〈묘지석〉의 '영동대장군 백제사마왕'과 '붕崩'에서도 살펴볼 수 있다. '백제사마왕'은 무령왕이 중국 왕조의 제후국과 같은 존재임을 나타내는 표현이다. '붕'은 《예기》에 따르면 천자의 죽음에만 사용할 수 있는 용어이다. 〈묘지석〉에 제후격인 무령왕의 죽음을 천자의 죽음을 뜻하는 '붕'으로 표현한 것은, 무령왕

사진 3 무령왕릉 묘지석(국립공주박물관)

이 국내에서는 나름의 소천하小天下를 갖는 황제와 같은 존재였음을 의미한다. 외교적으로 중국 왕조에 제후적 예를 표하면서 대내적으로는 황제와 같은 존재로 군림하는 것을 '외왕내제外王內帝'라 한다.[12] 무령왕의 이러한 모습은 미륵사지 서탑에서 출토된 〈사리봉영기〉에 무왕을 "대왕폐하大王陛下"라고 일컬은 것과 궤도를 같이한다.

이처럼 무령왕은 정치체제를 정비하였으며, 경제기반을 확대하여 '갱위강국'을 선언함으로써 '외왕내제'를 표방하였다. 성왕은 이를 국정 운영의 지표로 삼아 실현해 나감으로써 백제를 더욱 강한 나라로 만들었다.

Ⅲ. 지증왕의 '덕업일신 망라사방' 선포와 법흥왕의 '대왕'과 '건원'

Ⅰ. 지증왕의 즉위와 '덕업일신 망라사방' 선포

지증왕(500-514)은 신라 제22대왕이다. 이름은 지대로智大路, 지도로智度路, 지철로智哲老로도 표기되었다. 〈냉수리비〉에는 지도로至都盧로 나온다. 왕비는 이찬 등흔(登欣: 登許)의 딸 박씨 연제(延帝: 迎帝)부인이다.[13] 등허(등흔)의 출신부는 '한지漢只', 곧 한기부였다.

지증왕은 즉위할 당시 64세였으므로 출생 연도는 437년(눌지왕21)이고, 향년은 79세였다. 아버지는 습보(習寶: 期寶)갈문왕, 할아버지는 복호(卜好: 巴胡)갈문왕,[14] 증조는 내물마립간이었다. 내물마립간(奈勿: 356-402)이 즉위함으로써 신라에서 김씨의 왕위 세습이 이루어졌다.

즉위한 뒤 내물마립간은 최고지배자의 칭호를 종래의 이사금에서 대수장大首長, 대군장大君長의 의미를 갖는 마립간으로 바꾸었다. 이리하여 '마립간 시기'가 시작되었다. 마립간 시기에 지배세력들은 양부(梁部: 탁부), 사량부(沙梁部: 사탁부), 본피부本彼部, 모량부(牟梁部: 잠탁부) 습비부習比部, 한기부(漢岐部: 한지부)라고 하는 여섯 집단으로 편제되었다.[15] 이를 신라 6부六部라고 하며, 이 6부가 정치운영의 중심축을 이룬 지배체제를 6부 체제라고 한다.

마립간의 지위는, 내물마립간의 첫째 아들 눌지(417-458)가 마립간이 된 이후에는 손자 자비마립간-증손자 소지마립간으로 이어졌다. 눌지왕계 마립간이 속한 부가 탁부였다. 한편 갈문왕葛文王의 지위는 내물마립간의 둘째 아들 복호갈문왕→손자 습보갈문왕→증손자

사진 4 포항 냉수리신라비(오세윤 작가)

지도로갈문왕으로 이어졌다. 복호계 갈문왕은 사탁부에 속하였다. 그 결과 탁부와 사탁부는 6부 가운데 가장 영향력이 컸다.

마립간은 눌지계, 갈문왕은 복호계라고 하는 구도에 변화를 가져 온 것이 지증왕의 즉위이다. 지증왕은 소지마립간(479-500)의 재종 형(6촌형)이었다. 《삼국사기》에는 500년 11월 소지마립간이 사망하 자 지증왕이 곧바로 왕위를 이은 것으로 나온다. 그러나 〈냉수리비〉 에 따르면 지도로(지증)는 503년 9월까지 갈문왕의 지위에 있었다. 비문의 기록대로라면 2년 11개월 동안 왕위가 빈 셈이다. 이른바 공위空位 기간이 생긴 것이다.

공위 기간이 생겼다는 것은 소지마립간의 말년이 정상적이지 않았다는 것을 의미한다. 이를 상징적으로 보여 주는 것이 고타군의 늙은 할미[老嫗]의 말이다. 소지마립간은 미복을 입고 날이군(捺已郡: 영주)의 벽화라는 여인을 만나러 다녔다. 이때 고타군(古陁郡: 안동)의 늙은 할미가 "왕이 미복으로 왔다 갔다 하는 것은 용이 어복魚服을 입은 것인데 어부에게 잡힐 것"[16]이라 말하였다. '용이 어부에게 잡힌다'는 말은 소지마립간이 정변에 의해 밀려날 것을 시사해 준다.

공위 기간 동안 지배층 내에서는 누가 왕이 될 것이냐를 둘러싸고 힘겨루기가 있었을 것이다. 이 힘겨루기에서 지증왕이 승리하여 왕위에 올랐다. 이는 일종의 정변에 의한 왕위계승이라 할 수 있다.[17] 이때 지증왕이 지지 세력을 모으는 데는 갈문왕의 지위가 크게 작용하지 않았을까 한다. 지증왕의 즉위로 왕위계승은 직계인 눌지마립간계에서 방계인 복호갈문왕계로 바뀌었다.

그러나 지증왕에게는 해결해야 할 과제가 하나 남아 있었다. 소속 부部의 문제였다. 사탁부 소속인 지증왕이 즉위하면 마립간은 탁부 소속이어야 한다는 규정이 깨어지기 때문이다. 지증왕이 이 문제를 어떻게 해결하였는지는 〈울진봉평리신라비, 이하 봉평리비〉에서 살펴볼 수 있다. 여기에는 맏아들 모즉지매금왕(법흥왕)은 탁부 소속으로, 둘째 아들 사부지(입종)는 사탁부 소속으로 나온다. 형제의 소속 부가 다른 것은 특이한 현상이다. 이는 지증왕이 취한 비상한 조치라고 해야 할 것이다. 즉 지증왕은 자신과 맏아들 법흥왕은 탁부 소속으로 옮겨 마립간은 탁부여야 한다는 것을 충족시키고, 둘째 아들 입종은 사탁부에 그대로 남겨 갈문왕의 지위를 잇게 하여 복호계가 갈문왕의 지위를 이어갈 수 있도록 한 것이다. 이렇게 하여 지증왕은 왕위 계승에 걸림돌이 된 소속 부 문제도 해결하였다.

즉위한 뒤 지증왕은 2년(502)에 우경牛耕을 장려하였다. 농업생산력 증대에 관심을 쏟았던 것이다. 3년에는 국왕이 죽으면 남녀 5명씩을 순장하던 장례 방식을 금지하였다. 순장은 현세의 삶이 내세에도 이어진다는 계세사상에 따라 평소에 왕의 시종을 들던 사람들을 강제로 죽여 묻고 또 많은 부장품을 묻는 장례 풍습이다.[18] 순장과 후장은 노동력에 많은 손실을 가져오고 또 재정의 낭비를 가져왔다. 유교 이념에도 맞지 않았다. 그래서 지증왕은 이를 금지한 것이다.

이러한 조치를 취한 뒤 지증왕은 4년(504)에 종래 사로, 사로, 신로, 신라 등으로 불리던 국호를 '신라新羅'로 확정하고 "덕업일신 망라사방德業日新網羅四方"의 의미를 부여하였다. 동시에 최고지배자의 칭호를 종래의 거서간, 차차웅, 이사금, 마립간과 같은 토착적 성격의 칭호에서 '왕'호로 바꾸었다.[19] '덕업'과 '사방'은 모두 유교적 덕목이다. '덕업을 날로 새롭게 한다'는 것은 국가 운영의 근본 목적이 덕정에 있음을, '사방을 망라한다'는 것은 영역을 확대하여 왕의 덕화를 널리 편다는 것을 의미한다.[20] '왕'호 역시 유교식 칭호이다. 유교식 왕호의 사용은 전통적 신앙에 의지하기보다는 유교 이념에 입각하여 왕실의 위엄을 높이겠다는 의지의 표현이다. 지증왕의 '덕업일신 망라사방'은 역대 왕들의 국정 운영의 지표가 되었다.

이후 지증왕은 왕권 강화를 위한 여러 조치들을 본격적으로 시행하였다. 5년(505)에 상복법을 반포하여 시행(頒行)했다. 순장 금지 후 시행한 상복법은 유교적 성격이 가미된 제도라 할 수 있다. 이해에 지증왕은 파리성(삼척시 원덕읍), 미실성(포항시 흥해읍), 진덕성, 골화성(영천) 등 12개의 성을 쌓았다. 방어력을 강화한 것이다.

6년(506)에는 주-군-성(촌)제라는 지방 통치조직을 만들어[21] 주에는 군주, 성(촌)에는 도사를 파견하였다. 지방에 대한 통제력을 강화한 것이다. 이로써 마립간 시기에 6부의 장長에 의해 별도로 주관되어[別主] 간접지배를 받아 온 반공지半公地와 그곳에 사는 반공민半公民은 모두 국왕의 직접 지배를 받는 공지公地와 공민公民이 되었다. 이는 왕권 중심의 중앙집권체제를 이루는 토대가 되었다.

한편 지증왕은 사회 안정에도 힘을 기울였다. 6년 봄과 여름에 가뭄이 들어 백성들이 기근으로 굶주리자 창고를 열어 진휼하였다. 민의 어려움을 덜어 주어 사회를 안정시키기 위해서였다. 10년(510)에는 왕도에 동시東市를 설치하였다. 시장의 설치로 중앙과 지방 사이의 물자 교류가 원활히 이루어지게 되었다.

2. 법흥왕의 체제 정비와 '대왕'·'건원'

법흥왕(514-540)은 지증왕의 원자元子이다. 어머니는 연제(延帝, 迎帝)부인이고, 비는 박씨 보도(寶刀: 巴刀)부인인데, 〈울산 천전리서석 추명, 이하 천전리서석 추명〉에는 부걸지비夫乞支妃로 나온다. 이름은 《삼국사기》와 《삼국유사》 왕력에는 원종原宗으로, 《양서》 신라전에는 모진募秦으로, 〈봉평리비〉에는 모즉지牟卽智로, 〈천전리서석 추명〉에는 무즉지另卽知로 나온다. 모진, 모즉지, 무즉지는 표기상의 차이인데 토착적인 성격의 것이어서 소명小名으로 볼 수 있다. 원종은 아화雅化된 명칭이므로 성년이 되면서 지어진 이름으로 보인다.

법흥왕은 지증왕이 왕이 되기 전에 맞이한 연제부인과의 사이에 태어났다.[22] 법흥왕이 즉위함으로써 지증왕계가 왕위를 계승해 나가는 중고기가 열렸다.

즉위한 뒤 법흥왕은 3년(516)에 즉위 의례로서 신궁에 친히 제사를 드렸다. 그리고는 곧장 통치조직 정비에 착수하였다. 먼저 3년에 병부령 1인을 설치하고, 4년에 병부를 설치하여 군사권을 왕권 아래에서 통제하였다. 10년(523)에 군정軍政을 담당한 군관인 감사지監舍知를, 11년에는 군사당을 지휘하는 군사당주軍師幢主를 설치하고, 지방에는 법당法幢과 지휘관으로 법당주法幢主를 설치하여[23] 중앙과 지방의 군사조직을 정비하였다. 군사제도와 군사조직의 정비는 법흥왕이 가야 지역으로 진출하여 영토를 확장하는 데 밑거름이 되었다. 이에 법흥왕은 529년 대가야의 3성과 5성을 함락하고,[24] 532년에는 금관가야 구해왕仇亥王의 항복을 받았다.[25] 이리하여 신라는 낙동강 하구 일대를 완전히 장악하였다.

다음으로 법흥왕은 관등제를 정비하여 대소신료들의 상하 위계질서를 확립하였다. 이때 정비된 관등제가 17관등제이다. 521년(법흥왕 8) 당시의 상황을 보여 주는 《양서》 신라전의 자분한지子賁旱支, 일한지壹旱支, 기패한지奇貝旱支 등의 관등과 524년(법흥왕 11)에 만들어진 〈봉평리비〉의 대아간지, 아간지, 대나마, 나마 등과 536년(법흥왕 23)에 만들어진 〈영천청제비 병진명, 이하 청제비 병진명〉의 대사제, 소사제, 대오제, 소오 등이 그 실례이다.

법흥왕은 지방통치에도 주력하였다. 11년(524)에 상주尙州에 군주를 두고 상주上州로 하였고,[26] 19년(532)에 김해의 금관가야를 멸망시킨 뒤 금관군으로,[27] 함안의 아시량국(安羅國, 阿羅加耶)을 멸망시킨 뒤 함안군으로 편제하였다.[28] 악간~아척에 이르기까지 11등급으로 이루어진 외위제를 만들어 지방 세력을 지배체제 안에 편제해 넣었다.[29] 왕경인만을 대상으로 하는 경위제 외에 지방민을 대상으로 하는 외위제를 만든 것은 신라 관등제의 특징이면서 또 지방민에 대한 차별 대우의 단면을 보여 준다. 이리하여 지방의 유력자는 촌주에 임명되어 지방관을 보좌하는 존재가 되었다.[30]

이렇게 정비된 제도를 법적으로 뒷받침하기 위해 법흥왕은 7년(520)에 율령을 반포하였다.[31] 율령은 성문법인데, 율은 형벌법이고 영은 민정법이다. 율령을 반포함으로써 신라는 일원적인 법체계에 의해 국가를 운영할 수 있게 되었다. 백관의 복색의 높고 낮음(朱紫之秩)을 정한 의관제와 〈봉평리비〉의 '노인법奴人法' 등은 이 시기 율령의 편린이다.

법흥왕은 이차돈의 순교라는 희생을 치루고서야 15년(528)에 불교를 공인하였다. 귀족들의 반대가 만만치 않았기 때문이다.[32] 불교 공인 이듬해에 법흥왕은 살생금지령을 내리고, 십재일十齋日을 시행하였으며, 22년(535)에 신라 최초의 사찰인 흥륜사를 창건하였다. 흥륜사의 위치는 오늘날 경주공고 자리로 추정되고 있다.[33] 불교를 공인해 왕권을 뒷받침하는 사상으로 삼음으로써 법흥왕은 무교巫敎 신앙이 가지는 분립적인 성격을 극복할 수 있었다.

중앙 및 지방 통치조직을 정비하여 관료들의 위계질서를 확립한 법흥왕은 18년(531)에 상대등을 설치하고 철부哲夫를 초대 상대등으로 임명하였다.[34] 상대등은 국사를 총괄하면서 한편으로는 왕권을

사진 5 영천 청제비 병진명(왼쪽, 오세윤 작가)과 탁본(경북문화재연구원)

보위하며 다른 한편으로는 귀족들의 입장을 대변하였다.[35] 상대등 설치로 국왕은 귀족회의체를 초월하는 존재로 군림하여 부체제에서 벗어날 수 있게 되었다.

한편 법흥왕은 농업생산력을 높이기 위해 저수지(塢)를 축조하였다. 〈청제비 병진명〉에 따르면 청제는 병진년(536, 법흥왕 23)에 축조되었는데 동원된 인원은 7천 명이었다. 감독직(使人)은 왕경에서 파견된 사람이 맡았다.[36] 청제는 왕실 직할의 저수지로서 그 생산물은 왕실 재정으로 충당되었다.[37] 한국고대의 저수지 가운데 축조 연대가 확실하고, 축조 주체가 확실하며, 제방을 수리한 연대가 나오고, 오늘날까지도 사용되고 있는 저수지는 청제가 유일하다.

체제 정비와 정치적 경제적 안정을 이룸으로써 더 높아진 법흥왕의 위상과 위엄을 보여 주는 것이 둘이다. 하나는 '대왕' 칭호의 사용이다. 법흥왕은 11년(524)까지는 〈봉평리비〉에서 보듯이 매금왕寐

錦王을 칭했다. 매금은 마립간의 다른 표기이므로 이 칭호는 마립간 시기의 전통을 아직 벗어나지 못했음을 뜻한다. 그런데 22년(535)에 새겨진 〈천전리 을묘명〉에는 "성법흥대왕聖法興大王"이, 26년(539)에 새겨진 〈천전리서석 추명〉에는 "무즉지태왕另卽知太王"이 나온다. '왕'을 높여 부른 칭호가 '대왕'(태왕)이다. 대왕 칭호는 중국에서 16 국의 최고지배자들이 일컬은 천왕天王 칭호와 성격을 같이한다.[38] 천왕은 천자보다는 낮지만 제후왕보다는 격이 높다는 의미를 갖는다. 대왕을 일컬음으로써 법흥왕은 마립간 시기의 전통에서 벗어나 초월적인 군주가 되었다.

다른 하나는 법흥왕이 23년(536)에 세운 '건원建元'이란 연호이다. 대왕을 일컬은 2년 뒤의 일이다. 연호는 황제 국가에서 황제의 존엄성과 주체성을 나타내는 표상이다. 때문에 제후국은 독자적인 연

사진 6 울산 천전리을묘명(이영호 교수)

호를 사용할 수 없었다. 그럼에도 법흥왕은 독자적인 연호를 사용한 것이다. 이는 대왕을 칭하여 국왕의 위상을 높인 법흥왕이 칭원을 통해 대외적으로 신라가 독립국임을 선언한 것이라 할 수 있다. 이로써 법흥왕은 이제 '외왕내제'로 군림할 수 있게 되었다.

지증왕이 표방한 '덕업일신 망라사방'과 법흥왕의 '대왕' 칭호와 '건원' 연호의 사용은 이후 신라의 국정 운영의 지표가 되었다. 이를 실천해 나가는 것은 진흥왕의 몫이었다.

역
사
의

맞
수

제1부 맞수의 등장

제1장 성왕의 즉위와 정치

I. 즉위

성왕(523-554)은 백제 제26대 왕이다. 왕명은 성명왕聖明王, 성왕聖王, 명왕明王으로 표기되었다. 《일본서기》에는 "백제 성명왕은 이름을 고쳐 성왕이라 하였다"고 하였다.[1] 이 기사에 따르면 성왕의 본래의 왕명은 성명왕인데 줄여서 성왕 또는 명왕으로 부른 것이다. 그러나 《삼국사기》에는 성왕을 사후에 올린 시호라고 하였다.[2] 이름은 명농明禯 또는 명明이었다.

성왕의 출생 연대는 기록이 없기 때문에 아들 여창餘昌의 나이에서 추론해 볼 수밖에 없다. 여창은 553년 관산성 전투 때 29세였으므로[3] 525년(성왕 3)에 출생하였다. 525년 당시 성왕의 나이를 20세로 보면 출생 연도는 506년(무령왕 6) 즈음이 된다. 그런데 〈창왕명사리감〉에 따르면 여창에게는 윗누이(妹兄公主)가 있었다. 누이가 두 살 정도 많았다면 성왕의 출생 연도는 504년(무령왕 4) 무렵이 된다. 즉 성왕은 무령왕 즉위 후 출생한 것이다. 향년은 50세 정도이다.

성왕의 모후에 대해 《삼국사기》 백제본기는 물론 《삼국유사》 왕력에도 아무런 언급이 없다. 〈묘지석〉에도 모후의 사망일(526년 11

월), 장례를 마친 날짜(529년 2월 12일)만 나올 뿐 모후의 이름, 출신 가문, 나이 등은 나오지 않는다. 성왕이 504년 무렵에 태어났고 이때 모후의 나이를 16세 정도로 보면 돌아가실 때 나이는 마흔 살 정도 된다.

이 모후와 관련되어 주목되는 것이 무령왕릉 왕비 쪽에서 출토된 치아이다. 무령왕릉 현실 안에서는 왕과 왕비의 목관 말고는 다른 시신 흔적은 발견되지 않았다. 따라서 이 치아의 주인공인 여성은 왕비로 볼 수 있다. 발굴 당시에는 이 치아를 어금니로 보고 30대 여성의 치아로 파악하였다. 그러나 최근에는 이 어금니가 사랑니이므로 치아가 마모되는 정도만으로 나이를 추정하기 힘들다는 연구 결과가 발표되었다.[4]

무령왕은 즉위할 당시 40세여서 즉위 이전에 결혼하였다. 그런데 치아의 주인공인 왕비는 무령왕이 즉위한 해인 501년에는 10세~13세 정도의 어린 나이였다. 따라서 이 왕비는 무령왕이 즉위한 뒤 맞이한 왕비로 볼 수 있다. 이 새 왕비가 성왕의 모후였고 바로 치아의 주인공이었다.

무령왕의 아들로는 성왕 외에 순타淳陀 태자가 있었다.《속일본기》에는 화을계和乙繼의 딸 화신립(和新笠: ?-789)은 고닌(光仁: 770-781) 천황의 비가 되어 아들 칸무(桓武: 782-806) 천황을 낳았다고 하면서 그 선조를 "무령왕의 아들 순타 태자다"라고[5] 하였다. 이에 따르면 순타태자는 성왕과 형제가 된다.[6] 순타의 후손이 후일 화조신씨가 되었다. 그러나 순타태자는 513년에 왜에서 죽었다.[7]

성왕과 순타 가운데 누가 형인지 또 어머니가 같은지의 여부는 분명히 하기 어렵다. 성왕은 504년(무령왕 4)쯤에 출생한 반면에 순타는 513년 이전에 왜로 가서 513년에 죽었다. 순타가 성왕보다 늦게 태어났다면 열 살도 안 되는 어린 나이에 왜에 보내진 셈이 된다. 이는 받아들이기 어렵다. 따라서 순타는 성왕의 동생이 아니라 형으로 보는 것이 타당하다. 그렇다면 순타는 무령왕이 즉위하기 이전에 결혼한 부인에게서 태어났을 가능성이 크며, 성왕과는 이모異母형제가 된다.

순타태자가 왜에 파견된 시기, 파견된 목적이 무엇인지 자료가 없어 알 수 없다. 또 순타태자가 무슨 이유로 본국으로 돌아오지 않고 왜에서 죽었는지도 알 수 없다. 다만 그는 무령왕이 돌아가시기 전인 513년에 죽었다. 따라서 그의 존재는 성왕의 왕위계승에는 아무런 영향을 주지 않았다.

II. 제1기: 사비 천도의 단행

1. 유불병치의 표방

성왕의 재위 기간은 32년간이다. 짧지 않은 이 기간은 세 시기로 나누어 볼 수 있다. 제1기는 즉위한 해인 523년에서 538년까지의 16년간이다. 제2기는 538년부터 550년까지이다. 제3기는 551년에서 554년까지이다. 제3기는 제2부 맞수의 대결에서 다루기로 하고 여기서는 먼저 제1기에 대해 정리해 두기로 한다.

523년 5월에 즉위한 성왕은 새 정치를 표방하였다. 그 계기가 된 것이 이해 8월에 일어난 고구려의 패수 공격이었다.[8] 타국에서 새 왕이 즉위한 것을 기화로 공격하는 사례는 드물다. 예에 맞지 않다고 생각했기 때문이다.[9] 그럼에도 고구려는 백제를 공격하였다. 그 배경이 무엇인지는 알 수 없지만, 무령왕이 죽고 성왕이 즉위하는 과정에서 좋지 않은 어떤 일, 어떤 파열음이 있었고 고구려는 그것을 빌미로 백제를 공격하지 않았을까 한다.

성왕은 좌장 지충志忠으로 하여금 보기步騎 1만을 거느리고 가서 격퇴하게 하였다. 지충은 패수 전투에서 승리를 거두었다. 이 승리를 통해 성왕은 즉위 초의 혼란한 상황을 일단 수습하고 새 정치를 표방할 수 있는 동력을 얻었다.

새 정치가 지향하는 목표는 정치적 사회적 안정을 이루고 그 토대 위에서 왕권을 강화하여 백제를 더욱 강한 나라로 만드는 것이었다. 이를 구현해 내기 위한 핵심 정책이 유불병치儒佛竝治였다. 유불병치와 관련하여 대통사大通寺 창건이 주목된다.

《삼국유사》에 따르면 대통사는 신라 법흥왕이 대통 원년(527)에 웅천주(공주)에 세운 것으로 나온다. 그러나 이 시기 웅천주는 백제의 수도였으므로 법흥왕이 이곳에 사찰을 세울 수 없다. 따라서 대통사의 창건 주체는 백제 성왕으로 보는 것이 타당하다.

창건 시기에 대해 일연 스님은 법흥왕이 527년에 흥륜사를 짓기 시작하였기 때문에 새로운 사찰을 지을 여가가 없었을 것이므로 2년 뒤인 중대통 원년(529)으로 고쳐 보아야 한다고 하였다.[10] 이와는 달리 무령왕의 삼년상이 끝나는 525년에 지었다고 보는 견해가 있지만,[11] 부왕의 장례기간 동안 토목공사는 하지 않는 것이 예이므로 받아들이기 어렵다. 한편 대통사지에서 출토된 기와를 분석하여 534년에 지어진 것으로 보는 견해도[12] 있다. 그러나 기와의 형태 분석에서 추출해 낸 상대 편년으로 절대 연대를 부정할 수 없다. 따라서 대통사는 성왕이 5년(527)에 창건한 것으로 보는 것이 타당하다.

대통사 창건 목적은 두 측면에서 살펴볼 수 있다. 하나는 '대통사'라는 절 이름이다. 대통大通은 양 무제의 연호이다. 양 무제는 황제권을 강화하기 위해 동태사同泰寺를 지은 뒤 '동태同泰'를 뒤집어서[反語] 연호를 '대통'으로 하였다.[13] 대통사란 이름은 대통불大通佛에서 따왔다는 견해도[14] 있지만, 양 무제의 '대통' 연호에서 따온 것으로 보는 것이 타당하다. 그렇다면 성왕이 양 무제를 위해 대통사를 창건하였다고 한 것은, 양 무제가 동태사를 중심으로 새로운 정치를 추진해 나간 것을 본받겠다는 의지의 표명이라 할 수 있다.[15]

다른 하나는, 대통사는 성왕이 부왕의 상례를 마친 2년 뒤에 지어졌다는 사실이다. 부왕의 장례는 525년 8월 12일에 끝났다. 상례를 마치면 부왕의 명복을 빌게 된다. 따라서 이때 창건된 대통사는 부왕을 추복追福하기 위한 절이라 할 수 있다. 추복은 부왕의 명복을 비는 뜻이면서 동시에 부왕의 뜻을 잘 이어가겠다는 다짐의 의미도 지닌다. 무령왕의 뜻은 백제를 "다시 강국으로 만드는 것"이었다. 이렇게 보면 대통사 창건에는 부왕이 이루고자 한 염원의 실현이라는 목적도 들어 있다고 할 수 있다.

양 무제의 통치이념은 불교의 자비정신과 유교의 애민정신이었다. 양 무제가 "관리들의 간활함으로 기존의 형벌이 매우 무거운 것은

내전(內典: 불교)의 자비정신에 어긋나며 외교(外敎: 유교)의 호생好
生의 덕을 상하게 한다"[16]고 한 것이 이를 보여 준다. 양무제는 유
교 이념의 구현은 국학(國學: 國子學)을 중심으로, 불교 이념의 구현
은 527년에 세운 동태사를 중심으로 펼쳐 나갔다.[17] 국가 운영에서
유교와 불교를 똑같이 중심축에 두는 것을 '유불병치'라 한다.

성왕도 양 무제의 유불병치를 추구하였다. 그래서 유교 이념의
구현은 무령왕대에 설치된 태학을 중심으로 하고, 불교 이념의 구현
을 위해 527년에 대통사를 건립하였던 것이다. 성왕이 541년(성왕
19)에 양나라로부터 모시박사와 강례박사를 초빙하고 동시에 열반
경 등의 경의經義와 사찰 건립과 관련되는 기술자인 화사畵師, 공장
工匠 등을 요청해 받은 사실도[18] 유불병치의 일환이다.

2018년 공주 반죽동 발굴에서 대통명 기와가 나오면서 대통사지
가 확인되었다.[19] 대통사는 삼국의 사찰 가운데 창건 연대, 창건 주
체, 창건 목적, 절의 위치, 절의 이름 모두를 알 수 있는 최초의 사
례이고 또 조영 시기가 가장 빠른 사찰이다. 대통사의 가람 양식,
건축 구조와 부재, 불상 장엄 장식 등은 이후 가람의 전범典範이 되
었을 것이다. 공주박물관 야외전시장에 있는 반죽동 석연지石蓮池는
본래 대통사지에 있었던 것이다. 이 석연지는 백제 석조 기술의 진
수를 보여줌과 동시에 그 크기와 정교함은 대통사의 위상을 잘 나
타낸다.

2. 사비도성 조영과 천도

유불병치를 통해 새로운 정치를 펼치기로 한 성왕은 이를 구체적

으로 실현하기 위해 사비 천도를 추진하였다. 웅진 도성은 방어하기에는 좋은 요충지이지만 삶의 공간이 좁아 항구적인 수도의 입지로는 적합하지 않았기 때문이다.

이때 천도 후보지로 주목된 곳이 사비 지역이었다. 이곳은 백마강과 부소산으로 둘러싸여 관방으로서도 좋은 조건을 갖추었다. 남쪽과 동쪽으로는 넓은 벌판이 펼쳐져 있어서 농업생산력이 풍부한 곳이었다. 백마강을 타고 바다로 나가는 것도 편리한 교통의 요지였다. 또 웅진성과 멀지 않아 도성 조영의 진행 과정을 살펴보는데도 편리하였다.

사비 천도는 계획적인 천도로서 황급하게 이루어진 웅진 천도와는 성격이 다르다. 그러나 계획적인 천도라도 쉽게 할 수 있는 것은 아니다. 귀족들의 이해관계가 맞물려 있어 천도를 반대하는 세력이 있기 때문이다. 그럼에도 성왕이 16년(538)에 사비로 천도를 단행할 수 있었던 것은 다음과 같은 조건이 갖추어졌기 때문이다.

첫째, 성왕의 결단력이다. 성왕은 지식이 뛰어나고 과단성이 있는 인물이었다.[20] 천도 지리에 통달하여 그 명성이 사방에 퍼졌을[21] 정도로 학식도 풍부하였다. 영매한 자질과 결단력, 뛰어난 지식은 사비 천도를 단행하는 바탕이 되었을 것이다.

둘째, 천도를 반대하는 세력들을 억누를 수 있는 지지 세력의 확보이다. 이 시기 성왕을 지지한 세력은 사씨 세력과 목씨 세력이었다. 542년(성왕 20)에 열린 군신회의에서 사택기루沙宅己婁가 상좌평을, 목협마나木劦麻奈가 중좌평을, 목윤귀木尹貴가 하좌평을 맡고 있는 것이[22] 그 증거가 된다.

셋째, 도성을 새로이 조성하는 데 필요한 재정 확보이다. 천도는 새로운 도시를 만드는 것이므로 많은 재정이 투자되어야 하고, 대규모의 노동력 동원이 필요하였다. 무령왕은 저수지를 축조하여 농업 생산력을 높이고, 유식자를 귀농시켜 민생을 안정시켰다. 이는 성왕의 사비 천도를 뒷받침해 주는 경제적 토대가 되었다.

넷째, 정치적, 사회적 안정이다. 무령왕은 자제종족을 담로의 장으로 파견하여 지방에 대한 통제력을 강화하고, 골족을 중용하여 왕실의 울타리로 삼았으며, 유식자를 귀농시켜 민의 삶도 안정시켰다. 성왕은 무령왕이 이루어 놓은 정치적, 사회적 안정을 토대로 성왕은 사비 천도를 계획대로 추진할 수 있었던 것이다.

사비 도성 조영이 언제부터 시작되었는지는 분명히 하기 어렵다. 그런데 부소산성 추정 동문지에서 '대통大通'명 기와가 출토되었고,[23] 부여 나성羅城의 한 구간인 청산성에서 연화문 전돌이 출토되었다. 대통은 527~528년에 사용된 양 무제의 연호이고, 청산성 전돌은 무령왕릉의 묘전墓磚과 같은 유형으로 늦어도 525년 무렵에 생산되었다.[24] 이는 사비 도성이 527년 이후 본격적으로 조성되기 시작하였음을 추정하게 한다.

사비 도성을 조영하면서 성왕은 어떠한 형태의 도성을 만들 것인지를 구상하였을 것이다. 이때 성왕이 전범典範으로 삼은 것은 두 가지로 생각해 볼 수 있다. 하나는 《주례》 고공기考工記이다. 고공기는 좌묘우사左廟右社, 면조후시面朝後市 등 도성의 기본 구조에 대해 기록하였다.[25] 성왕은 《고공기》의 이념을 토대로 사비 도성의 기본 구조를 설계하였을 가능성이 크다.

다른 하나는 남조 양나라의 건강성建康城과 북조 북위의 낙양성洛

사진 | 부여 정림사지(국립부여박물관)

陽城을 참고하는 것이다. 건강성은 동오東吳 이래로 오랜 전통을 가진 남조 여러 왕조의 수도였고, 낙양성은 한화漢化 정책을 추진한 북위의 효문제가 493년에 옮긴 수도이다. 이 두 도성은 당시 가장 선진적인 도성이었다. 사비 도성의 국가 사찰인 정림사는 이름은 종산에 있는 남조의 정림사에서 따왔지만, 도성의 중심지를 지나는 대로大路 옆에 위치한 것은 북위 낙양성의 주작대로 옆에 국가 사찰인 영녕사가 있는 것과[26] 같다. 정림사의 이름과 위치는 성왕이 두 도성을 참고하여 사비 도성을 계획하였음을 짐작케 한다.

나성으로 둘러싸인 도성 안에는 왕궁을 비롯하여 가로세로로 뻗은 도로를 따라 사찰, 관청, 시장 등 공공건물 및 시설들과 귀족의 저택, 민가 등 주택들이 들어섰다. 이를 5부部-5항巷이라고 하는 행정조직으로 편제하였다. 그리고 각 부에는 500명의 군대를 배치하여 왕도의 치안을 담당하게 하였다. 왕궁 뒤에는 산성을 쌓아 평소에는 후원으로, 위급 시에는 피난성으로 활용하였다. 부소산성이 바로 배후산성인 것이다.[27]

이러한 생활공간을 둘러싼 것이 부여 나성이다. 부여 나성의 서북 지역은 백마강을 자연 해자로 활용하였고, 동북 지역은 산의 능

사진 2 부여 동나성(백제세계유산센터)

선을 따라 축조되었다. 지형 조건을 최대한 이용한 것이 부여 나성의 특징이다. 이 나성 밖에 능묘공간을 만들어 생활공간과 완전히 분리되도록 하였다. 이를 경외묘역제京外墓域制라 한다.[28] 부여 동나성 밖의 능산리고분군이 바로 능묘공간이다. 나성을 갖추고 도성 내부를 부-항으로 편제한 사비 도성은 삼국의 도성 가운데 가장 전형적인 도성의 모습을 드러내 준다.

3. '남부여'로의 국호 개칭

국호는 대외적으로는 국가의 존재를 가리켜 주며 대내적으로는 왕실의 위엄과 전통을 보여 준다. 국호에는 그 명칭을 일컬을 당시의 지향하는 이념이 내포되어 있다. 사비로 천도하면서 성왕은 국호를 '남부여南扶餘'로 개칭하였다.[29] '남부여'는 북쪽에 있었던 부여를 중심에 둔 인식의 결과로서[30] '북'부여에 대응되는 '남'부여라는 의미이다.

부여는 백제의 근원이었다. 시조 온조왕은 부여족의 정통성을 계승하였음을 강조하여 부여족의 족조인 동명을[31] 모시는 사당(東明廟)을 세우고, 왕실의 성姓을 부여씨로 하였다. 이러한 부여족 계승 의식은 개로왕이 북위에 보낸 국서에서 '백제는 고구려와 더불어 그 근원이 부여에서 나왔음'[32]을 강조한 것에서도 확인된다.

그러나 웅진 천도로 말미암아 부여족의 족조族祖를 모신 동명묘東明廟를 비롯하여 종묘와 사직은 물론 산천제의 체계에 포함된 중요한 산천들은 모두 고구려의 영역으로 들어갔다. 이로써 왕실의 권위는 크게 손상되었고 부여족 정통성의 계승 의식은 심각한 위협을 받게 되었다.

이러한 상황에서 부여가 494년에 고구려에 항복함으로써 멸망하였다.[33] 백제에게는 역사의 뿌리가 없어진 것이다. 475년 한성漢城함락이 백제의 부여족 정통성 계승 의식에 심대한 타격을 주었다면, 494년 부여의 멸망은 그러한 정통성 계승 의식의 원천을 없애 버린 셈이 되었다. 여기에 더하여 웅진 천도 이후에는 왕실의 권위마저 약해져 있었다.

이런 상황에서 성왕은 왕실의 권위를 높이기 위해 백제가 부여의 정통성을 계승하고 있음을 분명히 하려고 하였다. 그래서 국호를 남부여로 개칭하였던 것이다. 사비 천도가 한성 함락 이후의 치욕적인 역사를 털어내고 왕실의 권위를 회복하여 새로운 시대를 열었음을 공표한 것이라면, '남부여'로의 국호 개칭은 구귀족이나 신귀족은 물론 금강유역권에 자리한 한족韓族 계통의 신민들에게 백제의 역사적 근원이 부여이고 백제가 부여의 정통성을 계승하였음을 천명한 것이라 할 수 있다.

4. 선진문화의 수용과 전축분 축조

능묘는 선왕이 살아 있을 때 누렸던 권위와 위세를 상징적으로 보여 준다. 그러나 능묘제는 고정된 것이 아니라 시기에 따라, 새로운 문화를 받아들임에 따라, 사상의 흐름에 따라 변하였다. 한성기의 능묘는 적석총 등이 있는 석촌동고분군이다. 그 뒤 방이동에 궁륭상穹隆狀 천장의 횡혈식석실분이 만들어졌다. 웅진기 능묘는 송산에 만들어졌다. 이것이 송산리고분군이다. 이 가운데 1~4호분과 5호분은 궁륭상 천장의 횡혈식석실분이다. 이 석실분은 백제 왕실이 웅진 천도 이후에도 한성기의 묘제를 이어받아 사용한 것을 보여 준다.

그러나 성왕은 부왕의 무덤을 전축분으로 하였다. 구조와 재료가 종래의 횡혈식석실분과는 완전히 다르다. 이는 중국 남조의 전축분을 본받은 것이다. 능묘제는 상대적으로 전통성이 강하여 잘 바뀌지 않는다고 한다. 그럼에도 성왕은 부왕의 무덤을 전축분으로 만들었던 것이다. 그 배경은 다음과 같이 생각해 볼 수 있다.

첫째, 백제 왕실은 475년 고구려에 의해 수도가 함락되고 개로왕이 붙잡혀 죽은 급박한 상황에서 웅진으로 천도하였다. 그에 따라 왕실의 권위는 무너지고 왕권도 미약해졌다. 이에 성왕은 양나라의 묘제를 받아들여 무너진 왕실의 권위를 높이려 하였다.

둘째, 성왕은 양 무제를 정치적 롤 모델로 하였다. 그래서 성왕은 양 무제가 추구한 유불병치를 추구하면서 양과의 관계를 긴밀히 하였다. 전축분의 수용도 그러한 노력의 일환이라 할 수 있다.

셋째, 성왕의 문화적 개방성이다. 성왕은 양나라로부터 유교와 불교뿐만 아니라 제와製瓦 기술 등 선진문물을 받아들였다. 성왕이 종래의 능묘 전통과는 완전히 다른 전축분을 받아들일 수 있었던 것도 이런 문화적 개방성이 있었기 때문에 가능하였지 않았을까 한다.

양나라의 선진문화를 받아들여 백제 문화의 수준을 높인 성왕은 그 수준 높은 문화를 신라, 가야, 왜 등에 전해 주었다. 이리하여 백제는 고대동아시아 공유共有 문화권 형성에 결정적인 기여를 하였다.[34] 그 중심에 문화적 개방성을 지닌 성왕이 있었다.

Ⅲ. 제2기: 체제 정비

1. 중앙 및 지방 통치조직의 정비

538년 사비 천도를 단행한 성왕은 먼저 중앙 통치조직을 정비하여 귀족 관료들에 대한 상하 위계질서를 확립하였고, 지방 통치조직을 정비하여 지방에 대한 통제력을 강화하였다. 이 시기에 정비된 핵심적인 중앙관제는 '16관등제'와 '22부제'이고 지방 통치조직은 방－군－성(현)제이다.

16관등제는 좌평을 1품으로 하고, 달솔~나솔에 이르는 5단계의 솔계率系 관등, 장덕~시덕에 이르는 5단계의 덕계德系 관등, 문독과 무독의 2단계의 독계督系 관등, 그리고 좌군~극우에 이르는 3단계의 무계武系 관등으로 이루어졌다. 이 가운데 1품 좌평의 정원은 5명이었다. 5좌평의 명칭은 상좌평, 중좌평, 하좌평, 전좌평, 후

좌평인데 이들은 최고 귀족회의체의 구성원이었다. 2품 달솔의 정원은 30명이었다.[35] 좌평과 달솔에 정원을 정해 둔 것은 특정 신분이나 계층에 속하는 사람들만이 이 관등을 가질 수 있도록 하기 위함이었다. 반면 은솔 이하의 관등에 정원의 제한을 두지 않았다.[36] 이는 늘어난 신진관료들을 포섭하기 위해 취해진 조치로 보인다. 16관등제를 정비함으로써 귀족관료들의 상하 위계질서가 확립되었다.

22부제部制는 왕실의 업무를 관장하는 내관內官 12부와 일반 서정을 관장하는 외관外官 10부로 이루어졌다. 내관의 부의 수가 외관보다 많은 것은, 정치운영의 중심축이 왕실에 있음을 보여 준다. 부 아래에 하위 관청으로 사司가 두어졌다. 부와 사는 여러 업무[衆務]를 나누어 관장하였다.[37]

각 부의 장관은 장리長吏 또는 재관장宰官長 등으로 불렸으며 3년마다 교대되었다.[38] 장관의 3년 교대제는 국왕이 국정을 더욱 쉽게 장악할 수 있도록 하기 위한 조치였다. 내관 12부와 외관 10부의 직사를 정리하면 다음과 같다.

외관 10부

사군부司軍部: 내외병마 관계를 총괄하는 부서
사도부司徒部: 교육과 의례 업무를 관장함
사공부司空部: 토목재정 업무를 관장함
사구부司寇部: 형벌 업무를 담당한 부서
점구부點口部: 호구파악 및 노동력 징발 업무를 관장함
객부客部: 외교 관계 및 사신 접대의 업무를 맡은 부서
외사부外舍部: 관료의 인사를 담당한 부서

주부綢部: 직물의 제조·공급 업무를 관장한 관청

일관부日官部: 천문기상과 점술 관계의 업무를 맡은 부서

도시부都市部: 상업과 교역, 시장 업무를 관장한 부서

내관 12부

전내부前內部: 국왕근시와 왕명출납의 직사를 관장함

곡부穀部·육부肉部: 왕실에서 필요로 하는 곡물과 육식을 전담함

내경부內椋部·외경부外椋部: 왕실 창고를 관리하는 관청

마부馬部: 왕실에서 사용하는 어마를 관장하는 기관

도부刀部: 무기의 제작과 관리를 담당하는 부서

공덕부功德部: 왕실의 원찰 및 국가사찰을 관할한 부서

약부藥部: 약의 제조와 치료를 담당하는 기관으로 어의御醫의 기
능을 가짐

목부木部: 왕실에 소요되는 모든 토목공사를 담당한 기관

법부法部: 의례 관계 및 왕의 의장儀仗 관계를 담당한 관청

후궁부後宮部: 왕의 후궁과 관계되는 제반 업무를 관장한 기관으
로 추정됨

웅진기의 지방은 담로가 설치된 지역과 군과 성(현)이 설치된 지역으로 나뉘어 이원적으로 통치되었다. 성왕은 사비로 천도하면서 이원적인 지방 통치조직을 일원화하였다.[39] 이렇게 정비된 지방 통치조직이 전국을 다섯 개의 방(五方)으로 나누고 그 아래에 군과 성(현)을 두는 방-군-성(현)제이다.[40]

5방은 동방, 서방, 남방, 북방, 중방을 말한다. 방의 치소는 방성

方城이라 하였다. 중방의 방성인 고사성은 전북 고부이고, 동방의 방성인 득안성은 충남 논산이고, 북방의 방성인 웅진성은 충남 공주이다. 서방의 방성인 도선성은 충남 예산에, 남방의 방성인 구지하성은 광주 무등산에 비정된다. 각 방성에는 1천 200명 이하 700~800명의 군대가 주둔하였다.**41** 방의 장관인 방령은 달솔 관등 소지자가 맡았으며 방성의 군대를 통할하였다. 방령의 보좌관으로는 방좌方佐가 있었다.

군郡의 수는 37군이었다. 군은 규모에 따라 대군大郡, 중군中郡, 소군小郡으로 나누어졌다. 대군의 장관은 대군장大郡將, 중군의 장관은 군장郡將, 소군의 장관은 군령郡令으로 불렸다. 군의 장관은 2품 달솔의 관등자가 맡기도 하고, 3품 은솔이나 4품 덕솔의 관등자가 맡기도 하였다.**42** 장관 보좌관으로는 재정 관련 업무를 맡은 군좌郡佐와 군대를 감독하는 업무를 맡은 참사군參事軍이 있었다.

성(현)의 수는 200 내지 250개였다. 성(현)은 규모나 전정호구의 차이에 따라 대현大縣과 소현小縣으로 구분되었다. 대현의 장관은 도사道使, 소현의 장관은 성주城主였던 것 같다. 성(현)은 방과 군에 영속되어 정치적, 행정적으로 중앙과 연결되었다.

방-군-성(현)제의 실시로 파견되는 지방관의 수가 크게 늘어났다. 지방관의 수의 증가는 재지세력의 기반을 축소시켜 지방에 대한 통제력을 강화시켰다. 그에 따라 재지세력은 정치적 비중이 약화되어 지방관을 보좌하는 존재로 전환되어 갔다. 이를 통해 중앙정부는 조세 수취와 노동력 동원을 더욱 체계적으로 또 원활하게 할 수 있게 되었다.

2. 유학 교육과 인재 등용

사비 천도 후 성왕은 무령왕대에 설치된 태학과 오경박사를 이용하여 유학 교육을 강조하였다. 그리고 유교 이념에 입각하여 국가체제를 정비하기 위해 양나라로부터 모시박사毛詩博士와 강례박사講禮博士를 초빙하였다. 이때 강례박사 육후陸詡가 백제에 왔다.[43] 예제에 밝은 육후는 성왕을 도와 유교 예법에 맞게 국가 체제를 만들었다. 외관 10부의 앞부분을 차지하는 사군부, 사도부, 사공부, 사구부가 《주례》의 지관 사도, 춘관 종백宗伯, 하관 사마, 추관 사구를 본으로 하여 만들어졌다는 것이 이를 증명한다.[44]

성왕은 인재 등용 면에서 중국계 및 왜계 출신자들도 능력이 있으면 등용하였다. 중국계 관료로는 무령왕대에는 오경박사인 한漢고안무高安茂와 단양이段楊爾 등이 보이고, 성왕대에는 강례박사 육후 정도가 확인된다. 왜계 관료로는 물부 나솔 용가다用歌多, 물부막기무련物部莫奇武連, 상부 덕솔 과야차주科野次酒, 기신 나솔 미마사彌麻沙 등을 들 수 있다.[45]

왜계 관료들은 주로 대왜 외교에서 사절의 역할을 하였다.[46] 《일본서기》에 따르면 왜계 관료가 왜에 파견된 사례는 총 11회 나오는데 이 가운데 정치적 목적으로 파견된 것이 5회, 군사적 목적에서 파견된 것이 5회, 문화적 성격을 가지는 것이 1회였다. 그러나 물부막기무련처럼 군사적으로 큰 공을 세운 왜계 관료도 있었다. 물부막기무련에 대해서는 뒤에 다시 언급할 것이다.

중국계나 왜계를 따지지 않고 인재를 등용한 것은, 성왕의 인재 등용이 개방적이고 능력 위주였음을 말해 준다. 이를 통해 백제 조정에는 유능한 인재들이 포진하였다. 이는 성왕이 백제를 강국으로 만들고 문화 수준을 높여 중흥을 이룰 수 있는 인적 토대가 되었다.

3. 국가 제의체계 정비

성왕은 중앙 및 지방 통치조직의 정비와 짝하여 제의체계도 정비하였다. 제의는 왕권을 뒷받침해 주는 사상적 기반이며, 신민을 하나로 묶어 주는 정신적 기둥 역할을 하였다. 성왕이 정비한 국가제의는 시조 구이묘제仇台廟祭, 천신제天神祭, 오제신제五帝新祭, 산천제의 등이었다.[47]

시조 구이묘제는 사비 도읍기에 처음으로 보인다. '구이仇台'의 실체에 대해서는 온조왕으로 보는 견해, 시조 비류의 아버지로 나오는 우태優台로 보는 견해, 고이왕으로 보는 견해 등이 있다. '仇台'는 '구태'로도 읽히지만 '구이'로도 읽힌다. '구이'는 '고이'와 음운이 상통하므로 '고이왕'으로 보는 견해가[48] 타당하다.

백제사에서 고이왕은 영역을 확대하고, 왕권을 강화하여 부체제部體制를 성립시킨 왕이었다. 소택지를 개간하여 농업생산력을 높였고, 좌장을 설치하여 군사권을 장악하였다. 좌평을 설치하여 귀족회의의 의장으로 삼아 왕의 위상을 높였다. 이러한 모습의 고이왕은 왕권 중심의 정치운영을 하고자 한 성왕에게는 이상형이었을 것이다. 그래서 성왕은 고이왕을 시조왕으로 추앙하였다. 이는 고구려에서 시조 주몽왕이 있음에도 6대 왕 궁宮을 태조왕 또는 국조왕이라 부른 것에[49] 의해 방증이 되리라 본다. 시조묘始祖廟는 바로 고이왕을 모시는 사당이었다.

시조묘의 설치와 연동되어 있는 것이, 성왕이 건방지신建邦之神의 사당을 훼철毁撤하고 제사를 지내지 않았다는 사실이다.[50] 건방지신은 하늘에서 내려와 나라를 세운 신, 곧 시조신을 말한다. 그렇다면 시조묘는 건방지신을 모신 사당을 훼철하고 그 대신으로 설치한 것으로 볼 수 있다. 이는 성왕이 고이왕을 중심으로 하는 제의체계를 새로 정비하였음을 보여 주는 것이다.[51]

천신제는 하늘에 드리는 제사이다. 천신제는 국초부터 있었지만 성왕은 이를 유교식으로 재정비하였다. 제사는 사중지월四仲之月에 거행하였다. 《예기》에 따르면 사시四時에 춘, 하, 추, 동에 제사를 드리는데[52] 사중四仲은 춘이월, 하오월, 추팔월, 동십일월을 말한다. 사중지월에 천신에 제사를 드린 것은 성왕이 《예기》의 제도를 받아들인 것이다.

오제신제는 동서남북과 중앙을 주재하는 다섯 신, 곧 동방의 창제蒼帝, 남방의 적제赤帝, 서방의 백제白帝, 북방의 흑제黑帝, 중앙의 황제黃帝에 대한 제사를 말한다. 호천상제 아래에 오제가 존재하고 있는 오제신앙의 구도는 왕권 아래에 신하들이 있는 구조와 대응된다. 성왕은 왕권이 귀족들 위에 존재함을 보여 주는 이데올로기로서 오제신앙을 거행하였던 것이다.[53]

산천제의는 산천에 사는 신들이 국가와 왕실을 보호해 주고 정치가 어지러울 때 경고해 주기도 한다는 믿음에서 드리는 국가제사이다. 성왕이 정비한 산천제의 체계가 삼산-오악-제산諸山 체계이다. 삼산은 국도 주변에 위치한 오산吳山, 부산浮山, △산(△山)을 말한다. 오산은 부여 염창리의 오석산에, 부산은 백마강 맞은편의 부산

사진 3 부여의 부산

浮山에 비정되고 있다. △산은 순암수택본 《삼국유사》에는 일산日山이라 하였는데 그 위치는 사비 도성 안에 있는 금성산에 비정할 수 있다. 《삼국유사》에 따르면 백제 전성기에 삼산에 사는 산신들은 서로 왕래하였다고 한다.[54]

오악은 지방에 위치한 산 가운데 중요한 5개의 산을 말한다. 동악은 공주의 계룡산(계람산), 서악은 태안의 나산(단나산), 남악은 광주의 무등산(무오산), 북악은 보령의 오서산(오산), 중악은 정읍부안의 고사산에 비정된다.[55]

4. 불교 교단의 정비와 전륜성왕 의식

유교적인 국가제의 체계 정비와 더불어 성왕은 불교 교단을 정비하고 교단질서도 확립해 나갔다. 그 방법은 계율의 장려였다. 이때 중심적인 역할을 한 인물이 겸익謙益이다. 그는 무령왕 말년에 중인도에 유학을 가서 4년 동안 나란타사那蘭陀寺에서 범문梵文을 공부하여 율부를 익혔다. 526년(성왕 4)에 그는 인도승 배달다삼장倍達多三藏과 함께 오부율五部律을 가지고 귀국하였다.

성왕은 겸익을 맞아 흥륜사에 안치한 뒤 고승들을 모아 범문 율부를 번역하게 하였다. 담욱과 혜인 등은 번역된 율부에 주석을 달아 율소 30권을 지었다. 이에 성왕은 손수 〈비담신율서毗曇新律序〉를 지었다.[56] 이리하여 백제 신율이 성립되었다. 이는 삼국 가운데 인도로부터 직접 율장을 가지고 와서 번역한 가장 빠른 사례이다.

율은 승려들과 신도들의 신심을 권면하는 종교적 기능 외에 승려들과 신도들의 행동을 규제하고, 교단을 통제하여 질서를 유지하는 사회적 기능도 갖고 있었다. 겸익은 흥륜사에 주석하면서 계율의 강조를 통해 불교 교단의 질서를 수립한 것으로 보인다.

사비로 천도하면서 성왕은 정림사를 창건하였다.[57] 창건 시기를 추정하는 단서가 되는 것이 정림사지의 금당지 부근에서 출토된 기와로 만든 부처님의 귀 조각[瓦製佛耳片]이다. 와제불이편의 잔존 높이는 27.5cm인데 크기, 색조, 태토, 제작 기법에서 중형이나 소형의 소상塑像과는 차이가 있어 장육불의 일부일 가능성이 크다고 한다.[58]

그런데 성왕은 23년(545) 9월에 장육불상을 조영하였다.[59] 와제불이편에서 미루어 이 장육불은 소조불塑造佛이었다고 할 수 있다. 장육불의 조성은 삼국 및 왜를 통틀어서 이것이 최초이다. 이 시기 백제에서 거대한 장육불을 모실 곳은 정림사밖에 없다. 따라서 정림사는 545년 이전에 완공된 것으로 볼 수 있다.

사진 4 북위 영녕사 출토 소조상(위)과 백제 정림사지 출토 소조상(가운데)
시종을 거느린 인물상 도용(국립부여박물관)

성왕은 이 정림사를 불교 치국책 추진의 중심 사찰로 삼았다. 이
를 보여 주는 것이 '시종을 거느린 인물상 도용陶俑'이다. 이 도용은
상부가 깨어졌지만 행렬도 도용임이 분명하다. 이 도용은 북위의 낙
양 영녕사 경내에서 출토된 황제예불도皇帝禮佛圖의 소조상들과 비슷
하여[60] 왕의 예불 도용으로 볼 수 있다. 이로 미루어 정림사는 북위
의 영녕사와 같은 역할을 한 것으로 볼 수 있다. 영녕사는 낙양성

에서 가장 중심이 되는, 황제를 상징하는 사찰이었다.

정림사에 장육불상을 안치한 것과 관련하여 주목되는 것이 전륜성왕이다. 불교에서 전륜성왕은 칠보를 성취하고 사덕四德을 두루 갖추었으며 수미사주須彌四洲를 통일하고 정법으로 세상을 다스리는 이상적인 대제왕을 말한다. 전륜성왕이 다스리는 나라는 풍요롭고 인민 모두 화락한다고 하였다. 대표적인 전륜성왕이 인도를 통일한 아육왕이다.

불교에서 장육은 석가모니의 신장을 가리키므로 장육불은 석가불을 말한다. 장육불은 인도의 아육왕이 만들었기 때문에 아육왕상이라고도 한다.[61] 따라서 장육불 조성에는 전륜성왕 의식이 들어 있다고 할 수 있다. 장육불상 제작과 숭배는 양나라에서도 유행하였다. 그래서 양 무제도 전륜성왕을 칭하고 장육불을 만들었다.

성왕은 양 무제를 정치적 본으로 삼았다. 따라서 성왕도 전륜성왕을 일컬었을 수가 있다. 이를 뒷받침해 주는 것이 둘이다. 하나는 성왕의 '성聖'이 전륜성왕과 맥이 닿는다는 것, 곧 '성왕'은 전륜성왕의 약칭이라고 보는 것이다.[62] 물론 이 '성'에 대해 양 무제 이후 성왕을 일컬은 사례는 없다는 것과 《삼국사기》에 성왕이 시호로 나오는 것에 근거해, '성왕'은 전륜성왕의 의미보다는 유가에서 말하는 치세治世의 성인이라는 의미를 갖는다는 견해도 있다.[63]

성왕의 본래의 이름은 성명왕聖明王이었다. 그런데 552년 10월에 '성왕'으로 고쳐 불렀다. 그리고 곧바로 서부 희씨 달솔 노리사치계怒唎斯致契를 왜에 보내 석가불금동상 1구, 약간의 번개, 약간의 경론 등을 보내 주고 또 별도로 〈유통예배공덕流通禮拜功德〉을 찬양하는 표表도 보내 주면서 불교를 전파해 주었다.[64] '성왕'으로 이름을 바꾼 시기와 왜에 불교를 전해 준 시기가 같다. 이처럼 '성왕'이란 이름 속에 불교적 요소가 들어 있다. 그렇다면 성왕을 전륜성왕의 의미로 보는 것은 타당하다고 생각된다.

다른 하나는 장육불의 조성이다. 양 무제가 장육불을 만들었듯이 성왕도 장육불을 만들었다. 성왕이 장육불을 만든 목적에 대해《일본서기》에는 "천황이 승선勝善의 덕을 얻고 천황이 이용하는 미야께 국(官家)이 모두 복을 받기를 원한다"는 것과 "하늘 아래의 일체 중생이 모두 해탈하기를 바란다"는 것으로 나온다. 이 가운데 천황과 관련한 문구는《일본서기》편찬자의 윤색이므로 더 이상 논급할 가치는 없다. 따라서 그 목적은 백제와 백제민 일체 중생의 해탈이라 할 수 있다.[65]

이로 미루어 성왕도 전륜성왕을 일컬으면서 장육상을 만들고 불교 치국책을 펴서 불교 신앙을 강조한 것으로 보인다.

5. 삼교 포함 사상과 백제금동대향로

삼국이 중앙집권적 국가체제를 이루기 이전에는 무교신앙巫敎信仰이 사회의 바탕에 깔려 있었다. 그러나 삼국은 중앙집권체제를 갖추어 가면서 유교, 도교, 불교를 새로운 사상과 종교로 받아들였다. 유교, 도교, 불교를 삼교三敎라고 한다. 이후 삼교는 무교신앙을 대신하여 정치와 사회를 운영하는 기본 사상이 되었다.

삼교의 본질에 대해 최치원(857~?)은 〈난랑비서鸞郎碑序〉에서 "유교는 들어와서는 집안에서 효를 행하고 나가서는 나라에 충성하는

사진 5 백제금동대향로와 덮개 부분(오른쪽, 국립부여박물관)

것이다. 도교는 자랑함이 없는 일을 하고 말없는 가르침을 행하는 것이다. 불교는 모든 악을 짓지 말고 모든 선을 받들어 행하는 것이다."라고[66] 요약 정리하였다. 이 삼교는 조화를 이루면서 상호 보완적인 역할을 하였다. 최치원은 이를 삼교 '포함包含'이라고 하였다.

성왕은 태학을 통해 유학 교육을 장려하였다. 대통사와 정림사를 창건하였으며, 장육상을 만들어 전륜성왕을 자처하였고, 불교를 왜에 전해 주기도 하였다. 국가 전성 시기에 삼산에 살고 있는 신인神人이 아침저녁으로 서로 왕래하였다. 이는 성왕의 사상이 삼교를 포함하였음을 뜻한다. 성왕은 삼교를 아울러 강조함으로써 정치와 사회를 갈등 없이 조화롭게 운영하고자 하였던 것이다.

성왕의 삼교 포함 사상을 조각으로 표현해 주는 것이 부여 능사

목탑지에서 출토된 백제금동대향로이다. 대향로에서 용으로 형상화시킨 받침대와 몸통에 새겨진 연화문 장식은 불교 사상을 잘 나타낸다.[67] 뚜껑 꼭대기 부분의 5개의 산, 이 산위에 앉아 있는 5마리의 새, 산과 산 사이에 악기를 든 5인의 인물, 5개를 2겹으로 뚫은 연기가 나가는 구멍〔香煙〕 등은 오행설과 결합된 신선사상을 보여준다.[68]

한편 향로의 뚜껑에서 봉황이 딛고 서 있는 보주 아래의 5개의 봉우리 가운데 산을 표현한 공제선空際線이 있는 세 개의 봉우리는 산이지만, 공제선이 없거나 공제선이 거꾸로 표현된 두 개의 봉우리는 산이 아니다. 따라서 보주 아래의 산봉우리는 3개이다. 이를 삼산三山이라 할 수 있다. 삼산 아래에 악기를 든 인물과 새가 꼭대기에 앉아 있는 5개의 산은 오악五岳이다. 오악 아래의 크고 작은 나머지 산들은 여러 산〔諸山〕이라 할 수 있다. 이렇게 보면 향로의 뚜껑 부분의 조각은 삼산, 오악, 제산의 신비성과 장엄성을 표현한 것이라 할 수 있다.[69] 삼산-오악-제산에 대한 제사는 유교적 제의이다.

이처럼 향로에는 불교와 도가의 성격뿐만 아니라 유가의 성격도 포함되어 있다. 이 향로는 위덕왕이 성왕의 명복을 빌기 위해 만든 것이므로 향로에 표현된 삼교 포함 사상은 위덕왕의 사상이면서 동시에 성왕의 사상이기도 하다. 그렇다면 이 향로는 불교의 연화장 세계와 도교의 신선 세계 및 산천신들이 국토를 지켜 주는 태평성대라고 하는 이상적인 세계의 실현을 염원하는 성왕의 삼교 포함 사상의 상징물이라고 하겠다.

제2장 진흥왕의 즉위와 정치

I. 왕위계승 원칙과 즉위

1. 왕위계승 원칙

진흥왕(540-576)은 신라 제24대 왕이다. 이름은 《삼국사기》에는 삼맥종(彡麥宗: 深麥夫)으로, 《삼국유사》 왕력에는 삼맥종三麥宗 또는 심△△(深△△)로, 〈천전리서석 추명〉에는 심맥부지深麥夫智로 나온다. △△는 맥부麥夫일 것이다. 아버지는 입종갈문왕인데 〈봉평리비〉와 〈울산 천전리서석 원명, 이하 천전리서석 원명〉에는 사부지斯夫智 갈문왕으로 나온다. 어머니는 모량리 영사(英史, 英失) 각간의 딸 박씨 지소只召부인인데 〈천전리서석 추명〉에는 지몰시혜비只沒尸兮妃로 나온다. 왕비는 사도(思道, 息道, 色刀)부인이다.[70]

《삼국사기》에는 '진흥'을 시호라고 하였다. 그러나 568년(진흥왕 29)에 세워진 〈마운령비〉와 〈황초령비〉 그리고 〈북한산비〉에 '진흥대왕'이 나오므로 진흥은 생시의 이름이다. '진흥'은 568년 이전 어느 시기에 사용한 불교식 이름이다. 이는 법흥왕의 '법흥'이 〈천전리서석 을묘명〉의 '성법흥대왕'에서 보듯이 생시에 사용한 불교식 이름인 것과 같은 유형이다.

아버지 입종에 대해 "법흥왕제法興王弟"의[71] '제弟'를 '동모제'로 보고 모후도 법흥왕과 마찬가지로 연제부인으로 보기도 한다. 그러나 제弟에는 동모제뿐만 아니라 이모제異母弟도 포함된다. 《삼국사기》에 신무왕의 이모제로 나오는 헌안왕이 《삼국유사》에는 신무왕의 제로 나오고 있는 것이[72] 이를 보여 준다. 또 입종은 아들 진흥왕이 540년에 일곱 살의 나이로 왕이 된 사실에서 미루어 지증왕이 즉위 후 맞이한 모량부 상공의 딸 사이에서 출생한 것으로 볼 수 있다. 따라서 입종은 법흥왕의 이모제였다.[73]

법흥왕은 즉위 후 이모제인 입종을 갈문왕으로 책봉하였고, 재위 21년(534) 무렵에 딸 지소只召를 입종에게 시집보냈다. 이 둘 사이에서 진흥왕이 태어났다. 입종과 지소의 결혼은 신라 왕실의 근친혼이 숙질 간에도 이루어졌음을 알려 준다. 그 결과 진흥왕은 부계로 따지면 법흥왕의 조카가 되고, 모계로 따지면 외손자가 된다.

여기서 정리해야 할 것은, 진흥왕이 법흥왕의 조카로서 왕이 되었느냐 아니면 외손자로서 왕이 되었느냐이다. 이 문제는 왕위계승 원칙과 연관된다. 신라의 왕위계승은 부자계승이 원칙이었다. 부자계승에서는 장자나 원자가 우선권을 가지지만 장자나 원자가 어리거나, 불초不肖할 경우 제2자나 제3자가 왕이 되기도 하였다.[74] 그러나 이 부자계승 원칙은 철저히 지켜진 것이 아니었다. 아들이 없을 경우 동생이 계승하기도 하고, 사위나 공주가 계승하기도 하였다.

사위의 왕위계승은 공주와 결혼하였기 때문에 가능하였다. 이는 공주에게 본래 왕위계승권이 있었음을 말해 준다. 공주의 왕위계승권은 공주 자신에 의해 행사되기도 하고 남편에 의해 행사되기도 하였다. 그래서 신라에서는 여왕이 나오기도 하고 사위 왕이 되기도 하였던 것이다. 이는 고구려와 백제는 물론 중국에서도 보이지 않는 신라만의 특수한 현상이다.

한편 신라에서는 손자가 왕이 된 경우가 종종 보인다. 상고기의 경우 벌휴왕이 죽은 뒤 손자 나해奈解가 왕이 된 것이,[75] 하대기에는 원성왕이 태자 인겸仁謙이 죽자 인겸의 아들인 손자 소성昭聖을 태자로 책봉한 뒤 왕위에 오르도록 한 것이[76] 대표적인 예이다.

손자의 왕위계승은 부−자−손이라고 하는 부계 중심의 계승의식의 반영이다. 손자와 외손자는 계보를 따질 때 남계냐 여계냐의 차이가 있지만 같은 항렬이다. 공주에게 왕위계승권이 있다는 사실을 염두에 두면 외손자도 부−여−손이라는 계보 관계에서 왕위계승권을 가질 수 있었다. 그렇다면 진흥왕은 법흥왕의 조카로서가 아니라 외손자로서 왕위에 오른 것으로 볼 수 있다. 현재의 자료에서 조카가 왕이 된 사례가 하나도 없다는 것이 이를 방증해 준다.

2. 진흥왕의 즉위

《삼국사기》와 《해동고승전》에 따르면 540년 즉위할 당시 진흥왕의 나이는 일곱 살이었다.[77] 이와 달리 《삼국유사》 진흥왕조에는 열다섯 살로[78] 나온다. 이로 말미암아 7세 즉위설과 15세 즉위설이 나왔다. 그런데 〈창녕신라진흥왕척경비, 이하 창녕비〉에는 "과인유년승기寡人幼年承基"라 하여 진흥왕이 '유년幼年'에 즉위하였다고 하였다. 《예기》에는 '유幼'를 10세라고 하였다.[79] 또 신라에서 15세는 노동력 동원의 대상이었지만[80] 유년은 대상이 아니었다. 이로 미루어 진흥왕은 유년인 일곱 살에 즉위한 것으로 보는 것이 타당하다.

일곱 살의 진흥왕이 왕이 될 수 있었던 배경은 당시 왕실의 상황과 연계하여 살펴보아야 한다. 이때 법흥왕이 왕위[冕旒]를 사양하고 흥륜사에 들어가 승려의 옷[方袍]을 입었다는 사실이 주목된다.[81] 왕이 법복을 입는 것을 사신捨身이라 한다. 흥륜사가 완공된 시기가

535년(을묘년: 법흥왕 22)이고 법흥왕이 죽은 해가 540년이므로 법흥왕이 사신한 시기는 법흥왕 말년이다.

법흥왕의 사신은 양 무제가 동태사同泰寺에서 사신한 것을 본받은 것이다. 그러나 양 무제의 사신과 법흥왕의 사신에는 차이가 있다. 양 무제는 네 번 사신하였지만 그 기간은 길지 않았으며 또 모두 환속하였다. 사신은 일종의 정치 행위였다. 신하들은 황제를 환속시키기 위해 많은 돈을 절에 시주하여야 하였다. 그렇지만 법흥왕은 환속하지 않았다. 말 그대로 세속과의 인연을 끊고 구도의 길을 걸은 것이다. 이는 법흥왕이 사신한 뒤에 정사에 거의 관여하지 않았음을 의미한다.

상황이 이렇게 되자 왕실에서는 후계 문제를 매듭지어야 하였다. 이때 왕실의 최고 어른은 서열로 보면 법흥왕비 보도부인(保刀夫人: 〈추명〉의 夫乞支妃)이었다.[82] 그러나 이 시기 보도부인도 영흥사를 창건한 뒤 머리를 깎고[落彩] 비구니가 되어 있었다.[83] 세속과 인연을 끊은 것이다. 다음으로 생각해 볼 수 있는 사람은 법흥왕의 동생이면서 진흥왕의 아버지인 입종갈문왕이다. 그러나 입종도 537년에 돌아가신 상태였다. 이로 미루어 이 시기 왕실에서 영향력이 큰 어른은 진흥왕의 어머니인 지소부인이었다. 539년 천전리 서석곡으로 행차할 때 지소부인이 보도부인보다 먼저 나오는 것이 이를 시사해 준다.

지소부인은 아들 진흥왕을 후계자로 내정하였다. 그러나 이 내정은 최고 귀족회의체인 대등회의의 동의를 받아야 하였다. 왕위가 외손자로 이어지기 때문이다. 이 동의 절차를 거치는 과정에서 지소부인은 이사부異斯夫와 거칠부居柒夫를 자기편으로 끌어들였던 것 같다. 이들이 진흥왕 즉위 뒤 보필지신輔弼之臣이 된 사실이 이를 말해 준다. 이후 이사부와 거칠부는 대등회의의 동의를 얻는 데 핵심적인 역할을 하지 않았을까 한다.

진흥왕을 후계자로 확정한 뒤 지소부인은 539년(기미년: 법흥왕 26) 7월 3일에 무즉지태왕비인 부걸지비(夫乞支妃: 보도부인)와 아들 심△(맥)부지(深△(麥)夫智: 진흥)와 함께 서석곡書石谷을 찾았다. 〈천전리서석 원명〉에 따르면 서석곡은 원래 이름이 없는 골짜기(無名谷)였는데 525년(을사년)에 사부지갈문왕이 누이 어사추녀랑於史鄒女郎과 함께 최초로 방문하여 '서석곡書石谷'이라는 이름을 붙였다. 이후 신라 왕실은 서석곡을 신성시하였다. 이로 미루어 지소부인 일행이 서석곡을 찾은 것은, 진흥왕(심맥부지)이 후계자로 확정되었음을 서석곡의 산천신에 고하기 위한 것으로 보인다. 그렇다면 〈천전리서석

사진 6 울산 천전리서석 원명(오른쪽)과 추명(오세윤 작가)

추명〉에 수행원의 한 사람으로 나오는 예신禮臣 정을이지丁乙尓知 나마는 직책에서 미루어 의례의 집전을 담당한 것으로 볼 수 있겠다.

신라사 전체에서 보았을 때 진흥왕의 즉위는 몇 가지 특징이 있다. 첫째, 아버지가 왕이 아니었지만 왕이 되었다. 둘째, 첫 번째와 연관성을 가지지만 최초로 현왕의 외손자로서 왕이 되었다. 외손자의 왕위계승은 진흥왕의 경우가 처음이자 마지막이었다. 셋째, 어려서 즉위하였기 때문에 태후가 섭정을 하였다. 이 역시 신라에서는 최초의 사례이다.

Ⅱ. 섭정기: 섭정 태후와 보신輔臣 이사부·거칠부

1. 섭정 태후

사부지갈문왕은 537년에 죽었고, 2년 뒤인 539년에 부걸지비 일행은 서석곡을 찾았고, 만 1년 뒤인 540년 7월에 법흥왕이 서거하자 그 뒤를 진흥왕이 이었다. 이 일련의 사건은 연속성을 갖는데 진흥왕의 즉위는 그 마무리였다.

진흥왕은 37년 동안 재위하였다. 재위 기간은 크게 섭정기(540-55)와 친정기(551-576)로 나눌 수 있고, 친청기는 다시 관산성 대회전을 기준으로 친정기 전기(551-554)와 친정기 후기(555-576)로 나눌 수 있다.[84] 친정기 전기는 4년밖에 되지 않지만 관산성 대회전이 가지는 의미 때문에 한 시기로 구분해 볼 수 있다.

사진 7 창녕 진흥왕척경비(오세윤 작가)

진흥왕은 일곱 살의 어린 나이에 왕이 되었기 때문에 섭정이 행해졌다. 섭정을 맡은 사람에 대해《삼국사기》에는 왕태후,《삼국유사》에는 태후라 하였다. 왕태후를 법흥왕비 보도부인으로 보고 보도부인이 섭정을 맡았다는 견해도[85] 있다. 그러나 왕태후는 '국왕의 태후', 즉 국왕의 어머니를 말한다. 이는 비록 백제의 사례이지만〈묘지석〉에 성왕이 모후를 '백제국왕태비百濟國王太妃'라고 한 것에서 입증된다. 이때 보도부인은 이미 출가한 상태였다. 따라서 섭정은 태후 지소부인이 맡은 것으로 보는 것이 타당하다.

섭정은 만기를 친람親覽하기도 하지만 대개는 믿을 수 있는 신하들에게 위임하였다. 이때 정사를 위임받은 신하를 보신(輔臣: 輔政之臣)이라 한다. 〈창녕비〉에 '과인이 어려서 왕이 되어 정사는 보필하는 신하에게 맡겼다(寡人幼年承基 政委輔弼)'고 한 기사가 이를 잘 알려 준다. 이때 보필한 신하가 이사부異斯夫와 거칠부居柒夫였다.

2. 보신 이사부

이사부는 내물왕 4세손으로 태종苔宗으로도 표기되었다. 그의 주활동 시기는 지증왕, 법흥왕대였고 진흥왕 11년(550)대에까지 이어졌다. 지증왕 6년(505) 이사부는 초대 실직주 군주에 임명되었고, 이후 주치州治가 하슬라(강릉)로 옮겨지자 13년(512)에는 하슬라 군주가 되었다. 이때 목우木偶사자를 이용하여 우산국을 정벌하여 복속시켰다.[86] 법흥왕 16년(529)에 이사부는 다다라多多羅, 수나라須那羅, 화다和多, 불지費智 4촌을 초략하여[87] 금관가야를 멸망시키는 토대를 마련하였다.

진흥왕 2년(541) 병부령이 되어 군권을 관장한 이사부는[88] 544년에 대당大幢과 삼천당三千幢 등 군부대를 신설하였다. 대당은 왕도에 주둔한 핵심 중앙군이었다. 군관은 장군-대관대감으로 조직되었는데 대관대감은 진흥왕 10년(549)에 설치되었다. 삼천당은 주치州治이외의 군사적 요충지에 두어진 보병 부대였다. 군관은 당주幢主-감監-졸卒로 구성되었다.[89] 이때 두어진 삼천당은 경북 상주시 청리면의 음리화정音里火停, 대구시 달성군 현풍면의 삼량화정三良火停, 경남 함안군 군북면의 소삼정召三停, 경북 청송군 안덕면의 이화혜정伊火兮停이었다.

군사조직을 정비한 이사부는 진흥왕 11년(550)에 고구려와 백제가 뺏고 빼앗기는 공방전을 벌이던 도살성과 금현성 두 성을 모두

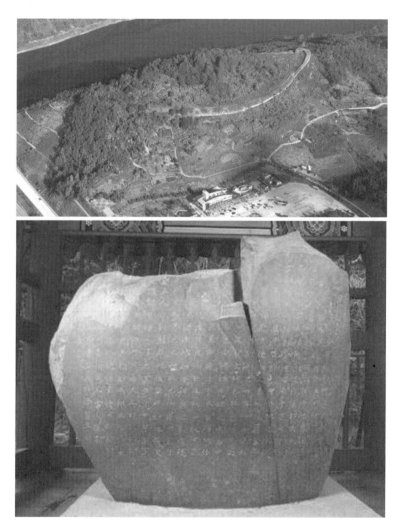

사진 8 단양 신라 적성(위)과 적성비(오세윤 작가)

차지한 다음 성을 증축하여 갑사甲士 2천 명을 두어 지키게 하였
다.[10] 이는 신라가 백제와 고구려의 대립 관계를 교묘히 이용하여
실속을 챙기는 모습을 보여 준다.

이처럼 이사부는 섭정기 때 최고의 실권자로서 큰 역할을 하였

다. 특히 군사 방면에서 활약이 두드러졌다. 550년 무렵에 만들어진 〈단양신라적성비, 이하 적성비〉에 이간(伊干: 이찬) 이사부지異斯夫智가 수행 신하들 가운데 제일 윗자리에 나오는 것이[91] 이를 말해 준다.

3. 보신 거칠부

거칠부는 나물왕 5세손으로 황종荒宗으로도 표기되었다. 할아버지는 잉숙(仍宿: 乃宿) 각간이고, 아버지는 물력勿力 이찬이었다. 내숙(잉숙)의 딸 선혜는 소지마립간의 왕비가 되었다.[92] 이후 내숙은 이벌찬이 되어 국정에 깊이 참여하였다. 물력은 〈봉평리비〉에 따르면 524년에 제7관등인 일길간지(일길찬)였고 이후 이찬으로 승진하였지만 더 이상의 활동은 알 수 없다.

거칠부는 사소한 일에 거리끼지 않았고 원대한 뜻을 품은[跅弛有遠志] 인품의 소유자였다. 용모는 비범하였는데 '제비턱에 매의 눈'을 가졌다고 한다.[93] 그는 어려서부터 불교를 깊이 신봉하여 벼슬하기 전에 머리를 깎고 승려가 되었다. 그리고 사방을 유관遊觀하다가 고구려를 정탐하러 들어갔다.[94] 이때 그는 혜량법사와 운명적인 만남을 가졌다. 혜량법사는 거칠부를 보고 '이심異心'이 있음을 알았지만 고발하지 않고 도리어 빨리 돌아가라고 하면서 훗날을 약속하였다. 그 약속은 거칠부가 후일 고구려를 공격할 때 자신을 해치지 말라는 것이었다.[95] 이에 대해서는 뒤에 다시 언급할 것이다.

환속한 뒤 거칠부는 벼슬길에 나섰다. 진흥왕 6년(545)에 그는 대아찬으로 《국사》 편찬의 업무를 맡았다. 《국사》 편찬은 이사부의 건의로 이루어졌는데 신라에서 역사서 편찬은 이때가 처음이다. 편찬의 목적은 군신의 선악을 기록하여 만대에 포폄褒貶을 보이는 것이었다.[96] 《국사》 편찬을 통해 진흥왕은 건국 이후 박씨 왕 재위기, 석씨 왕 재위기를 거치면서 여러 갈래로 전개된 역사를 김씨 왕실 중심으로 재정리하여 왕실의 정통성과 존엄성을 분명히 하였다. 이후 거칠부는 파진찬으로 승진하였다.[97] 이 승진은 《국사》 편찬을 잘 마친 공로에 대한 반대급부였던 것 같다.

거칠부는 이사부의 뒤를 이어 신라 정계를 이끈 최고의 실권귀족이었다. 그의 영향력은 막강하였다. 그가 551년 고구려를 치고 나서 데리고 온 혜량법사를 진흥왕이 최고의 승직인 승통으로 삼은 것[98]이 이를 알려 준다. 그래서 거칠부는 568년에 세워진 〈마운령비〉에 왕을 수행한 최고위 신료로서 맨 앞에 기록되었다.

III. 친정기 전기: 도약의 발판 마련

1. 국정 운영의 지표

진흥왕은 재위 12년(551)에 18세가 되었다. 화랑들은 18세가 되면 수련을 끝내고 출사出仕하게 된다. 성년이 되었다는 의미이다. 이로 미루어 진흥왕도 이해에 섭정을 거두고 친정을 한 것 같다.[99] 진흥왕은 "왕이 되어 백료들을 위엄으로 거느리고 호령이 잘 갖추어졌다"는[100] 평에서 보듯이 위엄이 있었고 또 자질과 능력이 뛰어났다. 진흥왕이 친정을 하면서 표방한 정치운영의 지표는 다음과 같이 정리해 볼 수 있다.

첫째, 연호를 건원에서 '개국開國'으로 고쳤다. '개국'에는 "나라를 연다"는 의미, 즉 "새로운 나라를 만들어 나가겠다"는 뜻이 들어 있다. 이는 진흥왕이 보신 중심의 정치운영에서 벗어나 자신이 천하의 주인으로서 새 정치를 펴겠다는 뜻을 천명한 것으로 볼 수 있다.

둘째, 새로이 영역으로 편입한 지역으로의 순수이다. 진흥왕은 즉위하자 곧장 낭성娘城으로 행차하였다. 낭성 순수는 진흥왕의 첫 번째 순수이고, 신라 최초의 순수이다. 낭성의 위치에 대해 진흥왕이 우륵을 국원(충주)에 안치하였다는《삼국사기》악지의 기사를[101] 근거로 충주로 보는 견해가 있다.[102] 그러나 충주의 옛 지명인 완장성 또는 국원성은 낭성과는 음운상 연결되지 않는다. 이와 달리 청주는 낭비성, 비성, 낭자곡이라 하였다. 또 551년 이전까지 충주는 고구려의 영토였다. 이런 사실들에서 미루어 낭성은 청주로 보는 것이 타당하다. 청주 부모산성父母山城을 발굴한 결과, 초축 보루는 백제에 의해 축조되었지만 석축성벽은 6세기 중엽에 신라에 의해 축조되었다는 사실이[103] 이를 방증해 준다.

550년 진흥왕은 고구려와 백제가 도살성(진천)과 금현성(증평)을 둘러싸고 뺏고 빼앗기는 싸움을 벌이고 있는 틈을 타서 두 지역을 모두 차지하였다. 이에 진흥왕은 새로이 영역으로 편입된 지역의 민들을 위무하기 위해 낭성으로 순수하였던 것이다. 순수를 하면서 진흥왕은 국가에 대한 충성을 격려하고, 조세를 감면하는 등의 조치를 통해 민심을 어루만졌다. 이에 대해서는 뒤에 다시 언급할 것이다.

셋째, 예악 정치의 강조이다. 진흥왕은 낭성 순수 때 대가야에서 망명해 온 우륵과 그의 제자 이문을 만났다. 낭성의 하림궁河臨宮에서 우륵의 연주를 들은 진흥왕은 13년(552)에 계고階古, 법지法知, 만덕萬德으로 하여금 우륵에게 음악을 배우게 하였다. 우륵은 그 능력을 살펴 계고에게는 금琴을, 법지에게는 가歌를, 만덕에게는 무舞를 가르쳐서 성업하게 하였다.[104] 업을 이룬 세 사람은 스승 우륵이 작곡한 12곡을 "번거롭고 또 음란(繁且淫)"해서 "아정雅正"하지 않다고 하면서 축약하여 5곡으로 만들었다. 이 사실을 알게 된 우륵은 처음에는 노했지만 5곡을 듣고 나서는 눈물을 흘리면서 "즐거우면서도 무절제하지 않고 슬프면서도 비통하지 않으니, 바르다고 할 만하구나(樂而不流 哀而不悲 可謂正也)"라 하면서 이를 국왕 앞에서 연주하도록 하였다.[105] 이후 진흥왕은 신하들의 반대를 물리치고 이 5곡을 국가 음악(大樂)으로 삼았다.[106] 예악 정치를 선포한 것으로 볼 수 있다.[107] 화랑도에게 "가악상열歌樂相悅"을 강조한 것도 예악을 중시한 진흥왕의 뜻이 반영된 것으로 볼 수 있다.

넷째, 사방으로 영역을 확대하는 것이다. 친정을 시작한 해인 551년 3월 진흥왕은 백제와 함께 고구려를 공격하여 한강 상류의 10군을 차지하였다. 진흥왕은 이에 만족하지 않고 552년 7월에 백제가 차지한 한강 하류지역을 점령한 뒤 553년에 신주를 설치하였다. 554년 관산성 대회전에서는 백제 성왕을 죽이는 대승을 거두어 한강유역과 경기도 일대를 영역으로 편입하였다. 그 여세를 몰아 진흥왕은 동해안으로 북상하여 함경남도 일대를 차지하였다. 〈황초령비〉와 〈마운령비〉는 이를 '사방탁경四方託境'이라 하였다. 이에 대해서는 뒤에 다시 언급할 것이다. 진흥왕의 '사방탁경'은 지증왕이 국호에 부여한 '망라사방'의 실현이라 할 수 있다.

다섯째, 불교 치국책治國策의 추진이다. 진흥왕은 14년(553)에 월성 동쪽에 새로운 궁궐[新宮]을 지으려 하였지만 황룡이 나타난 것을 계기로 궁궐 대신 불사를 지었다. 이 절이 황룡사이다.[108] 황룡사는 진흥왕이 왕권을 강화하고 왕실을 신성화하는 불교 치국책 추진의 중심 도량이 되었다. 황룡사에 대해서는 뒤에 다시 언급할 것이다.

여섯째, 능력 있는 인재의 등용이다. 진흥왕은 대가야 출신 우륵을 등용하고 가야 음악을 대악으로 삼아 예악정치를 구현하였다. 금관가야 출신 김무력을 등용하여 신주 군주로 삼아 새로이 정복한 지역을 다스리도록 하였다. 고구려 출신 혜량법사를 등용하여 국통으로 삼아 황룡사에서 백좌강회를 열고, 팔관회를 개최하여 전몰장병들의 혼령을 위로하며 호국을 강조하였다.

골품제가 정비되어 신분을 중히 여기는 사회 분위기 속에서 외국계 출신 인물을 등용한 것은, 인재를 알아보고 그 능력을 십분 발휘할 수 있도록 한 진흥왕의 열린 마음이 있었기에 가능하였다. 신하들이 가야 음악을 '망국의 음악'이라 하면서 대악으로 삼는 것을 반대하자 '음악이 무슨 죄냐', '가야왕이 음란해서 스스로 망한 것이다'라고 하면서 반대를 물리치고 대악으로 삼은 것이 이를 상징적으로 보여 준다.

2. 왕경의 재정비

사로국의 정치적 중심지는 처음에는 경주 남천 남쪽의 창림사 일대였다.[109] 4세기에 들어와 월성이 정치의 중심지가 되었다.[110] 이 시기 왕경의 범위는 남으로는 남산 기슭, 서로는 서천, 북으로는 북천으로 둘러싸인 공간이었다.

사진 9 경주 시내 주요 고총 분포도(경북문화재연구원)

5세기에 들어와 신라는 왕도 안을 방리坊里로 구분하고,[111] 시장을 개설하는 등 왕경의 시가지를 정비해 나갔다.[112] 월성 안에는 왕궁과 왕궁 관련 시설들이 들어섰고, 월성 밖에는 관청과 귀족 및 민들의 주거가 들어섰다. 그리고 현재의 경주 시내에는 적석목곽분積石木槨墳으로 불리는 왕실 무덤들이 만들어졌다.

그러나 이 시기 시가지 조성에서 가장 큰 문제는 하천의 범람이었다. 이 문제는 6세기에 들어와 북천 변에 제방을 쌓아 하천의 범람을 막음으로써 어느 정도 해결되었다. 이리하여 오늘날의 경주 시내는 안정적인 공간이 되었다.

이에 진흥왕은 월성 밖 현재의 황룡사 자리에 새 왕궁(新宮)을 지으려고 계획하였다. 월성 안의 공간만으로 궁궐을 운영하기 어려웠기 때문이다. 새 궁궐 자리는 동쪽에 위치한 명활산과 서쪽에 위치한 선도산(서악)을 연결하고, 남쪽에 위치한 남산과 북쪽에 위치한 금강산을 연결하면 두 선이 만나는 십자로 지점으로 경주 분지의 중앙 지점이었다.[113]

왕궁 건설은 시가지 구획, 도로의 개설 등 도시 계획 등과 연동되어 있다. 따라서 진흥왕이 새 궁궐을 지으려 하였다는 것은 왕경의 정비도 함께 계획하였음을 의미한다. 이렇게 수립된 도시 계획은 궁궐을 사찰로 바꾸었어도 변화가 없었을 것이다.

도시 계획에서 핵심은 도로 구획이다. 이전 왕경의 중심도로는 월성에서 북으로 성동동 전랑지에 이르는 너비 10m 정도의 남북도로였다. 이 도로를 1차 중심대로라고 할 수 있다. 그런데 황룡사지 발굴 결과 황룡사지 외곽에서 경주박물관 부지로 연결되는 너비 23m의 남북대로와 이를 교차하는 동서도로가 확인되었다.[114] 이를 2차 중심도로라고 할 수 있다. 2차 중심도로는 새로운 시가지 구성 계획에 따라 만들어진 것이다.

이렇게 도시 계획을 수립하여 왕경을 정비해 나가는 과정에서 문제가 된 것이 도심에 자리하고 있는 능묘공간이었다. 이 능묘공간에 계속 능묘를 조영하는 한 시가지 정비는 왜곡될 수밖에 없었다. 이에 진흥왕은 서천 너머에 능묘공간을 새로 조영하고 선대왕인 법흥

사진 10 반월성-전랑지 도로 추정도(왼쪽)와 경주박물관 남측 남북대로(신라문화유산연구원)

왕릉을 서악동 애공사 북쪽 봉우리에 만들었다. 이렇게 하여 조영된 것이 경주 서악동고분군이다. 이에 대해서는 뒤에 다시 언급할 것이다. 능묘공간을 외곽으로 옮김에 따라 도심 내부에 필요한 공간이 확보되어 시가지 정비는 더욱 체계적으로 이루어질 수 있게 되었다.

3. 화랑도 설치와 인재 등용

국가 운영은 유능한 인재들을 얼마나 많이 양성하고 등용하느냐에 따라 달라진다. 진흥왕은 인재를 양성하기 위해 화랑도를 만들었다. 화랑도 창설의 목적은 '지인知人',[115] 즉 국가가 필요로 하는 인재를 양성하고 발굴하여 등용하는 것이었다.

화랑도 창설에 앞서 진흥왕은 원화도原花徒를 만들었다. 원화도는 어여쁜 여성 두 명을 원화原花로 삼고 이들을 중심으로 이루어진 청소년 집단을 말한다. 최초의 원화는 남모南毛와 준정俊貞이었다. 그러나 두 여성은 서로 시기하여 마침내 준정이 남모를 죽인 사건이 발생하였다.[116] 이에 진흥왕은 원화도를 폐지하고 남자 화랑을 중심으로 하는 청소년 집단을 만들었다. 이것이 화랑도花郎徒이다.[117] 최초의 화랑은 설원랑薛原郎이었다.[118]

《삼국사기》에는 진흥왕 37년(576)에 화랑도가 창설된 것으로 기록되어 있지만 562년(진흥왕 23) 대가야 정벌 때 화랑 사다함斯多含이 이미 종군하고 있었다. 이로 미루어 화랑도는 562년 이전에 만들어졌음이 분명하다. 사다함의 활약이 화랑제가 일정하게 궤도에 올랐던 때라는 사실과 최초의 화랑 설원랑의 활동 등에서 미루어 그 시기는 진흥왕이 친정을 시작한 551년 무렵일 가능성이 높다.[119]

이 화랑도는 한 명의 화랑과 다수의 낭도郎徒로 구성되었다. 화랑은 진골 출신자만이 될 수 있었지만 낭도는 진골 출신은 물론 육두품 출신이나 그 이하 신분의 청소년들도 될 수 있었다. 낭도의 수는 일정하지 않으나 죽지랑의 낭도는 137명이었고, 효종랑의 낭도는 1천 명이나 되었다.[120] 승려 낭도는 지적, 정신적인 면에서 화랑도들을 지도하는 자문관의 역할을 하였다. 화랑도는 같은 시기에 여럿 있었다. 이는 진평왕대에 제5거열랑, 제6실처랑(돌처랑), 제7보동랑 등이 보이는 것에서 확인된다.[121]

화랑도의 수련 기간은 대개 15세부터 18세까지의 3년 정도였다. 훈련은 세 가지 방법으로 이루어졌다. 첫째, 도의를 연마하는 것이다. 이들이 연마하는 도의는 풍월도風月道였다. 풍월도는 유교, 불교, 선교를 모두 포함하는 것이었다. 풍월도에 대해서는 뒤에 다시 언급할 것이다.

둘째, 가악을 서로 즐기는 것이다. 가악은 집단을 하나로 묶고, 단체정신을 고양하며, 집단의 사기를 북돋우는 데 크게 기여한다.

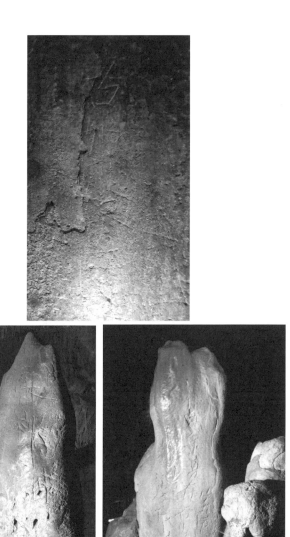

사진 11 임랑林郎(아래 왼쪽) 고랑古郎(위쪽) 공랑共郎 명문(심현용 학예사)

이들이 부른 노래에는 전통적인 노래도 있고 불교적인 성격의 노래도 있었다. 진흥왕대에 작곡된 도령가徒領歌는[122] 화랑도들이 가장

즐겨 부른 노래였을 것이다.

셋째, 산수를 유오遊娛하는 것이다. 이때의 유오는 단순히 노는 것이 아니었다. 유오하는 과정에서 화랑도들은 지리를 익히고, 체력을 단련하고, 원행遠行을 통해 협동정신을 익혔다. 유오한 곳은 경주의 남산을 비롯해 금강산, 오대산, 지리산 등과 화랑도들이 남긴 석각문石刻文이 발견된 울산 천전리 계곡과 제천 점말동굴 같은 명승지 등이었다.[123] 2019년 울진 성류굴 속에서 '재공랑才共郎', '임랑林郎', '고랑古郎' 등과 같은 화랑들이 남긴 명문이 발견되었다.[124] 이는 울진 지역도 화랑도들이 유오 산수하는 곳의 하나였음을 알려 준다.

화랑도들은 수련이 끝난 뒤에는 그 능력에 따라 관료로 또는 군 지휘관으로 등용되었다. 이때 화랑집단을 관리하고 또 유능한 인재를 추천하는 임무는 화주花主가[125] 맡았다. 그러나 유력한 귀족들도 화랑의 등용을 조정에 추천하기도 하였다. 660년 신라가 백제를 정벌할 때 말타기를 잘하고 활쏘기에 능한 16세의 화랑 관창이 모 대감의 추천을 받아 정벌군의 부장副將이 된 것이 그 예가 된다.[126] 이리하여 화랑도에서 많은 인재들이 배출되었다. 김유신을 비롯해 그의 아우 흠순(欽純, 欽春)과 품일品日 등은 대표적인 화랑 출신 장군이었다.

전쟁터에 나간 화랑들은 임전무퇴의 정신을 발휘하였다. 화랑 관창官昌과 반굴盤屈은 군사들의 사기를 드높이기 위해 목숨을 버렸다. 이는 화랑도가 시대적 사명을 수행한 것을 보여 준다. 그래서 통일신라시대의 역사가 김대문은 《화랑세기》에서 "현명한 재상과 충성스

런 신하가 여기서 솟아나오고, 훌륭한 장수와 용감한 병사가 이로 말미암아 생겨났다"[127]고 상찬賞讚하였다. 《삼국유사》에서는 "화랑도는 사람들로 하여금 악을 고쳐 선에 옮기게 하고, 윗사람을 공경하고 아랫사람에게 순히 하니 오상五常과 육예六藝, 삼사三師와 육정六正이 왕의 시대에 널리 행해졌다"[128]고 평하였다.

4. 불교 교단의 통제와 승관 조직의 정비

이차돈의 순교를 계기로 법흥왕은 528년에 불교를 공인하였다. 공인된 불교는 이후 널리 신앙되기 시작하였다. 진흥왕은 법흥왕을 본받아 불교를 독실하게 믿으면서 불교를 홍포하였다. 5년(544) 3월에 사람들이 출가하여 부처를 받드는 것을 허락하였다. 10년(549)에 양나라에서 각덕이 부처님의 사리[佛舍利]를 가지고 귀국하자 흥륜사 앞길에서 맞이하였다.

불교 신앙이 강조됨에 따라 많은 승니僧尼가 배출되었고, 중앙은 물론 지방에도 사찰들이 만들어졌다. 535(법흥왕 22)년에 새겨진 〈천전리서석 을묘명〉의 비구승, 사미승, 도인道人 등이 이를 말해 준다. 이에 진흥왕은 승려들이 일탈하지 않도록 관리하고 사찰을 통제하기 위해 승관僧官 조직을 만들었다.[129]

승관 가운데 최고위 직이 사주(寺主: 國統, 僧統)이다. 사주는 진흥왕 12년(551)에 설치되었는데 고구려에서 망명해 온 혜량법사가 초대 사주를 맡았다.[130] 대도유나는 1명인데 진흥왕 12년에 보량寶良법사가 임명되었다. 도유나는 명칭이 대도유나와 연관되므로 역시 551년에 설치되었을 가능성이 크다. 대서성大書省은 진흥왕 11년

(550)에 안장安藏법사가 임명된 것이 처음이다. 이해에 소서성(小書省: 少年書省) 2명도 설치되었다. 소서성은 명칭에서 미루어 동자승들을 관리하는 직으로 보인다.

한편 진흥왕은 지방의 사찰들과 승려들을 관리하고 규제하기 위해 12년(551)에 주통州統 9명과 군통郡統 18명을 두었다.[131] 또 여승을 관리하기 위해 도유나낭都唯那娘 1명을 두었는데 아니阿尼였다. 아니는 '여승[比丘尼]'을 가리키는 말이다.

중국의 경우 양나라와 진陳나라 시기에 국통, 주통, 국도國都, 주도州都, 승도僧都, 승정, 도유나 등의 승관이 있었다. 진흥왕이 설치한 승관 명칭은 양나라의 것과 일치한다. 이는 신라 승관제가 양나라 승관제를 본받았음을 알려 준다. 진흥왕은 승관 조직을 정비하여 불교 교단을 통제하고, 호국 불교를 강조하여 민들이 왕실과 국가를 위해 헌신할 수 있도록 하였다.

5. 풍월도와 삼교 포함 사상

진흥왕은 화랑도를 창설하면서 화랑도들은 모름지기 풍월도風月道를 닦아야 한다고 하였다.[132] 이 풍월도가 바로 도의道義의 핵심이었다. 이는 진흥왕이 국가를 운영함에 풍월도가 핵심 사상의 역할을 하였음을 보여 준다. 풍월도의 내용을 일목요연하게 보여 주는 자료는 없다. 때문에 진흥왕의 품성과 국가운영 원리에서 이를 추론해 볼 수밖에 없다. 진흥왕은 법흥왕을 본받아 한마음으로 부처를 받들었다. 이는 불교 사상이다. 진흥왕은 천성이 고상하고 멋스러워서[風味] 신선을 많이 숭상하였다. 신선 숭상은 도가 사상과 맥이 통한다.

사진 12 황초령비 탁본(위, 국립중앙박물관)과 마운령비(왼쪽) 및 탁본(이한상 교수)

진흥왕은 효제충신孝悌忠信으로 치국의 대요로 삼았다.[133] 효제충신은 유교 사상의 핵심이다. 이처럼 진흥왕은 유교, 불교, 선교 모두를 신앙하였다. 따라서 진흥왕이 강조한 풍월도는 삼교 포함 사상이라 할 수 있다.[134]

진흥왕의 삼교 포함 사상은 순수비에서도 확인된다. 진흥왕 29년 (568)에 만들어진 〈마운령비〉와 〈황초령비〉에 나오는 "수기이안백성修己以安百姓"은 《논어》 헌문14의 "수기이안백성修己以安百姓 요순기유병저堯舜其猶病諸"를 인용한 것이고, "짐역수당궁朕歷數當躬"은 《논어》 요왈20의 "자이순천지역수재이궁咨爾舜天之歷數在爾躬"을 인용한 것이며, "공위건도恐違乾道"와 "사방척경四方拓境"은 《서경》에 보이는 왕도 사상에서 연유한 것이다. 이는 유교 이념에 입각한 정치운영의 표방이라고 하겠다.

한편 진흥왕이 순수할 때 수행한 인물 가운데 앞머리에 나오는 사람이 사문도인沙門道人인 법장法藏과 혜인慧忍이다. 도인이나 사문은 모두 승려를 가리키는 말이다.[135] 이들이 다른 신하들보다 제일 앞에 나오는 것은 진흥왕 당시의 승려의 위상을 말해 준다. 이 승려들은 왕이 순수하는 과정에서 정복지역의 민들을 순화하고 불교에 귀의하도록 하였을 것이다. 이는 불교 치국책에 입각한 정치운영을 보여 준다.

신라 말기의 인물인 최치원(857~?)은 난랑비鸞郎碑의 서문에서 화랑들이 마땅히 배워야 할 사상을 풍류도風流道라고 하였다. 풍류도의 핵심은 "나라에 현묘한 도가 있으니 이를 풍류라 한다. 이는 삼교를 포함하고 뭇 백성들과 접하여 교화한다."고 한 기사에서[136]

보듯이 유교, 도교, 불교를 모두 포함하였다.

삼교를 포함하는 풍류도는 화랑들이 마땅히 배워야 할 정신세계였다. 풍월도 역시 삼교를 포함한 것으로서 화랑들이 마땅히 익혀야할 사상이었다. 따라서 진흥왕이 강조한 풍월도는 풍류도의 기원이라고 할 수 있다. 진흥왕은 화랑도들에게 이 풍월도를 교육하여 출중한 인재들을 많이 배출하였던 것이다.

역 사 의　맞 수

제2부 맞수의 대결

제1장 백제의 한강유역 회복

I. 백제·신라가야의 대고구려 연합전선 형성

1. 성왕의 한강유역 회복의 꿈

538년 사비 천도를 단행한 성왕은 강력한 왕권 중심 체제를 확립하고 중앙 및 지방 통치조직을 정비하였다. 양나라와 문화 교류를 활발히 하여 유교적 예제를 받아들이고, 불교에 대한 이해를 깊게 하면서 수준 높은 문화를 만들어 내었다. 부왕 무령왕이 추구한 갱위강국을 이룬 것이다.

이 성왕에게 하나의 과제가 남아 있었다. 고구려에게 빼앗긴 한강유역을 회복하는 것이었다. 한강유역은 시조 온조왕이 백제를 세운 곳이었다. 이후 근초고왕(346-375)과 근구수왕(375-384)은 남방 경략을 단행하여 영산강유역을 영역으로 편입하였고,[1] 고구려군을 치양(황해도 배천)에서 물리치고 수곡성(황해도 신계)까지 영역으로 하였으며,[2] 정병 3만을 거느리고 고구려 평양성을 공격하여 고국원왕을 죽이는 승리를 거두어[3] 전성기를 구가하였다.

성왕은 근초고왕과 근구수왕대의 영광을 재현하려 하였다. 이는 갱위강국의 궁극적 목적이라 할 수 있다. 성왕이 541년과 544년에 열린 두 번의 '사비회의'에서 가야제국의 대표들에게 초고왕(근초고왕)과 구수왕(근구수왕) 때의 일을 회고하면서 두 왕이 가야 제국과 부형-자제 관계를 맺은 것을 강조한 사실이 이를 알려 준다.

두 왕 대의 영광을 재현하려면 먼저 한강유역을 차지해야 한다. 한강유역은 475년에 고구려 장수왕에게 왕도 한성을 함락당하고 경기도 일대를 빼앗긴 이후에는 고구려의 영역이었다.[4] 이곳을 차지하려면 고구려를 공격해야 한다. 그러나 고구려의 힘은 만만치 않았다. 이를 보여 주는 것이 529년에 오곡 벌판(五谷之原)에서 벌어진 전투이다. 이 전투는 고구려 안장왕이 친히 군대를 거느리고 와서 북쪽 변경인 혈성을 함락시킴으로써 시작되었다. 성왕은 좌평 연모로 하여금 보병과 기병 3만을 거느리고 막게 하였지만 2천여 명의 전사자를 내면서 패하였다.[5]

이 전투는 백제가 웅진으로 천도한 이후 고구려와 벌인 전투 가운데 가장 규모가 컸다. 이 전투의 패배로 성왕은 단독으로 고구려를 공격하는 것이 어렵다는 것을 깨달았다. 때문에 한강유역을 회복하기 위해서는 신라와 가야는 물론 왜로부터도 군사 지원을 이끌어내는 것이 필요하였다. 연합군의 편성이 최상의 길이었다.

그러나 타국으로부터 군사 지원을 받는 것은 결코 쉬운 일은 아니었다. 그래서 성왕은 신라, 가야 제국 그리고 왜와 각각 외교 교섭을 벌였다. 이 과정에서 성왕은 상대국의 요구를 들어주기도 하고, 때로는 설득하기도 하여 마침내 군사 지원을 약속받았다. 이리하여 성왕은 연합군을 형성할 수 있게 되었다. 이는 성왕의 외교적 노력의 결실인 것이다. 군사 지원을 받는 과정은 각국별로 정리해 두기로 한다.

2. 신라의 연합전선 참여 과정

연합군 형성에서 핵심은 신라의 지원을 얻는 것이었다. 주변국 가운데 신라가 가장 강성하였기 때문이다. 신라를 끌어들이면 절반은 성공한 셈이 된다. 이를 위해 성왕은 541년(성왕 19, 진흥왕 2)에 신라에 사신을 파견하여 화호를 요청하였다. 이 시기를 전후하여 고구려가 신라를 공격하였다는 기록은 없다. 그럼에도 진흥왕은 이 화호 요청에 응했다.[6] 이때는 신라로서는 섭정기였으므로, 이 결정은 보신인 이사부와 거칠부에 의해 이루어졌을 가능성이 크다. 두 보신은 백제로 향하던 고구려의 공격이 언제 신라로 향할지 모른다는 우려 때문에 성왕의 화호 요청에 응하지 않았을까 한다.

이리하여 성왕과 진흥왕은 고구려의 공격에 공동으로 대응하는 공수共守 동맹을 맺었다. 정치적 우호 관계에서 군사적 동맹 관계로까지 나아간 것이다. 이는 성왕의 외교 노력의 성과라고 할 수 있다. 548년(성왕 26, 진흥왕 9) 고구려 양원왕[平成]이 예滅와 더불어 백제 독산성을 공격하였다. 성왕이 구원을 요청하자 진흥왕은 장군 주진朱珍으로 하여금 갑졸甲卒 3천을 거느리고 가서 도와주도록 하였다. 양국은 힘을 합쳐 고구려군을 물리쳤다.[7] 이는 공수 동맹이 제대로 작동하고 있었음을 말해 준다.

그러나 공수 동맹이 작동한 지 얼마 지나지 않아 변수가 생겼다. 신라가 한편으로는 백제와 화호 관계를 가지면서 다른 한편으로는 백제와 고구려가 대결하는 틈을 이용하여 자국의 이익을 취하고 있었기 때문이다. 이를 보여 주는 것이 신라의 도살성과 금현성 점령이다. 550년(성왕 28) 1월 성왕은 장군 달이達己로 하여금 군사 1만

명을 거느리고 가서 고구려 도살성(진천)을 공격해 빼앗았다. 이에 대한 보복으로 이해 3월 고구려 양원왕은 백제의 금현성(증평)을 포위하였다.[8] 진흥왕은 두 나라가 서로 싸우는 틈을 타서 이사부를 보내 도살성과 금현성 모두를 차지하게 하였다. 그리고 갑사 1천 명을 남겨 지키도록 하였다.[9] 진흥왕은 성왕을 도와주기는커녕 도리어 금현성마저 차지해 버린 것이다.

진흥왕이 두 성을 어부지리로 차지하자 고구려는 반발하여 곧장 군대를 보내 금현성을 공격하였다. 보복 공격에 나선 것이다. 이사부는 고구려군을 추격해 대승을 거두었다.[10] 이와 달리 성왕은 아무런 제제를 가하지 않았다. 그 배경에는 고구려와 대립하고 있는 상황에서 신라를 공격하면 적을 둘로 만들 수 있다는 우려와 함께 한강유역을 회복하기 위해서는 신라의 도움이 필요하다는 현실적인 인식이 작용하지 않았을까 한다.[11]

이러한 일이 있은 뒤 성왕은 진흥왕에게 한강유역을 함께 공격할 것을 요청하였다. 진흥왕은 마침내 이 제안을 받아들였다. 여기에는 몇 가지 요소들이 작용한 것 같다. 첫째, 성왕에 대한 믿음이다. 성왕은 신라에게 성을 빼앗겼음에도 고구려와는 달리 신라를 공격하지 않았다. 둘째, 금현성을 둘러싼 고구려와의 전투에서 얻은 자신감이다. 고구려군을 크게 물리쳤기 때문이다. 셋째, 북으로 남한강로까지 진출할 수 있는 좋은 기회라는 점이다.

이 가운데 주목되는 것이 세 번째의 경우이다. 연합군을 형성하여 진격할 경우 미리 합의해 두어야 할 것은 누가 점령한 영토의 어디를 차지할 것이냐이다. 이는 군사작전과도 연관된다. 비록 후대의 사실이지만 나당동맹이 맺어질 때 신라 김춘추와 당 태종이 백제와 고구려를 멸망시킨 뒤 평양 이남은 신라가 차지하는 것으로 합의를 한 것이[12] 방증 사례가 된다. 이때 성왕의 목표는 한강 하류지역을 차지하는 것이었다. 그렇다면 진흥왕이 차지하기로 한 곳은 한강 상류지역이라고 할 수 있다.

이 시기 신라는 〈적성비〉에서 보듯이 죽령로竹嶺路 방면으로는 단양까지 올라갔다. 여기서 더 북진하여 충주까지 장악하면 남한강로南漢江路로 나아가게 된다. 남한강로를 확보하면 서해상으로 나갈 수 있는 단초가 열린다. 어쩌면 이때 진흥왕은 한강 상류지역을 차지한 후 한 걸음 더 나아가 한강 하류지역으로까지 진출하려는 야심을 마음속에 가지고 있었을지도 모른다.

이리하여 진흥왕은 성왕이 주도하는 연합군 형성에 동참하게 되었다. 성왕이 두 걸음을 전진하기 위해 한 걸음을 양보한 결과였다.

3. 가야의 군사 지원

성왕은 한강유역을 회복하기 위한 준비의 일환으로 가야 제국에게도 군사 지원을 요청하였다. 그러나 가야 제국으로부터 군사 지원을 받는 것이 쉽지 않았다. 그 배경에는 무령왕이 가야의 세력권인 섬진강 일대를 점령한 뒤 군령과 성주를 설치한 것이 작용하였다. 가야 제국은 군령과 성주의 철수를 지속적으로 요청하였지만 백제가 들어주지 않았다.[13] 이에 반발한 대가야 이뇌왕은 522년에 신라에 혼인을 요청하여 신라 왕실 여자를 왕비로 맞이하였다.[14] 대가야가 신라 쪽으로 기운 것이다. 이 때문에 가야와의 관계를 회복하는 것이 더 어렵게 되었다.

그러나 성왕에게 가야 세력을 끌어들일 수 있는 기회가 왔다. 529년에 이른바 '변복變服 사건'이 일어나 대가야와 신라의 관계가 깨어졌기 때문이다. 변복 사건은 대가야가 신라 왕녀를 따라온 종자들에게 신라 옷을 입도록 하였는데 이들이 대가야 옷으로 갈아입은 것을[15] 말한다. 이뇌왕이 종자들을 불러들여 꾸짖은 것을 꼬투리 잡아 법흥왕은 파혼을 요구하였다.[16] 이뇌왕이 파혼에 응하지 않자 법흥왕은 도가刀伽, 고파古跛, 포나모라布那牟羅 등 3성과 북쪽 경계의 5성을 빼앗았다.[17]

한 걸음 더 나아가 법흥왕은 탁국喙國과 탁기탄喙己呑을 병합한 뒤 532년에는 금관가야의 항복을 받았다. 신라가 낙동강 이서 지역으로 진출하여 가야연맹체를 구성한 국을 멸망시킨 것은 이것이 처음이다. 한때 맹주국이었던 금관가야의 멸망은 대가야로서는 충격이었다. 신라의 압박이 직접적으로 다가왔기 때문이다.

성왕은 이러한 상황을 이용하여 신라가 점령한 남가라(금관가야), 탁, 탁기탄을 복건시켜 주겠다는 것을 명분으로 가야 세력을 자기편으로 끌어들이려 하였다. 그렇지만 가야 제국은 호락호락 응하지 않고 여전히 군령, 성주의 철수를 요구하였다. 성왕은 강적 고구려에 대항하고 또 남가라, 탁순, 탁기탄의 3국을 복건하기 위해서는 군령과 성주를 둘 수밖에 없다고 하면서 거절하였다. 그러면서 성왕은 531년에는 안라에 군대를 진주시키고 걸탁성乞托城을 경영하였다.[18] 그 결과 안라 이서의 가야 서남부 지역이 백제의 영향을 받게 되었다.[19] 이로 말미암아 가야 제국과의 갈등은 더 꼬이게 되었다.

이 문제를 해결하기 위해 성왕은 가야 제국의 대표들을 사비에 모아 회의를 열기로 하였다. 이른바 '사비회의' 개최를 추진한 것이다. 이는 종래 가야연맹체의 맹주국과 교섭하던 것과는 다른 방법이었다. 여기에는 맹주국인 대가야가 가야 각국의 이해관계를 제대로 조율하지 못한다는 불만이 작용한 것 같다. 이렇게 보면 이 방법은 성왕이 취할 수 있는 최선의 방법이었을지도 모른다.

회의 개최 명분으로 성왕은 신라가 멸망시킨 남가라, 탁순, 탁기탄 등을 부흥시킨다는 것을 내걸었다. 3국의 복건은 가야로서는 절실한 문제였다. 이들이 복건되지 않으면 신라와 국경을 접한 가야 제국들은 탁순국처럼 언제 신라에 먹힐지 모를 위험에 처하게 될 것이기 때문이었다.[20] 이에 성왕은 3국 복건 문제를 논의하면서 자연스럽게 군령·성주 문제도 해결하려고 하였던 것 같다.

사비회의에 참석하기에 앞서 가야 제국은 별도로 두세 차례 신라와 접촉하여 3국을 복건시키려 하였다. 그러나 신라로부터 긍정적인 답변을 듣지 못하였다.[21] 외교적 노력이 실패로 돌아간 것이다. 이렇게 되자 가야 제국은 성왕이 소집한 사비회의에 응하기로 하였다. 이리하여 541년에 1차 사비회의가 열렸다. 이 회의에는 가라국, 안라국, 사이기국 등 8국의 대표가 참여하였다.

이 회의에서 성왕은 백제와 가야는 근초고왕-근구수왕대부터 자제-부형과 같은 친호 관계를 맺은 것을 강조한 뒤 앞으로 신라가 공격하면 백제가 마땅히 가서 구해 주겠다고 하면서 방비를 잘할 것을 주문하였다. 그리고 3국이 멸망한 원인에 대해 신라가 강해서가 아니라 가야 제국이 서로가 서로를 돕지 못하였기 때문에, 의탁할 바를 몰랐기 때문에, 스스로 신라에 내부內附하였기 때문이라고 진단하면서[22] 가야 제국이 백제와 힘을 합하면 신라가 가야 제국을 멸망시킬 수 없다고 설득하였다. 가야 제국의 수장들은 3국 재건

방법에 대해 성왕의 계책을 따르기로 하였다.[23]

그러나 1차 사비회의에서 군령·성주의 문제는 합의에 이르지 못한 것 같다. 가야 제국이 군령·성주의 철수를 접지 않았다는 것과 안라국이 성왕의 걸탁성 경영에 반발하여 신라와 내통하기까지 한 사실이[24] 이를 방증한다. 이에 성왕은 2차 사비회의를 소집하여 이 문제를 해결하기로 하였다.

544년 성왕은 사신을 가야 제국에 보냈다. 그러나 가야 제국은 정월이 지나면 가겠다는 핑계로 불응하였다. 두 번째로 사신을 파견하여 회의 참석을 독려하였지만 가야 제국은 제사祭祀 기간이 지나면 가겠다고 하면서 역시 참석하지 않았다.

가야 제국이 이렇게 소극적으로 나오게 된 데는, 백제가 3국을 복건할 적절한 수단이 없다는 것을 알고 있었기 때문이 아닐까 한다. 사실 이 시기 성왕은 한강유역 회복을 위해 신라의 군사 지원이 필요하였다. 이러한 상황에서 3국 복건 문제로 신라와의 관계를 악화시킬 수 없었다. 그래서 성왕은 3국 복건을 위한 과감한 대책을 내놓을 수 없었던 것으로 보인다.

두 번에 걸친 참여 독려에도 가야 제국이 응하지 않자 성왕은 세 번째로 사신을 보냈다. 가야 제국은 더 이상 거부할 명분이 없어 지위가 낮은 자들을 대표로 보냈다. 이는 마지못해 대표를 보낸 것이다. 이로 말미암아 이 회의에서는 3국 복건 문제는 의논조차 제대로 이루어지지 못하였다.[25]

이에 성왕은 544년 11월에 다시 사신을 파견하였다. 어쩌면 마지막 독려였다. 이번에는 가야 제국의 수장들이 참석하였다. 모두 8개국의 대표였다. 이리하여 제2차 사비회의가 열렸다. 이 회의에서 성왕은 백제와 가야가 역사적으로 우호 관계에 있었다는 사실을 다시 환기시키고 또 신라에게 멸망한 3국을 재건해야 한다는 명분을 강조하면서 세 가지 안案을 제시하였다.

첫째, 신라와 안라의 국경선이 되는 대강수(大江水: 낙동강)가에 6성을 수선하고 이곳에 왜에 군사 3천 명을 요청해서 각각 5백 명씩 배치하고 병사의 군량은 백제가 지급하여 신라의 압박을 막는다. 둘째, 강적 고구려를 막고 신라를 제어하기 위해서는 군령과 성주는 철수할 수 없다. 셋째, 길비신吉備臣, 하내직河內職, 이나사伊那斯, 마도麻都 등 가야 제국 안에 있는 이른바 친신라 왜계관료들을 본읍으로 돌려보내야 한다.[26]

이 세 가지 계책은 1차 회의 내용과 비교하면 더 구체성을 띠고 있다. 신라와 국경을 접한 안라에 백제군을 주둔시키는 것과 신라뿐만 아니라 고구려의 압박을 막기 위해서도 군령과 성주는 그대로 두어야 한다는 것이 그것이다. 가야 제국의 수장들은 이 제안을 받아들였다. 이리하여 가야 제국도 고구려 공격에 동참하게 되었다. 이는 성왕의 강제력과 설득력이 주효하게 작용한 외교적 성과라고 하겠다.

4. 왜의 군수 지원

백제와 왜의 공식적인 관계는 한성기인 366년(근초고왕 21)부터 시작되었다. 이때 백제는 왜의 사신에게 오색채견五色彩絹, 각궁전角弓箭 등을 주고 또 보물 창고[寶藏]를 열어 진이한 물건들을 보여 주었다.[27] 진이한 물품들은 왜의 사신에게 백제가 뛰어난 문화 국가

임을 각인시켜 주었다. 이를 계기로 왜는 선진문물을 받아들이기 위해 백제와 긴밀한 관계를 적극 추진하였고, 이에 응해 백제는《논어》《천자문》 등 유교 경전은 물론 제철 기술과 양조 기술을 왜에 전해 주었다.[28] 선진 사상과 기술을 주고받는 관계는 사비도읍기에 와서도 빈번히 이루어졌다.

그렇다고 하여 성왕이 왜로부터 군사 지원을 받는 것은 쉽지 않았다. 그 배경에는 399-400년 전투의 패배 경험이 작용한 것 같다. 이 전투는 왜가 가야군과 함께 백제를 도와 신라를 공격함으로써 일어났다. 왜군의 수는 남거성男居城에서 신라성新羅城에 이르기까지 가득 찼다고 할 정도로 많았다. 다급해진 신라는 광개토대왕에게 구원을 요청하였다. 광개토대왕은 보병과 기병 5만을 보내 왜군과 가야군을 물리치고 임나가라 종발성從拔城에까지 이르렀다.[29] 왜군의 대패였다. 이렇게 패배를 당했음에도 왜는 404년에 다시 고구려의 대방계帶方界를 침입했다가 크게 패하여〔潰敗〕 무수한 전사자를 내었다.[30]

두 번의 패배로 왜는 해외 군사 파견이 얼마나 위험한가를 알게 되었다. 이후부터 왜는 해외 군사 파견에는 소극적이지 않을 수 없었다. 때문에 성왕은 여러 차례 사신을 파견하여 왜를 설득하여야 했다. 그 과정을 정리하면 다음과 같다.

546년 성왕은 전부 덕솔 진모선문眞慕宣文 등을 왜에 파견하여 군사 지원을 요청하였다. 그러나 왜는 곧장 답을 하지 않고 548년 진모선문 등이 돌아갈 때 '요청한 군대는 반드시 보내겠다'고만 했다.[31]

548년 4월 성왕은 마진성馬津城 전투에서 사로잡은 고구려 포로가 "안라국이 일본부와 함께 고구려로 하여금 백제를 공격하게 하였다"고 한 말을 들었다. 이에 성왕은 그 사실을 확인코자 왜에 대

해 구원병 파견은 잠시 중단하고 다시 소식을 보낼 때까지 기다려 달라고 요청하였다.[32]

548년 12월 왜는 370명의 인부를 보내 백제가 득이신得爾臣에 축성하는 일을 돕도록 하였다. 550년 2월 왜왕은 백제에 대해 왕의 핵심 측근(股肱之臣)인 마무馬武를 대사로 삼아 보내도록 요청한 뒤 화살 30구를 보내 주었다. 이듬해 3월 왜왕은 보리 종자(麥種) 1천 곡을 백제에 보냈다.

이처럼 성왕은 여러 차례 사신을 파견하여 지원을 요청하였다. 그러나 왜는 군수 지원은 해 주면서 군사 파견은 약속만 하고 차일피일 미루었다. 가능하면 군대를 파견하지 않으려는 것이었다. 그 결과 551년 성왕이 고구려를 공격할 때 왜군은 참여하지 않았다. 군수 지원만 한 것이다. 성왕의 대왜 외교는 절반의 성공이었다. 왜군의 참전은 554년 관산성 대회전 때에 이루어졌다. 이에 대해서는 뒤에 다시 언급할 것이다.

II. 3국 연합군의 한강유역 진격

1. 고구려의 상황

성왕이 신라, 가야, 왜 세력까지 끌어들여 한강유역을 회복하기 위한 준비를 착착 진행하고 있던 시기에 고구려는 안팎으로 어려움에 처해 있었다. 안으로는 안원왕(531-545) 사후 지배층 사이에 내분이 일어났다.[33] 안원왕에게는 세 부인이 있었는데 정부인에게는 자식이 없었다. 그래서 중부인의 추군파醜群派와 소부인의 세군파細群派가 각각 자신의 소생을 왕위에 올리려고 왕위계승전을 벌였다. 이 과정에서 추군파는 세군파 2천여 명을 제거한 다음 양원왕을 옹립하였다.[34] 이때 양원왕의 나이는 여덟 살이었다. 때문에 추군파가 정치적 실권을 잡았다.

왕위계승전과 외척 세력의 득세는 귀족 사이의 갈등을 심화시켜 내부 결속력을 크게 약화시켰다. 왕권은 미약하게 되고 귀족 사회는 크게 동요하였다. 이로 말미암아 심지어 고구려를 이탈하는 세력도 생겨났다. 혜량법사가 거칠부를 만나 "지금 우리나라는 정치가 어지러워 멸망할 날이 머지않았다"[35]고 하면서 고구려를 떠나 신라로 간 것이 그 사례가 된다.

한편 밖으로 고구려가 처한 상황도 좋지 않았다. 551년 9월 돌궐이 신성과 백암성을 공격해 왔기 때문이다.[36] 돌궐은 연연(蠕蠕: 유연)의 피복속민으로서 알타이산맥 서쪽 기슭에서 단철업鍛鐵業에 종사해 온 세력이었다. 이 돌궐이 연연 세력을 완전히 멸망시키고 새북塞北의 패자로 군림한 것은 555년이었다. 이로 미루어 돌궐이 551년에 고구려를 공격하는 것은 현실적으로 불가능하다. 이에 대해 《삼국사기》에 나오는 돌궐의 고구려 공격은, 어떤 새외민족이 고구려를 공격한 것을 돌궐이 공격한 것처럼 기록한 것으로 보는 견해가 있다.[37] 이는 타당하다고 생각한다.

고구려 장군 고흘古紇은 1만 명의 군대를 거느리고 가서 돌궐 군사 1천 명의 목을 베거나 포로로 잡는 승리를 거두었다. 그렇지만 새외민족의 침략이 주는 압박은 적지 않아 고구려는 서북 방면의 경계를 늦출 수 없었다. 이는 남부 전선의 방어력을 상대적으로 약화시키는 계기가 되었다.

2. 백제의 한성과 남평양 그리고 6군 회복

성왕은 고구려가 처한 이러한 상황을 놓치지 않고 551년 7월 신라, 가야군과 함께 공격에 나섰다. 이때 가야군은 백제군과 함께 움직이고, 신라군은 별도로 움직였다. 공격 지역은 백제군과 가야군은 한강 하류지역, 신라군은 한강 상류지역이었다. 연합군이 진격로를 달리한 것은 고구려군의 방어력을 분산시키기 위한 것으로 보인다.

백제·가야군은 먼저 한성을 공격하였다. 한성으로 가는 진격로는 475년 문주왕이 한성에서 웅진으로 천도할 때 내려온 길에서 추정해 볼 수 있다. 이 길은 고려 현종이 거란의 공격을 받아 나주까지 몽진蒙塵할 때의 교통로를 참고하면 성남-용인-직산-천안-공주가 된다.[38] 그렇다면 백제군의 진격로는 이 길의 역순이 될 것이다.

이때 백제군을 이끈 총사령관이 누구이며, 백제군과 가야군이 합류한 곳이 어디인지, 또 한성을 둘러싸고 벌어진 전투 상황이 어떠하였는지는 자료가 없어 알 수 없다. 백제군은 마침내 고구려군을 물리치고 한성을 차지하였다.

한성을 점령한 백제군은 한강을 건너 북으로 진격하였다. 공격 목표는 평양, 즉 남평양이었다. 남평양은 경기도 양주이다. 평양은 고구려 도성의 명칭이다. 도성의 명칭을 따서 '남평양'이라 한 것은, 고구려가 양주 지역을 매우 중시하였음을 알려 준다. 이 남평양을

사진 | 아차산 일대 보루군 분포도(위, 한성백제박물관)와 구의동보루 투시 복원도(서울대학교박물관)

방어하기 위해 고구려는 한강유역에 아차산보루군, 용마산보루군, 홍련봉보루군, 시루봉보루군 등 보루들을 촘촘히 배치하였을 뿐만 아니라, 양주 부근에도 여러 보루들을 설치하였다. 한강유역의 보루군들을 발굴한 결과 지휘관들의 막사, 병사들의 막사, 물을 담아 두는 저수조 등이 확인되었다.[39]

　고구려의 방어망을 뚫기 위해 백제군은 기습 작전을 펼쳤다. 이를 보여 주는 것이 한강 바로 북쪽에 위치한 구의동 고구려 보루유적이다. 발굴 결과 고구려군이 평소에 사용하던 무기와 생활용품들이 그대로 남아 있었다. 토기류로는 장동옹, 단경호, 파수부 시루 등이, 공구류로는 보습, 철부, U자형 삽날 등이, 무기류로는 대도, 철모, 철촉 등이 출토되었다.[40] 이는 백제군의 기습으로 고구려군이 무기도 챙기지 못한 채 황급히 물러난 것을 드러낸다. 백제군이 승리한 것이다.

이 승세를 몰아 백제군은 여타 보루들을 공략한 뒤 남평양으로 진격하였다. 남평양을 둘러싼 공방전이 어떻게 전개되었는지는 자료가 없어 알 수 없다. 그렇지만 백제군은 양주 부근에 설치된 보루들을 점령한 뒤 마침내 남평양을 함락시켰다. 그리고 계속 진군하여 6군까지 빼앗았다. 백제군의 대승이었다. 이리하여 백제군의 고구려 공격은 일단락되었다.

이 작전에서 백제가 거둔 전과戰果를 보여 주는 것이 《일본서기》의 "한성의 땅을 획득하였다. 또 진군하여 평양을 토평하였는데 무릇 6군의 땅이다. 마침내 고지를 회복하였다(漢城之地 又進軍討平壤 凡之郡之地 遂復故地)."[41]는 기사이다. 이 기사의 '우又'는 앞의 행위가 종결된 이후의 새로운 행위를 나타내는 말이므로 '또 진군하여 평양을 토평하였다'는 것은 한성을 획득한 이후의 일이다. 따라서 6군은 남평양을 토평한 뒤 획득한 여섯 군을 말하는 것이다.[42] 이와는 달리 6군을 한성과 남평양까지를 포함시켜 보는 견해도 있다. 그러나 한성은 한강 이남의 거점성이었고, 남평양은 한강 이북지역의 거점성이었다. 각 거점성에는 군이 예속되어 있었으므로 6군은 남평양 예하의 군으로 보는 것이 타당하다.

남평양 관할 아래 6군은 지리적으로 양주 이북에 위치하였다. 따라서 6군의 위치는 교하군(파주시 교하면), 내소군(양주군 주내면), 견성군(포천군 군내면), 개성군(개풍군 서면 개성리 일대), 송악군(개성시), 우봉군(금천군 우봉면)으로 추정해 볼 수 있다.[43]

이렇게 성왕은 한성과 남평양을 차지하였을 뿐만 아니라 경기 북부 지역까지도 차지하였다. 이로써 성왕은 근초고왕이 평양성을 공격하기 이전의 옛 백제 영역을 회복하게 되었다. 고구려에게 한강유역을 빼앗긴 지 76년 만이다. 이 모든 것은 성왕의 군사 작전이 계획대로 잘 이루어진 결과였다.

3. 신라의 10군 획득

한편 진흥왕은 거칠부와 구진(仇珍) 대각찬을 비롯한 8명의 장군으로 하여금 출동하게 하였다. 이때 신라군의 규모는 8명의 쟁쟁한 장군들의 면모에서 미루어 대군이라 할 수 있다. 신라군은 죽령로를 따라 북진하였다. 이 시기 신라는 이미 단양을 확보하고 있었다. 따라서 신라군의 총 집결지는 단양이었을 가능성이 크다.

단양에 집결한 신라군은 백제가 한성과 남평양성을 먼저 공파하였다는 소식을 듣자 곧장 고구려군 공격에 나섰다. 8명의 장군은 사전 협의한 작전대로 각자의 진격로를 따라 진군해 갔을 것이다. 이때 고구려군이 얼마만큼 저항하였는지는 알 수 없지만 그 저항은 크지 않았던 것 같다. 고구려 혜량법사가 무리를 이끌고 나와 거칠부가 거느린 신라군을 맞이한 것에서 보듯이 내부적으로 스스로 신라에 투항한 세력이 있었기 때문이다. 이리하여 신라군은 마침내 죽령 이북에서 고현(高峴: 철령) 이내의 10군을 차지하였다.[44] 그 전과(戰果)가 적지 않았다.

이처럼 551년의 연합작전은 대성공이었다. 이에 대해 연합군의 작전은 한성을 함락시킬 때까지만 공동으로 이루어졌고 이후 이루어진 신라군의 10군 획득은 부차적인 것으로 보기도 하고,[45] 연합군은 한성 점령 때까지는 공동으로 작전을 하였지만 백제군이 한강을 건너 남평양으로 진군하려 할 때 신라군이 연합 전선에서 이탈하여 독자적으로 군사 행동을 하여 10군을 차지한 것으로 보기도 한다.[46]

그러나 신라군이 중도에 연합전선에서 이탈하였다면 진흥왕으로서는 자신의 내밀한 계획을 드러낸 셈이 되며 그에 따라 성왕도 미리 대비하였을 것이다. 그렇다면 이후 한성을 빼앗기는 일은 없었을 것이다. 따라서 신라가 독자적으로 죽령을 넘어 진군한 것은 백제와의 협의 아래 진행된 작전으로 파악하는 것이 타당할 것이다.

신라가 차지한 10군의 위치에 대해 교통로상에서 미루어 나토군(奈吐郡: 제천), 평원군(원주), 황천현(횡성), 벌력천현(홍천), 근평군(가평), 삭주(춘천), 생천군(화천), 양구군(양평), 모산성(김화)으로 보기도 한다.[47] 여기에서 정리해야 할 것의 하나는 이 10군에 국원성(충주)을 포함시키느냐의 여부이다. 연구자에 따라 충주 지역은 551년 이전에 이미 신라 영역이 되었으므로 10군에서 제외해야 한다고 보는 견해도[48] 있다. 그 근거는 대가야의 우륵이 551년 이전에 신라로 망명해 오자 진흥왕이 그를 국원(충주)에 안치하였다는 《삼국사기》 가야금조의 기사이다.

그러나 551년 3월에 우륵이 진흥왕을 만난 곳은 충주가 아니라 낭성(청주)이었다. 또 〈적성비〉에서 보듯이 550년까지 신라의 영역은 단양 지역까지였고 그 이북의 충주 지역은 고구려 영역이었다. 따라서 국원성(충주)도 551년 7월에 신라가 차지한 10군에 포함시키는 것이 타당하다. 이후 진흥왕은 충주 지역을 특별히 경영하였다. 이에 대해서는 뒤에 다시 언급할 것이다.

제2장 성왕과 진흥왕의 한판 승부

I. 나려의 연통과 백제의 한성·남평양 포기

1. 신라와 고구려의 연통

551년 삼국 연합군의 공동 군사작전은 성공적으로 끝났다. 백제는 그토록 바랐던 한강 하류지역을 차지하였고, 신라는 남한강유역은 물론 북한강유역까지 장악하였다. 그러나 곧바로 백제와 신라 및 고구려의 관계에 새로운 변화가 생겼다. 그 변화의 중심에 진흥왕이 있었다. 이를 보여 주는 것이 《삼국유사》에 나오는 다음의 기사이다.

> 제24대 진흥왕은 즉위할 때 15세여서 태후가 섭정하였다 … ㉠ 승성 3년 9월 백제 군대가 진성에 버침해 와서 남녀 3만 9천 명을 노략하고 말 8천 필을 붙잡아 갔다. ㉡ 이보다 앞서 백제는 신라와 군대를 합하여 고구려를 정벌하려 하였다. 진흥왕은 나라의 흥망은 하늘에 있다. 하늘이 고구려를 싫어하지 않으면 내가 어찌 감히 바라겠느냐 하고는 이 말을 고구려에 전하였다. 고구려는 그 말에 감동하여 신라와 통호하였다. ㉢ 백제가 이를 원망한 까닭에 침략해 온 것이다.⁴⁹(㉠, ㉡, ㉢은 저자 첨부)

이 기사의 승성承聖 3년은 554년(성왕 32, 진흥왕 15)이다. 시간순으로 볼 때 ㉡ 부분은 '선시先是'가 앞에 나오므로 ㉠ 부분보다 앞선다. ㉡ 부분은 ㉢ 부분의 원인이고, ㉠ 부분은 ㉢ 부분의 결과이다.

시기가 앞선 ⓒ 부분에 따르면 백제는 신라와 군대를 합하여 고구려를 정벌하려 하였다. 이는 성왕이 551년에 한강유역을 회복한 뒤 고구려를 더 밀어붙이자고 진흥왕에게 제안한 것을 말한다. 성왕이 북진하고자 한 것은 이때야말로 근초고왕과 근구수왕대의 영광을 재현할 수 있는 적기로 판단하였기 때문으로 생각된다. 그렇지만 백제군 단독으로 북진하는 것은 쉽지 않아 진흥왕에게 함께 고구려를 치자고 요청하였던 것이다. 성왕은 진흥왕이 이제까지 보조를 맞추어 왔기 때문에 당연히 응해 줄 것으로 기대하였을 것이다.

그러나 진흥왕은 성왕의 제안을 거절하였다. '하늘이 고구려를 싫어하지 않으면 어쩔 수 없다'는 것이었다. 이는 명분에 지나지 않음은 물론이다. 도리어 진흥왕은 성왕 몰래 고구려에 접근하였다. 그리고 성왕의 제안을 고구려에 알려 주었다. 이로 말미암아 성왕의 중요한 군사 작전 기밀이 탄로나 버렸다. 이처럼 진흥왕은 성왕의 기대를 완전히 저버렸던 것이다. 그 배경은 다음의 몇 가지로 정리해 볼 수 있다.

첫째, 고구려 영토 깊숙이 진격하는 것이 쉽지 않을 것이라는 판단이다. 고구려의 국력을 과소평가할 수 없었기 때문이다. 둘째, 이 작전이 성공하였을 경우 백제의 상승하는 기운이 도리어 신라에 큰 압박이 될 것이라는 판단이다. 셋째, 중국과 직접 통교할 수 있는 해상 교두보의 확보 욕심이다.

이 가운데 주목되는 것이 세 번째의 요인이다. 이 시기까지 신라는 해상교두보가 없어 중국 왕조와 직접 교섭할 수 없었다. 진흥왕이 비록 한강 상류지역을 차지하였지만 해상교두보의 확보는 불가능하였다. 성왕이 한강 하류지역을 차지하고 있기 때문이다.

해상교두보를 확보하려면 한강 하류지역을 차지해야 하는데 그러려면 백제와의 충돌은 피할 수 없게 된다. 백제와 충돌할 때 진흥왕이 우려한 것은 고구려의 동향이었다. 고구려가 이 틈을 타서 신라를 공격하면 위험한 상황에 처할 수 있기 때문이다. 이런 위험부담을 덜기 위해 진흥왕은 역발상의 외교를 폈다. 먼저 고구려에 접근하여 화호의 손을 내민 것이다.

화호의 진정성을 보여 주기 위해 진흥왕은 두 가지 조건을 제시한 것 같다. 하나는 성왕의 고구려 공격 계획을 알려 주는 것이다. 다른 하나는 뒤에 말하는 바와 같이 백제를 물리친 이후 한강 이남에 위치한 한성은 신라가 차지하고 한강 이북의 남평양은 고구려가 차지하자는 것이다.

서북전선에서 돌궐 세력의 압박을 받고 있고, 남부전선에서는 한강유역을 빼앗겨 어려운 상황에 처해 있던 고구려로서는 진흥왕의 접근은 바람직한 것이었다. 백제와 신라의 우호관계가 깨어지면 남부전선의 어려움을 덜 수 있을 뿐만 아니라 잃어버린 한강유역의 일부도 되찾을 수 있기 때문이다. 고구려는 진흥왕의 제안을 받아들였다. 양국의 이해관계가 맞아떨어졌던 것이다.

진흥왕이 성왕의 제안을 거절하고 도리어 고구려와 손을 잡은 것은 국제관계에서 자국의 이익을 추구하는 것이 얼마나 냉엄한지를 잘 보여 준다. 그래서 어제까지 군사적으로 대결하였던 신라와 고구려가 손을 잡았고 거꾸로 어제까지 공동 군사 작전을 펼쳤던 백제와 신라가 이제 대결하게 되었다. 그 바탕에는 한강유역을 차지해야겠다는 진흥왕의 바램이 깔려 있었던 것이다.

2. 백제의 한성과 남평양 포기

고구려와 손잡은 진흥왕은 곧장 백제에 압박을 가하였다. 《일본서기》에 '고구려와 신라가 마음을 같이하고 힘을 합치고 있다'고 한 기사가[50] 이를 말해 준다. 그러나 갑작스럽게 변화된 상황에 대응할 준비가 되어 있지 않은 성왕은 신라와 고구려의 압박을 당장 막아낼 방법이 없었다.

이 위기 상황을 넘기기 위해 성왕은 하는 수 없이 군사를 물리기로 하였다. 애써 점령한 한성과 남평양을 포기하기로 한 것이다. 이에 대해 《일본서기》에는 성왕이 한성과 남평양을 '기棄'하였다고 하였다. '기'는 성왕이 대적하지 않고 물러난 것을 말한다. 이보 전진을 위한 일보 후퇴를 택한 것이다. 여기에는 병력 손실을 최소화하여 훗날을 기약하려는 의도도 있었던 것으로 보인다.

성왕이 한성과 남평양을 포기하자 진흥왕은 힘들이지 않고 한성을 차지하였다(入居).[51] 문제는 남평양의 향방이다. 신라가 차지하였다면 남평양에 '입거入居'하였다고 하였을 것인데 언급이 없는 것이다. 또 《삼국사기》에는 신라가 백제의 동북 변방을 차지하였다고만 하였지[52] 남평양에 대한 언급은 역시 없다. 이로 미루어 남평양은 고구려가 차지한 것으로 보는 것이 타당하다. 이는 진흥왕이 고구려와 비밀리에 협상하면서 한성 지역은 신라가, 평양 지역은 고구려가 차지하는 것으로 합의하였음을 짐작하게 한다.

이렇게 한성과 남평양을 포기한 성왕은 또 왕녀를 진흥왕에게 보냈다.[53] 땅도 빼앗긴 상황에서 왕녀를 보낸 것은 이 당시 성왕의 위기의식이 그만큼 컸음을 보여 준다. 국가적 위기 상황에서 타국으로 보내진 공주는 대개 인적 담보의 성격이 강하다. 따라서 공주는 성왕의 다짐을 담보해 주는 성격을 갖는다고 하겠다. 그 다짐이란 앞으로 신라를 공격하지 않겠다는 것일 것이다.

진흥왕은 왕녀를 받아들여 소비小妃로 삼았다. 이 소비가 정비인지 아닌지는 알 수 없다. 진흥왕이 왕녀를 받아들인 데는 성왕과의 관계를 더 악화시키지 않고 이 정도 선에서 마무리 짓는 것이 좋겠다는 판단이 작용한 것 같다.[54] 이리하여 진흥왕이 고구려와 연통하여 성왕을 압박한 작전은 소기의 성과를 거두었다.

이렇게 진흥왕은 한강유역을 확보한 뒤 신주를 설치하고 아찬 김무력을 군주로 임명하였다.[55] 주치州治는 한성이었다. 고구려는 백제와 신라를 갈라놓음으로써 남방에 대한 군사적 압박을 덜게 되었을 뿐만 아니라 남평양을 다시 확보하였다. 반면에 성왕은 애써 차지한 한성과 남평양을 모두 잃어 버리고 말았다. 백제로서는 최악의 결과였다.

신라가 한성을 차지한 시기에 대해《삼국사기》백제본기에는 553년 7월로,《일본서기》흠명기에는 552년 5월로 나온다.《삼국사기》기사대로 하면 성왕은 한성과 남평양을 차지한 551년 7월 이후 2년이 지나서 한강 하류지역을 진흥왕에게 빼앗긴 것이 되고,《일본서기》기사대로 하면 10개월 지나서 빼앗긴 것이 된다. 2년 뒤이면 성왕이 한성과 남평양 지역에 대한 방어체계를 충분히 갖출 수 있는 시간이다. 그렇다면 성왕은 쉽게 한성과 남평양을 포기하지 않았을 것이다. 또 진흥왕과 고구려와의 연통은 성왕이 전혀 예상하지 못한 가운데 비밀리에 이루어졌다. 이러한 점들을 고려하면 진흥왕의 한성 점령은 552년 5월로 보는 것이 타당하다. 그러면 553년 7월은 진흥왕이 신주를 설치한 시기로 볼 수 있다.

Ⅱ. 관산성 대회전의 전초

1. 백제의 고구려 공격: 백합야새 전투

성왕은 진흥왕의 배신으로 한성과 남평양을 포기함으로써 큰 타격을 입었다. 그렇다고 하여 성왕은 한강유역을 포기할 수 없었다. 포기하면 근초고왕과 근구수왕 대의 전성기를 재현하여 부왕이 선포한 갱위강국을 이루려는 꿈이 물거품이 되기 때문이다. 이에 성왕은 한강 유역을 되찾기 위한 계획을 세웠다.

이 계획이 성공하려면 신라를 공격하기 전에 고구려를 확실히 견제해 두는 것이 필요하였다. 두 나라가 공동전선을 펼치고 있는 상황에서 신라를 공격하였다가 고구려의 협공을 받으면 낭패를 볼 수 있기 때문이다. 이에 성왕은 고구려가 신라를 돕지 못하도록 하고자 고구려를 먼저 공격하기로 하였다. 이는 진흥왕이 한성을 차지하기 위해 고구려와 비밀리에 접촉하여 연통한 것과는 다른 방식이었다. 성왕으로서는 고구려를 끌어들이기 위해 줄 수 있는 것이 없었기 때문이다. 이렇게 보면 성왕의 고구려 공격은 신라를 본격적으로 공격하기 위한 전초전의 성격을 갖는다고 할 수 있다.

553년 10월 성왕은 고구려 공격군을 일으켰다. "나라 안의 군대를 모두 동원하였다(悉發國中兵)"는 표현에서 보듯이 그 규모는 컸다.[56] 총사령관은 왕자 여창(餘昌: 위덕왕)이 맡았다. 다음 왕위 계승권자가 최전선에 나선 것이다. 이는 성왕이 이 공격을 얼마나 중히 여겼는가를 보여 준다. 여창이 최전선에 나가는 모습은 근초고왕대에 왕자 근구수가 369년 영산강유역의 심미다례를 공격할 때와 371년 고구려의 반걸양을 공격할 때 직접 군대를 지휘한 모습과 유사하다.

고구려 지역으로 진군한 여창은 백합야새百合野塞를 쌓아 진을 쳤다. 그 위치는 알 수 없지만 고구려가 남평양(양주)을 장악하고 있는 사실에서 미루어 한강 북쪽에서 양주 이남의 어느 지역이 아닐까 한다.[57] 진지를 구축한 여창은 다음 날 전투에 대비하여 군사를 먹이고 잠자게 하였다.

이날 밤 홀연히 고구려군이 북치고 피리를 불면서 나왔다. 놀란 백제군도 지지 않고 밤새도록 북치며 대응하였지만 양군 사이에 직접적인 충돌은 없었다. 백제군이 아침에 일어나 보니 넓은 벌판에는 고구려군의 정기旌旗가 푸른 산처럼 가득하였다. '벌판'은 양군이 평지전을 벌인 것을 알려 준다.

이때 고구려 진영에서 목 갑옷을 입고 말을 탄 한 사람, 요(鐃: 작은 징)를 꽂고 말을 탄 두 사람, 표범의 꼬리를 귀고리로 하고 말을 탄 두 사람 모두 합해서 5명이 고삐를 나란히 하고 나왔다. 이들은 여창에게 "나와 더불어 예로써 문답할 자의 성명과 나이와 관등을 알고 싶다"고 하였다. 여창은 "성은 동성이고 관위는 한솔이며, 나이는 29세"라고 대답하였다. 여창이 그대로 반문하니 고구려 장수도 똑같은 방식으로 대답하였다.[58] 전투를 하기 전에 상대편 지휘관들과 먼저 관등성명을 주고받는 모습은 전투를 치루는 과정의 한 단면이다.

통성명을 한 다음 양군은 기旗를 세우고 더불어 싸웠다. 양군 사이의 전투가 어떠한 형태로 전개되었는지 분명하지 않지만 이를 추론하는 단서가 되는 것이 백합야새의 '백합百合'이다. 고대 동양의 전투에서 '합슘'은 한번 맞붙어 싸웠다가 일단 뒤로 물러난 것을 의미한다. 승부를 가리지 못했기 때문이다. 그렇다면 '백합'은 양군 사이에 백번으로 표현될 정도로 여러 차례 전투가 벌어졌음을 시사해 준다. 성채 이름이 백합야새로 불린 것도 이에서 비롯되지 않았을까 한다.

백합야새 전투의 마지막 장면은 다음과 같다. 백제 군사가 창으로 고구려 용사를 찔러 말에서 떨어뜨려 목을 베었다. 그리고 그 목을 창끝에 찔러 돌아와 군사들에게 보였다. 백제 군사들의 사기는 높아졌다. 이를 본 고구려 장수와 병사들은 분노하여 백제 진영으로 돌진해 왔다. 백제군도 천지가 찢어지는 듯 큰소리를 질렀다. 이리하여 양군 사이에 격전이 벌어졌다. 이때 백제의 한 장수(偏將)가 북을 치며 질풍같이 싸웠다. 이를 보고 용기백배한 백제군이 성난 파도처럼 공격해 나갔다. 그 결과 고구려왕은 동성산東聖山 위로 퇴각하였다.[59] 백합야새 전투는 백제군의 대승으로 끝났다. 이리하여 성왕은 고구려가 함부로 움직이지 못하도록 해 둘 수 있었다.

이 백합야새 전투에 대해 551년 9월 성왕과 진흥왕이 한강유역을 점령한 뒤 고구려를 공격한 것으로 파악하는 견해도 있다. 그 전제는 진흥왕이 552년 7월에 이미 한강 하류지역을 차지하고 있기 때문에 고구려를 공격할 수 없었다는 것이다.[60] 그러나 552년에 진흥왕이 빼앗은 곳은 한성이었지 경기도 일대를 다 장악한 것은 아니었다. 때문에 성왕이 한강 이북의 고구려군을 공격할 여지는 얼마든지 있었다. 따라서 백합야새 전투는 553년 10월에 일어난 것으로 보는 것이 타당하다.

2. 가야와 왜의 군사 지원

백합야새 전투의 승리로 승세를 탄 성왕은 신라 공격을 본격적으로 준비하였다. 그러나 신라의 군사력은 만만치 않았다. 이에 성왕은 다시 가야와 왜에 군사 지원을 요청하기로 하였다. 일을 그르쳐서는 안 되었기 때문이다.

성왕이 가야 제국과 교섭한 과정을 보여주는 자료는 없다. 그렇지만 결국 가야 제국은 성왕의 요청에 응해 군사를 파견하기로 하였다. 그 배경에는 551년 지원군을 파견하여 승리한 것과 또 성왕이 군사 지원에 대해 일정한 반대급부를 제공한 것이 주요하게 작용하지 않았을까 한다. 성왕이 제공한 반대급부는 선진문물의 제공이었을 것이다.

이때 군사를 보낸 나라를 《삼국사기》는 가량加良이라 하였다.[61] 가량은 가야의 다른 표기이다. 가량의 실체를 파악하고자 할 때 고려해야 할 것은, 이때 동원된 군대는 어느 한 나라의 군대가 아니라 연맹체 차원에서 동원된 군대라는 사실이다. 연맹체 차원에서의 군사 동원은 맹주국에 의해 이루어진다. 이 시기 가야연맹체의 맹주국은 대가야였다. 따라서 이번에도 대가야가 군사 동원에 주도적 역할을 한 것으로 보는 것이 타당하다.

한편 왜는 551년 당시 군수물자만 보내고 군대를 파견하지 않았다. 성왕은 왜에 대해서도 군사 지원을 요청하였다. 그러나 왜는 이번에도 군대 파견 여부를 쉽게 결정하지 못하였다. 대외 파병이 주는 부담을 그만큼 크게 느꼈기 때문인 것 같다. 이로 말미암아 성왕은 여러 차례 사신을 파견해야 하였다. 그 과정을 정리하면 다음과 같다.

553년 정월 성왕은 상부 덕솔 과야차주科野次酒와 한솔 예색돈禮塞敦 등을 왜에 보내 군사 지원을 요청하였다.[62] 왜는 6월에 양마 2필, 동선同船 2척, 활 50장, 화살 50구를 보내 주면서 요청한 군대는 그대로 지원할 것을 약속하였다. 그러면서 왜는 의박사, 역易박사, 역曆박사 등을 교대시켜 줄 것과 또 역본曆本 등 전문서적과 여러 약물藥物들을 보내 줄 것을 요청하였다.[63] 왜는 일종의 반대급부를 요구한 것이다.

553년 8월 성왕은 상부 나솔 과야신라科野新羅와 하부 고덕 문휴대산汶休帶山 등을 보내 군사 지원을 요청하였다. 신라가 고구려와 통모하여 안라를 공격해[伐取] 일본으로 가는 길을 끊으려 한다는 것이었다. 그리고 파견된 군대가 입을 옷과 먹을 양식[衣糧]은 백제가 감당하겠다고 하였다.[64] 여기서 성왕은 신라와 고구려의 모의를 주요한 이유로 내세웠다.

554년 정월 성왕은 다시 중부 시덕 목협문차木劦文次와 전부 시덕 왈좌분옥日佐分屋 등을 보내 정월 안에 군대가 도착할 수 있도록 해 줄 것을 요청하였다. 이러한 거듭된 요청에 왜는 군사 1천 명과 말 100필 그리고 전선 40척을 보내 주겠다고 하였다.[65] 이제야 왜는 1천 명의 군대를 파견하겠다고 약속한 것이다.

554년 2월 성왕은 하부 한솔 장군 삼귀三貴와 상부 덕솔 물부오

物部烏 등을 보내 군사 지원을 요청하였다. 그러면서 성왕은 왜가 요청한 지식인과 기술자들, 곧 역易박사 시덕 왕도량王道良, 역曆박사 고덕 왕보손王保孫, 의박사 나솔 왕유릉타王有悛陀, 채약사 시덕 반양풍潘量豊 등과 악인樂人 시덕 삼근三斤과 계덕 기마차己麻次 등을 보냈다.[66] 지식인과 기술자의 파견은 왜의 군사 지원 약속에 대한 반대급부의 성격을 갖는다.

554년 5월에 왜는 내신內臣으로 하여금 수군(舟師)을 이끌고 백제로 가게 하였다. 이 내신이 바로 유지신有至臣이다. 군사의 수는 1000명 정도, 전선은 40척 정도였을 것이다.

554년 6월 유지신이 거느린 왜의 지원군이 백제에 도착했다.[67] 성왕이 군대 파견을 요청한 지 1년 6개월 만이다.

이처럼 성왕은 왜와 여러 차례 교섭하면서 서로의 요구 사항을 주고받으며 협상하였다. 그리고 마침내 왜로 하여금 직접 참전하도록 만들었다. 이는 성왕의 외교적 성과라고 할 수 있다. 이로써 신라를 치기 위한 삼국 연합군의 형성이 일단락되었다.

III. 관산성 대회전의 전개

I. 관산성의 군사 지리적 조건

가야와 왜로부터 군사 지원을 받은 성왕은 554년 대군을 일으켜 신라를 공격하였다. 양국 사이에 대회전이 벌어진 곳이 관산성管山城

이다. 이 관산성을 《삼국사기》 김유신 열전 하에는 '고리산古利山'으로, 지리지에는 '고시산군古尸山郡'이라 하였고 《신증동국여지승람》 옥천군 산천조에는 고리산군 북쪽 16리에 있는 산을 '환산環山'이라 하였다. 고시산군은 '시尸'가 'ㄹ' 받침을 나타내므로[68] '고리산군'으로 읽을 수 있다. 따라서 '고리산', '고시산' '환산'은 모두 '고리산'을 음 또는 훈을 따서 표기한 것이다. '관산'의 '관管'도 '고리'의 뜻을 가지고 있으므로 고리산의 다른 표기이다.[69] 《일본서기》 흠명기 15년조에 나오는 함산성函山城은 관산성을 다르게 표기한 것이다.

관산성의 위치는 오늘날 옥천군 옥천읍이다. 옥천 지역의 관방성을 보면 군서면과 군북면을 흐르는 서화천 남서쪽에는 동평성, 마성산성 등이 있다. 동쪽에는 월전리성, 북쪽에는 노고산성(할미성), 이백리산성(할배성) 및 환산성 등이 있다. 그리고 봉우리를 따라 많은 성보城堡들이 분포하고 있다.[70] 관산성은 이러한 여러 성과 보루들을 묶어서 부른 것 같다. 그러나 중심이 되는 치소성治所城이 어디인지 단정하기는 어렵다.

사진 3 삼년산성의 전략적 위치[72]

여기서 먼저 정리해 두어야 할 것은, 성왕의 목적은 한강유역을 탈환하는 것인데 왜 전투는 관산성에서 벌어졌느냐이다. 이는 성왕의 작전과 연관시켜 살펴볼 수밖에 없다. 성왕의 작전은 두 가지로 생각해 볼 수 있다. 하나는 진흥왕이 한강유역에 설치한 신주를 직접 공격하는 것이고, 다른 하나는 신주 지역과 나머지 신라 지역을 갈라놓는 작전이다. 이를 '신주 고립 작전'이라 할 수 있겠다. 성왕은 후자를 택하였다. 그래서 관산성에서 대회전이 벌어졌던 것이다.

신주 고립 작전이 성공하기 위해서는 보은의 삼년산성을 반드시 차지해야 한다. 자비마립간 13년(370)에 축조된 삼년산성[71]은 신라가 북진하는 데 전진기지의 역할을 한 거점성이었다. 660년 신라가 백제 사비성을 공격할 때 총사령관 김유신이 거느린 5만의 군대가 출한 곳이 삼년산성이었다는 사실이[73] 이를 말해 준다. 삼년산성을 장악하면 후방에서 신주를 지원하는 것을 차단할 수 있게 되어 신주는 고립을 벗어나기 어렵게 된다.

백제군이 보은의 삼년산성으로 진군하는 길은 백제군의 주력 부대가 어디에서 출발하느냐와 연계된다. 이때 백제군의 1차 주력 부대는 동방령이 거느린 군대였다. 동방의 치소인 동방성은 논산시 은진면의 매화산성(마야산고성)에 비정된다. 현재 남아 있는 이 성벽의 높이는 4.4m이고 둘레는 1,550m이다. 일부 잔존한 북성벽은 자연 할석을 이용해 쌓기도 하고 직사각형의 다듬은 돌로 바른 층 쌓기를 하였다.[74]

동방령이 거느린 군대가 논산에서 출발하여 보은으로 진군하려면 금산을 거쳐 옥천으로 가야 한다. 옥천에서 영동 방면 또는 황간 방면으로 가면 추풍령을 넘어갈 수 있으며, 삼년산성을 거치면 상주에 이를 수 있다. 북으로는 문의–청주–진천을 거쳐 안성과 이천 및 여주로 통할 수 있다. 이처럼 옥천은 보은으로 가는 길목이었다.[75] 이리하여 옥천 관산성에서 백제군과 신라군 사이에 대회전이 벌어졌던 것이다.

2. 1차 진성 전투: 백제군의 대승

관산성 대회전은 1차 전투와 2차 전투로 전개되었다. 1차 전투는 554년 9월에 벌어졌다. 전투가 벌어진 곳에 대해 《삼국유사》에는 진성으로, 《일본서기》에는 함산성으로 나온다. 함산성은 관산성의 다른 표기로서 여러 성과 보루들을 아우른 명칭이다. 진성은 관산성을 구성한 성 가운데 하나였다. 그러나 아쉽게도 그 위치는 알 수 없다. 1차 전투를 함산성 전투라 하면 2차 전투의 관산성 대회전과 혼동을 줄 수 있다. 때문에 이 책에서는 1차 전투를 진성 전투로 부르기로 한다.

성왕은 동방령 물부막기무련物部莫哥武連에게 총사령관의 임무를 맡겼다. 물부막기무련은 왜계 백제 관료였다. 그에 대해서는 뒤에 다시 언급할 것이다. 방方은 최고 지방 통치조직이었다. 치소인 방성에 파견된 지방관이 방령이다. 방성에는 700~1200명의 상비군이 주둔하고 있었다. 방은 군관구의 성격을 지니고 있었다. 그래서 방령은 방에 속한 군이나 성(현)의 군대를 동원할 수 있었다.

동방령 물부막기무련은 방성에 주둔한 군대와 동방 관할 아래에 있는 군과 성으로부터 군대를 동원하였다. 그러나 그 규모가 얼마인지는 알 수 없다. 이때 백제를 지원하기 위해 온 왜군도 합세하였다. 왜군 가운데는 화전을 잘 쏘는 군사도 있었다.[76] 물부막기무련은 군대를 거느리고 금산을 거쳐 옥천으로 진군하였다.

백제가 공격해 오자 진흥왕은 군주인 각간 우덕于德과 이찬 탐지耽知를 총사령관으로 임명하여 막도록 하였다.[77] 우덕이 어느 주의 군주인지는 이 기사에는 나오지 않는다. 그런데 554년 당시까지 신라에 설치된 주는 법흥왕 12년(525)에 설치된 상주와 진흥왕 14년(553)에 설치된 신주였다. 신주 군주는 김무력이었으므로 우덕은 상주 군주였을 가능성이 크다. 그렇다면 우덕은 상주 주치의 군대와 상주 관할 아래의 군과 성에서 동원한 군대를 거느리고 갔을 것이다. 반면에 탐지는 군주는 아니었다. 따라서 그는 왕경에서 소집한 군대를 거느린 것으로 볼 수 있다. 탐지의 활동에 대해서는 뒤에 다시 언급할 것이다.

양군이 대결을 벌인 곳이 진성이었다. 그런데 옥천 지역에서는 많은 보루들이 확인되고 있다. 이로 미루어 진성에도 여러 보루들이 딸려 있었을 것이다. 진성을 둘러싼 전투 과정에 대해서는 자료가 없지만, 백제군은 먼저 여러 보루들을 함락한 뒤 진성으로 진격하지 않았을까 한다. 백제군의 마지막 공격은 화공 작전이었다. 이 작전은 성공하여 백제군은 마침내 진성을 불태우고 신라군을 격파하였다.[78]

신라군의 패배에 대해 《삼국사기》에는 우덕과 탐지가 '(백제군을) 맞이해 싸웠지만 이롭지 못하였다(逆戰失利)'[79]고만 나온다. 이 기사대로라면 싸움에 졌다는 정도가 되어 큰 피해를 입지 않은 것처럼 보인다. 반면에 《삼국유사》 진흥왕조에는 백제군은 '남녀 3만 9천 명과 말 8천 필을 빼앗는 전과를 올렸다'고 하였다. 두 기사는 연대도 동일하고 백제군이 승리하였다는 전투 결과도 동일하여 동일한 사건을 기록한 것이다. 그렇다면 전투의 결과는 《삼국유사》의 기록을 따르는 것이 타당하다. 진성 전투는 신라군의 대패요 백제군의 대승으로 끝났다.

진성 전투가 일어난 시기에 대해 고구려와 신라 사이에 밀약이 맺어진 552년 5월 이후에서 관산성 대회전이 벌어진 554년 이전의 어느 시기, 구체적으로는 553년 9월로 보는 견해도 있다.[80] 그러나 백제가 신라를 공격한 것은 신라가 고구려와 연통해서 한성을 차지한 것에 대한 보복이었다. 또 이 전투에는 '승성 3년(554)'이란 특정한 기년이 표기되어 있다. 따라서 진성 전투는 554년 9월에 벌어진 것으로 보는 것이 타당하다.

3. 2차 구타모라새 전투: 성왕의 전사와 진흥왕의 대승

진성 전투에서 물부막기무련이 승리를 거두자 성왕은 2차로 신라 공격을 명하였다. 승리의 여세를 몰아 신라를 확실히 제압하겠다는 의도에서였다. 이때 총사령관은 왕자 여창이 맡았다. 여창은 이보다 앞서 벌어진 백합야새 전투에서 고구려군을 크게 격파한 공로가 있었다. 성왕은 이를 높이 사서 이번에도 여창에게 총사령관의 직을 맡긴 것 같다.

이때 원로대신인 기로耆老들이 출병을 반대하였다. 반대 이유는 두 가지로 생각해 볼 수 있다. 하나는 신라 영역 안으로 깊이 들어가는 것은 위험하다는 판단이고, 다른 하나는 신라와의 전투에서 과연 이길 수 있느냐에 대한 의구심이었던 것 같다. 그러나 이 기회를 천재일우로 생각한 여창은 반대하는 기로들에 대해 "늙었구나. 왜 겁을 내는가."[81]라고 질타하면서 군대를 일으켰다.

백제군의 규모는 3만 명 이상의 대군이었다. 여기에 가야군과 왜군이 합세하였다. 왜군은 처음에는 1천 명 정도였지만 죽사도竹斯嶋에 있던 군대까지 합류함에 따라 늘어났다.[82] 그러나 가야군의 수는 알 수 없다. 이리하여 연합군의 공격 작전이 시작되었다.

성왕은 연합군의 작전을 효율적으로 수행하기 위해 왜군은 백제군 본진에 소속시키고 가야군에는 백제 군사 1만 명을 보냈다.[83] 가야군과 작전을 조율하고 보조를 맞추기 위해서였다. 이는 이 연합 작전을 백제군이 주도하였음을 말해 준다.

신라 영내로 진군해 들어간 여창은 구타모라새久陀牟羅塞를 쌓았다. 구타모라새는 옥천 부근에 축조되었을 것이지만 구체적인 위치는 알 수 없다.[84] 성왕이 대군을 일으켜 공격해 오자 진흥왕도 이에 맞서 신주 군주 김무력을 총사령관으로 임명하였다. 김무력이 거느린 군대는 신주군과 신주 휘하의 여러 군과 성에서 동원된 군대가 주력이었다. 여기에 더하여 중앙에 주둔한 부대도 출동하였을 것이다. 대규모 전투에는 지방에서 동원한 군대만으로 감당하기 어렵기 때문이다. 그러나 중앙에서 출동한 군대의 규모가 어느 정도이고 지휘관이 누구인지는 알 수 없다.

백제군과 신라군의 싸우는 방식도 백제군과 고구려군의 백합야새 전투 때처럼 양군의 지휘관이 통성명하는 형식으로 이루어졌을 것이다. 이후 여러 차례 대결하는 과정에서 양군은 때로는 이기기도 하고 때로는 지기도 하였을 것이다. 그렇지만 구체적인 전투 과정은 자료가 없어 알 수 없다.

신라군과 대결하는 가운데 백제에 위급한 상황이 발생하였다. 554년(성왕 32, 고구려 양원왕 10) 10월에 고구려군이 백제의 웅천성을 공격해 온 것이다.[85] 이 시기는 백제군과 신라군이 한창 대치하고 있던 때였으므로 고구려의 이 공격은 신라를 측면으로 지원하기 위한 것으로 볼 수 있다. 이는 신라와 고구려의 연통이 여전히 작동하고 있었음을 증명한다.

고구려의 공격은 백제로서는 위기였다. 신라를 치기 위해 대군을 출동시킨 상황에서 역습을 당한 셈이기 때문이다. 성왕은 남은 군대를 이끌고 고구려군의 공격을 잘 막아 내었다. 여창의 군대를 불러들이지 않고서도 이긴 것이다. 이리하여 성왕은 신라와 고구려의 연계 작전을 차단할 수 있었다.

반면에 구타모라새에서 신라군과의 대결은 쉽사리 승패가 결정되지 않았다. 형세가 엇비슷하였기 때문이다. 대치 국면은 점점 길어졌다. 이에 성왕은 최전선에서 고생하는 아들 여창을 위문하러 가기로 하였다. 이는 상당히 위험스러운 것임은 물론이다. 전쟁터에서는 무슨 일이 일어날지 모르기 때문이다. 그럼에도 성왕은 보병과 기병 50여 기만 거느리고 갔다. 국왕의 호위대치고는 소수였다. 성왕은 이번 위문길을 아주 가볍게 생각한 것 같다. 이는 결과적으로 성왕으로서는 일생일대의 패착이 되었다.

첩보망을 통해 성왕의 동선을 파악한 김무력은 성왕이 가는 길에 군사를 매복시켰다. 매복군은 성왕이 오는 것을 기다렸다가 기습하였다. 성왕의 호위대는 그 수가 적은 데다 복병의 기습을 받았기 때문에 제대로 대처할 수 없었다. 이리하여 성왕은 신라군에 사로잡혀 죽임을 당하였다. 너무나 뜻밖의 죽음이고 허무한 죽음이었다. 김무력의 활동과 성왕의 죽음, 그리고 신라의 첩보망에 대해서는 뒤에 다시 언급할 것이다.

성왕이 신라 복병에게 사로잡힌 곳이 구천狗川이었다. 구천은 옥천의 구진벼루(구진베루) 지역으로 비정되고 있다. 구체적인 위치에 대해 옥천군 군서면 월전리 군전 부락을 감싸 도는 협곡, 또는 군북면 이백리의 갯골로 보기도 한다. 옥천읍에서 구진벼루로 향하는 길목에는 '진터벌', '염장', '군전부락', '군진', '진벌부락' 등 전쟁과 관련된 지명이 많이 남아 있다고 한다.[86]

성왕의 갑작스러운 죽음은 백제군을 대혼란으로 빠뜨렸다. 총사령관 여창도 정신이 없었을 것이다. 부대와 부대 사이의 긴밀한 연락망도 끊겨 지휘체계도 붕괴되었을 것이다. 백제군이 우왕좌왕하는 틈을 놓치지 않고 신라군은 일제히 공격에 나섰다. 그 결과 백제군은 대패하였다. 4명의 좌평이 죽고, 3만에 가까운 장졸이 죽었고, 마필도 그만큼 잃었다.[87] 여기에는 가야군 전사자도 포함되었음은 물론이다.[88] 백제 역사에서 3만에 가까운 장졸이 전사한 것은 전무후무한 일이었다.

백제군이 힘없이 무너지면서 여창은 신라군에 포위되었다. 자칫하면 여창마저 죽을지도 모를 어려운 상황이 되었다. 이런 급박함속에서 여창은 겨우 포위를 뚫고 나와 목숨을 건졌다. 이때 활약한인물이 왜에서 파견된 축자筑紫 국조國造였다. 그는 왜에서 지방의유력 호족이었지만 이름은 알 수 없다. 활을 잘 쏜 그는 신라 기병여러 명을 쏘아 쓰러뜨려 포위망을 뚫었다고 한다.[89]

관산성 대회전에서의 패배는 백제의 상승하는 기운을 꺾어 버렸다. 성왕의 진중치 못한 판단과 행동이 엄청난 참사를 가져온 것이다. 후폭풍은 컸다. 반면에 진흥왕은 이 대회전의 승리로 욱일승천의 기운을 타게 되었다.

관산성 대회전이 일어난 시기에 대해 자료마다 차이가 있다. 《삼국사기》에는 554년 7월로, 《일본서기》에는 554년 12월로 나온다. 진성 전투 시기는 《삼국유사》와 《일본서기》에 공히 554년 9월로 나온다. 이러한 시기 차이에 대해 어느 하나는 옳고 나머지는 그르다고할 수 없다. 관산성 전투는 일회전으로 끝난 것이 아니라 여러 차례 전투가 벌어졌을 것이기 때문이다. 이렇게 보면 관산성 전투는554년 7월부터 시작되어, 9월을 거쳐 12월에 종결되었다고 할 수있다. 《삼국사기》는 이 모든 과정을 554년 7월조에, 《삼국유사》는 9

월조에, 《일본서기》는 12월조에 수록하였다. 그 결과 세 개의 날짜가 역사서에 남게 된 것이다.

4. 관산성 대회전의 주역들

1) 백제 장군 물부막기무련物部莫奇武連

관산성 대회전은 성왕과 진흥왕이 명운을 건 대회전이었다. 이 대회전에서 두 왕이 직접 전장에서 맞닥뜨리지는 않았다. 그렇지만 두 왕의 명을 받은 양국의 지휘관과 전략가들은 승리를 위해 묘책을 짜내고 군대를 지휘하였을 것이다. 각종 최신 무기들이 동원되고, 여러 진법陣法도 선보였을 것이다. 그러나 자료가 없어 구체적으로 언급하기 어렵다. 여기서는 전장에 출동한 장군들의 활약상을 정리해 두기로 한다.

관산성 전투에서 활약한 백제 장군으로 그 이름을 알 수 있는 사람은 동방령 물부막기무련뿐이다. 물부막기무련은 왜계 출신이었다. 고대 왜에서는 고위 인물들은 우지(氏)와 가바네(姓)를 가지고 있었다. 씨는 혈족을 나타내는 것인데 지명에서 유래하기도 하고 직명에서 유래하기도 하였다. 소가씨蘇我氏·가즈라키씨葛城氏·이즈모씨出雲氏 등은 지명에서 유래하였고, 모노노베씨物部氏·오토모씨大伴氏·하지키씨土師器氏 등은 직명에서 유래하였다. 물부막기무련의 물부物部는 우지이고, 연連은 가바네이며, 막기무莫奇武는 이름이다. 그는 왜의 모노노베씨 출신이었다.

가바네는 우지의 수장이 대왕으로부터 사여받은 직무나 지위를 나타내며 동시에 우지의 서열을 나타내 주었다. 한번 받은 가바네는 세습되었다. 중앙 호족에게 주어진 가바네는 오미[臣]·무라지[連] 등이었고, 지방 호족에게 준 가바네는 기미[君]·아타에[直]·미야쓰코[造] 등이었다. 오미와 무라지 가바네를 받은 호족이 야마토 조정의 중추를 형성하였다. 그 가운데 유력 우지는 오오미[大臣], 마에쓰키미[大夫], 오무라지[大連]에 임명되었다. 막기무의 '연連'은 가바네였으므로 왜에서 그의 가문은 중앙 호족이었다.

물부막기무련은 물부시덕마기모物部施德麻奇牟로도 표기되었다. 성왕은 그에게 제8품 시덕의 관등을 주고 백제 관료로 등용하였다. 막기무는 능력이 있으면 국적을 따지지 않고 관료로 등용하는 성왕의 인재 등용 정책 덕분에 관료가 될 수 있었다. 그러나 백제에는 연連이라는 칭호는 없다. 따라서 이 연은 일본의 가바네가 백제에서 일종의 존칭으로 사용된 것으로[10] 보인다.[11]

백제 관료로 등용된 그는 543년(성왕 21)에 나솔 진모귀문, 호덕 기주기루 등과 함께 왜에 사신으로 파견되었다. 이때 그의 관등은 시덕이었다. 이렇게 대왜 외교에 종사하던 그는 늦어도 554년에 동방령이 되었다. 방령은 대개 2품 달솔의 관등 소지자가 맡았다.[12] 이로 미루어 그는 10여 년 사이에 시덕에서 달솔로 승진한 셈이 된다. 막기무는 왜계 관료 가운데 최초로 달솔의 관등을 받았고, 또 최초로 지방관에 임명된 인물이었다. 그만큼 그는 성왕의 신임을 받았던 것이다.

554년 최고사령관에 임명된 동방령 물부막기무련은 자신이 직접 통솔하는 방성의 군대와 동방 휘하의 군과 성(촌)에서 동원된 군대를 거느리고 전장에 나갔다. 이때 유지신이 거느리고 온 왜군도 참여하였다. 전쟁터는 진성이었다. 물부막기무련은 화공 작전으로 진성을 불태우고 3만에 가까운 민들을 포로로 잡는 대승을 거두었다. 물부막기무련은 성왕을 실망시키지 않았다.

2) 신라의 인물

● 탐지

탐지耽知는 생몰연대를 알 수 없다. 탐지와 관련하여 주목되는 인물이 550년쯤에 만들어진 〈적성비〉에 나오는 '두미지파진간지豆彌智彼珍干支'이다. '두미지'의 '두미'는 '탐지耽知'의 '탐'과 음이 서로 같고 '지'는 존칭 어미이다. 탐지와 두미지는 활동 시기도 같으므로 두 사람은 동일 인물로 볼 수 있다.[93]

탐지(두미지)는 550년 신라가 적성(단양)을 점령하는 데 공을 세웠기 때문에 그 이름이 〈적성비〉에 새겨졌다. 551년 진흥왕은 탐지를 비롯하여 거칠부, 구진 대각찬 등 8장군으로 하여금 출정하게 하였다. 탐지 등 8장군은 고구려군을 격파하여 죽령 이북 고현(철령) 이남의 10군을 차지하는 데 공을 세웠다.

553년 백제 동방령 물부막기무련이 대군을 거느리고 공격해 오자 탐지는 각간 우덕과 함께 출정하였다. 이때 탐지는 중앙군을 거느리고 출정한 것으로 보인다. 그러나 탐지는 진성 전투에서 남녀 3만 9천명이 백제군에 붙잡히는 대패를 당하였다. 이후 탐지의 활동은 자료가 없어 알 수 없다.

탐지의 관등은 550년 당시 제4관등인 파진간지(파진찬)였고, 551년에는 제3관등인 잡간(잡찬)이었다. 잡간으로의 승진은 그가 적성을 차지하는 데 세운 공로 때문으로 보인다. 553년 진성 전투 때 그의 관등은 제2관등인 이찬이었다. 2년 만에 잡간에서 이찬으로 승진한 것이다. 이 승진은 551년 고구려 공격 때 세운 공로에 대한 포상의 결과로 보인다.

● 김무력

김무력金武力은 생몰년은 알 수 없다. 그는 〈창녕비〉, 〈북한산비〉, 〈마운령비〉에는 '무력지另力智'로, 〈적성비〉에는 '무력지武力智'로, 《삼국사기》 법흥왕 19년조에는 '무력武力'으로, 《삼국유사》에는 '무력茂力'으로 표기되고 있다. '무력지另力智'의 '另'는 자전에는 음이 '영'이지만 〈적성비〉의 '武力智'가 〈창녕비〉에 '另力智'로 표기된 것에서 미루어 '무武'의 이체자로 볼 수 있다. 김무력은 진흥왕이 세운 다섯 개의 비 가운데 4개의 비에 나온다. 이는 그가 진흥왕대의 핵심 인물의 하나였음을 시사해 준다.

김무력은 금관가야의 마지막 왕인 구형왕(仇衡王: 仇亥王)의 셋째 아들이었다. 532년 구형왕은 더 이상 나라를 유지하기 어렵다고 판단하고 신라에 항복하였다. 법흥왕은 그에게 상등上等의 관위를 주고 왕의 예로 대우하면서 본국을 식읍으로 주었다.[94] 이리하여 구형왕과 그의 자식들은 진골 신분에 편입되었다. 이 가문이 신김씨新金氏 가문이다.

552년 진흥왕은 백제로부터 한강 하류지역을 빼앗은 뒤 553년에 신주를 설치하였다. 이때 아찬 김무력은 초대 신주 군주로 임명되었다. 진흥왕이 그의 능력을 믿고 신임하였기에 가능한 일이다. 신주 군주 임명은 그의 벼슬살이를 보여 주는 최초의 기사이다.

554년 관산성 대회전 때 진흥왕은 김무력을 신주도행군총관으로 삼아 출정하게 하였다. 김무력은 성왕이 아들 여창을 위문하러 가는 길목에 매복군을 배치하여 마침내 성왕을 붙잡아 죽이고 1만여 명의 목을 베었다.[95] 이때 백제군 전사자는 29,600명이었다. 이 가운데 1/3을 김무력 군대가 죽인 것이다. 나머지는 중앙에서 출동한 부대가 백제군의 목을 베었을 것이다.

김무력이 관산성 대회전에서 세운 공로는 신라에서는 잊지 못할 큰 공로였다. 문무대왕은 668년 고구려 평양성을 공격하여 함락한 뒤 남한주南漢州로 돌아와 신하들에게 논공행상을 하면서 "옛적에 백제 명농왕明襛王이 고리산古利山에 있으면서 우리나라를 침략하려 하자 유신의 할아버지 무력 각간이 장수가 되어 맞아 싸워 승리하여 왕과 재상 4명과 사졸들을 사로잡았다"[96]고 상찬하였다. 이 말은 110여 년이 지난 이후에도 김무력의 공로가 신라인의 뇌리에 깊이 새겨져 있었음을 보여 준다.

이후 김무력은 신라 사회에서 승승장구하였다. 이는 그의 관등 승진에서 살펴볼 수 있다. 550년 무렵의 〈적성비〉에 김무력의 관등은 제6관등인 아간이었고, 553년 신주 군주로 임명되었을 때도 아간이었다. 그러나 561년에 만들어진 〈창녕비〉에는 제3관등인 잡간迊干으로 나온다. 8년 사이에 제6관등 아간에서 제3관등 잡간으로 승진하였던 것이다. 이런 초고속 승진은 관산성 대회전에서 성왕을 사로잡아 죽인 공로 때문이었을 것이다. 그 뒤 그는 제1관등인 각간까지 올랐다. 각간이 된 시기는 568년에 세워진 〈마운령비〉에 잡간으로 나오는 것에서 미루어 568년 이후 죽기 이전 어느 때였을 것이다.

김무력이 군사 방면에서 두각을 드러내면서 금관가야계의 신김씨

가문의 위상도 높아졌다. 그러나 신김씨는 새로이 진골로 편입된 가문이었기 때문에 원 진골귀족들로부터는 하시를 당하기도 하였다. 김무력의 아들 서현舒玄이 입종갈문왕의 아들 숙흘종肅訖宗의 딸 만명萬明과 결혼할 때 숙흘종의 반대가 심하였다는 것이[97] 이를 짐작케 한다. 그렇지만 서현은 우여곡절 끝에 만명부인과 결혼하였고 또 군공을 세웠다. 그래서 신김씨 가문은 계속 가문의 위상을 유지해 나갈 수 있었다. 서현과 만명부인 사이에서 김유신이 태어났다.

● 도도

도도都刀는 생몰연대를 알 수 없다. 《삼국사기》 진흥왕 15년(554) 조에 따르면 그는 삼년산군(보은) 출신이었고, 관등은 외위 제3등인 고간高干이었다. 고위 외위를 가진 것에서 미루어 그는 삼년산군의 유력한 재지세력이었다. 554년 관산성 전투 때 도도는 신주 군주 김무력의 비장裨將이 되어 성왕을 잡아 죽이는 큰 공을 세웠다.[98]

그런데 《일본서기》에는 성왕을 잡아 죽인 사람을 좌지촌의 사마노飼馬奴인 고도苦都라고 하였다.[99] 좌지촌의 위치는 알 수 없지만 삼년산군을 구성한 촌의 하나였을 것이다. 사마노飼馬奴는 '말을 키우는 천한 노비'라는 말이다. 따라서 고도는 천노였다. 이는 다른 사람들이 그를 가리켜 '천노'라 말한 것, 고도 자신이 스스로를 '노奴'라고 말한 것, 성왕이 그를 '노'라고 말한 것 등에 의해 입증된다.

도도와 고도는 이름이 유사하고, 성왕을 사로잡아 죽였다는 사실도 동일하고, 활동한 시기도 같다. 따라서 도도와 고도는 동일 인물로 보는 것이 타당하다. 이때 문제가 되는 것이 그의 신분이다. 《삼국사기》에 따르면 그는 삼년산군의 유력한 재지 세력이었지만 《일본서기》에 따르면 말을 키우는 노비(司馬奴)에 불과하였기 때문이다.

도도의 신분에 대해 재지 세력자이지만[100] 중앙정부에 대해 천노와 같은 존재로 인식된 것으로 보는 견해도[101] 있고, 천노이지만 공노비로 보는 견해도[102] 있다. 전자의 경우 그가 천노라는 사실을 설명할 수 없고, 후자의 경우 그가 고간이라는 고위 외위를 지닌 것을 설명할 수 없다. 때문에 도도는 천노이면서 또 재지세력자였다는 사실 모두를 충족시킬 수 있는 논리적 설명이 필요하다.

도도의 신분 문제를 해명하고자 할 때 주목해야 할 것은, 도도가 성왕을 잡아 죽이는 데 제1의 공을 세웠다는 사실이다. 공을 세우면 국가에서는 일정하게 포상을 한다. 포상 대상자에는 고위 지휘관은 물론 관등이 낮은 하급 지휘관과 재지 유력자들도 포함되었다. 668년 문무왕이 고구려 평양성 전투에서 승리하여 행한 논공행상에 김유신, 김인문 등 고위귀족과 더불어 대당 소감 본득本得, 한산주 소감 박경한朴京漢 등 하급 장교와 군사軍師 남한산의 북거北渠, 군사 부양의 구기仇杞, 가군사假軍師 비렬홀의 세활世活 등 지방세력자도 포함된 것이 그 예가 된다. 포상 때에는 상위의 관등을 수여하면서 동시에 조租를 내려주거나[103] 검劍이나 극戟 또는 의물과 전택田宅을 하사하기도 하였다.[104]

고도가 성왕을 잡아 죽인 공로는 매우 큰 공로였다. 때문에 조정에서는 노비인 고도에게도 포상을 하였을 것이다. 그 포상으로 생각해 볼 수 있는 것이 속량贖良이다. 속량은 천민을 양인 신분이 되도록 하는 것이다. 속량의 사례로는 몇 가지를 들 수 있다.

고조선에서는 도적질한 죄로 노비가 된 자는 '50만'을 내면 양인이 되었다.[105] 백제의 경우 근구수왕은 가뭄으로 아비가 자식을 파는 일까지 벌어지자 관곡을 내어 대속代贖해 주었다.[106] 50만이라는 속량금은 엄청난 양이다. 때문에 아무나 속량이 될 수 없었다. 근구수왕의 대속은 특별한 사례이다. 따라서 엄격한 신분제 사회에서 속량은 큰 은전恩典이라 할 수 있다. 이로 미루어 진흥왕은 성왕을 사로잡아 죽인 도도의 공로를 크게 기려 그를 속량하여 양인으로 삼지 않았을까 한다.[107]

양인이 된 고도는 천노 시절의 이름을 버리고 '곡지谷智'로 바꾸었다. 그렇지만 성왕을 사로잡을 때의 이름인 고도가 사람의 입에 많이 오르내렸다. 그 때문에 후대의 기록에 곡지 대신 고도라는 이름이 남게 된 것으로 보인다. 이후 고도는 사회적 지위를 높여 외위를 받아 삼년산군의 재지세력이 되었고, 마침내 고간으로까지 승진하였다. 비장이란 군관직軍官職도 그가 외위를 받았기 때문에 수여받을 수 있었다. 고도는 천한 노비 신분에서 벗어나 입신양명한 대표적인 사례가 된다.

다만 그가 성왕을 사로잡은 일을 《삼국사기》는 속량된 이후에 한 것으로, 《일본서기》는 천노였던 시기의 일로 기록하였다. 그 때문에 《삼국사기》에는 고간 도도로, 《일본서기》에는 천노 고도로 나오게 된 것이다.

역
사
의

맞
수

제3부 맞수의 대결 이후의 백제와 신라

제1장 흔들리는 백제 왕권

Ⅰ. 위덕왕 즉위와 왕권의 동요

1. 3년 공위설의 의미

관산성 대회전에서 성왕이 죽자 그 뒤를 이어 위덕왕(554-598) 이 왕위에 올랐다. 위덕왕은 553년 백합야새 전투 때 29세였으므로 출생 연도는 525년(성왕 3)이다. 이름은 창昌이다. 부여 능사에서 출토된 〈창왕명사리감〉에는 '백제 창왕昌王'으로, 부여 왕흥사지에서 출토된 〈사리기〉에는 '백제왕 창昌'으로 나온다.

554년 관산성 대회전 때 여창은 백제군의 총사령관이었다. 이 대회전에서 성왕이 붙잡혀 죽고 3만에 가까운 장졸이 전사하였다. 여창도 겨우 포위를 뚫고 나와 살았다. 관산성 대회전의 패배가 백제 사회에 준 충격은 컸다. 위덕왕은 패배의 책임을 면할 수 없었다. 패배의 후폭풍에 시달린 것이다.

이를 짐작하게 하는 것이 3년 동안 왕위가 비었다고 하는 이른바 '공위설空位說'이다. 공위설은 위덕왕의 즉위년, 즉 성왕의 사망 연월일과 연동되어 있다. 즉위년을 표기하는 방법으로 유월칭원법踰月稱元法과 유년칭원법踰年稱元法이 있다. 《삼국사기》는 유월칭원법을 사

용하였다. 이 칭원법은 전왕이 죽은 해의 다음 달을 신왕의 즉위년으로 하는 방법이다.

《삼국사기》에는 성왕이 554년 추7월에 죽었다고 하였으므로[1] 유월칭원법에 따르면 554년 8월이 위덕왕 즉위년이 된다. 반면에 《일본서기》에는 성왕 사망 연월일을 554년 12월 9일로 기록하였다. 이에 따르면 위덕왕의 즉위년은 555년 1월이 된다. 이 가운데 어느기록을 따르느냐에 따라 즉위년이 달라진다.

《일본서기》는 관산성 전투에 대해 《삼국사기》보다 훨씬 상세하게서술하였다. 특히 성왕의 죽음은 연월일까지 기록하였다. 날짜까지기록한 경우는 《삼국사기》에는 거의 없다. 또 성왕은 승성 3년(554) 9월에 신라를 공격한 사실에서[2] 보듯이 554년 9월에도 살아 있었다. 이를 종합해 보면 성왕의 사망 연월일은 554년 12월 9일로, 위덕왕의 즉위년은 555년으로 보는 것이 타당하다. 이는 〈창왕명사리감〉에 창왕 13년(567)을 정해년이라 하였으므로 즉위년은 555년(을해년)이 된다는 사실과 일치한다.

그런데 《일본서기》에는 성왕의 사망을 554년 12월 9일이라 하면서 위덕왕은 557년 춘3월에 즉위하였다고 하였다.[3] 이 기사를 그대로 따르면 555년 1월에 즉위한 것과는 햇수로는 3년의 차이가 난다. 이로 말미암아 성왕이 죽고 위덕왕이 즉위하기까지 3년 동안 왕위가 비었다는 이른바 '공위설空位說'이 나온 것이다.

이 공위설에 대해 관산성 패전에 태자 여창의 책임도 컸다는 사실을 강조하여 공위를 인정하는 견해도[4] 있고, 〈사리감〉에 위덕왕 원년이 555년인 점과 《일본서기》 흠명기 16년(555) 8월조에 신하들이 위덕왕을 '군왕君王'으로 부르고 있는 점 등을 근거로 공위설은 성립되지 않는다는 견해도[5] 있다. 이와는 달리 3년 동안의 공위는 귀족회의체가 여창의 패전 책임을 물어 즉위 승인을 미루다가 공식 사과를 받은 뒤 557년 3월에 즉위를 승인하게 됨으로써 생겨난 것으로 보는 견해도[6] 있다.

위덕왕의 즉위년은 555년이 분명하므로 공위는 없었다. 그렇지만 왜 공위설이 나왔는지는 검토할 필요가 있다. 그 배경으로 주목되는 것이 성왕이 전사한 554년 12월부터 위덕왕이 즉위하였다는 557년 3월까지의 기간이 27개월이라는 사실이다. 27개월은 무령왕과 왕비의 빈장殯葬 기간이 27개월이었다는 사실과 일치한다.[7] 따라서 '3년의 공위 기간'은 빈장 기간이 된다.

이때 성왕의 시신은 진흥왕의 수중에 있었다. 위덕왕은 부왕의 장례를 치루기 위해 신라로부터 시신을 돌려받아야 하였다. 위덕왕은 진흥왕과 협상을 벌였지만 제대로 되지 않았다. 그래서 진흥왕은 성왕의 머리는 북청 계단 아래에 묻고 몸만 예를 갖추어 돌려보냈다.[8] 위덕왕으로서는 치욕이라 하지 않을 수 없다. 이로 말미암아 위덕왕은 머리 없는 시신으로 아버지 성왕의 장례를 치러야 하였다. 이는 비정상적인 장례이고 가슴 아픈 일이었다.

부왕이 자신을 위문하러 오다가 비명에 돌아간 것도 억울한데 머리 없는 시신으로 장례를 지내게 됨으로써 위덕왕은 스스로를 크나큰 죄인이라 생각하였을 것이다. 이에 위덕왕은 이 모든 일이 자기 때문에 빚어진 것으로 생각하고 속죄하는 마음으로 빈장 기간 동안은 왕이 아닌 것처럼 하지 않았을까 한다. 《일본서기》의 3년 공위 기사는 이러한 사정에서 나온 것이라고 하겠다.

2. 왕권의 동요

관산성 전투는 성왕 부자에 의해 주도되었다. 반면에 기로耆老들은 신라 공격을 반대하였다. 《예기》에 따르면 기耆는 60세, 노老는 70세 된 사람을 가리키는 말이다.[9] 그러나 시간이 흐름에 따라 그 뜻은 바뀌어 '향중鄕中에서 치사致仕한 경대부卿大夫'로서[10] 원로귀족을 가리키게 되었다.

신라 정벌이라는 중대한 사안을 놓고 기로들이 반대하였다는 것은 백제 조정 안에서 왕과 기로들 사이에 의견 대립이 있었음을 보여 준다. 이는 이후 정치운영에도 큰 영향을 미쳤다. 이때 여창은 기로들의 간언을 겁먹은 행동으로 일축하고 군사를 일으켰다. 그러나 이 출병은 백제의 대패로 끝나고 말았고, 여창도 간신히 목숨을 구해 돌아왔다.

관산성 패전 이후 전쟁을 반대하였던 원로귀족들은 '만약 기로의 말을 들었더라면 어찌 이런 지경에 이르렀겠느냐'고 하면서 패전의 책임을 추궁하였다. 이로 말미암아 위덕왕의 왕위계승은 순조롭지 않았다. 이에 여창은 부왕의 명복을 빈다는 명분으로 '출가수도出家修道'하겠다'고 선언하였다. 이 선언은 관산성 패전 이후 복잡한 정치 상황을 해결하기 위한 여창의 승부수라고 할 수 있다.[12] 원로귀족들은 "이 나라를 장차 어느 나라에 줄 것인가(今此國宗 將授何國)"라고 하면서 출가를 반대하고 그 대신 100명을 도승度僧하여 성왕의 명복을 빌기로 하였다. 여창과 원로귀족들 사이에 일정한 타협이 이루어진 것이다.

이처럼 위덕왕은 우여곡절을 겪고 왕위에 올랐기 때문에 즉위 초반의 정치운영은 기로들이 주도하였다. 성왕의 명복을 빌기 위한 100명을 도승하는 업무는 기로들이 알아서 처리하였다. 기로들은 여창에게 '지난날의 근심이 아직 평정되지 않았는데 훗날 큰 환란이 있으면 누구의 잘못인가', '지난날의 잘못을 뉘우치라'는 등 관산성 패전의 책임을 신랄하게 추궁하였다.[13] 그 핵심은 '앞으로는 기로의 말을 잘 들어라'는 것이었다. 이는 출병 당시 여창이 기로들에 대해 '늙었구나. 어찌 겁을 내느냐!'고 질책한 것과 대조를 이룬다.

이리하여 기로 또는 제신諸臣으로 표현되는 귀족세력들의 국정에 대한 발언권은 커졌다. 귀족들의 발언권의 증대는 왕권의 약화를 가져왔다. 그 결과 성왕에 의해 확립되었던 왕권 중심의 정치운영은 귀족 중심의 정치운영으로 바뀌게 되었다.

기로들이 정치운영을 좌우하게 됨에 따라 성왕이 추진한 개혁 정책에도 변화가 생겼다. 이를 추론하게 하는 것이, 555년에 왜로 간 왕자 혜惠에게 왜의 유력자인 소아경蘇我卿이 한 말이다. 소아경은 백제가 건방지신建邦之神의 사당을 훼철한 것을 비판하면서 '신궁神宮을 수리해서 신령을 받들어 제사하도록 강력히 권하였다.'[14] 이는 성왕이 사비 천도 후 구이仇台를 모시는 시조의 사당을 세워 국가 제의 체계를 정비하면서 건방지신의 사당을 훼철한 것을 지적한 것이다. 따라서 소아경이 '훼철한 사당을 다시 세우라'고 한 것은, 성왕이 추진한 제의 체계 개혁을 원상으로 되돌리라는 의미로 해석된다.[15] 이는 위덕왕대에 기로들에 의해 성왕이 추진한 일련의 개혁 정책이 굴절되었음을 방증한다.

Ⅱ. 대성팔족의 대두와 6좌평 중심의 정치운영

1. 대성팔족의 대두

관산성 대회전 대패 이후 왕권 중심의 정치운영이 귀족 중심으로 전화되어 가는 과정에서 대두한 것이 '대성팔족大姓八族'이다. 대성팔족은 사씨沙氏·연씨燕氏·협씨劦氏·해씨解氏·진씨眞氏·국씨國氏·목씨木氏·백씨苩氏[16]라고 하는 8개의 대귀족 가문을 말한다. 유력 귀족가문을 대성팔족의 형태로 묶어서 부른 것은 삼국 가운데 백제가 유일하다.

그런데 《한원》에는 국씨가 빠진 칠족七族이 기록되어 있다. 이를 근거로 '팔족이 백제사의 어느 시점에서도 동등한 권력을 갖고 있는 것은 아니다'라고 하면서 대성칠족의 가능성도 열어 두어야 한다는 견해도[17] 있다. 이 견해에서 가문의 숫자에 얽매이지 말아야 한다는 점은 주목되지만, 이는 통시대적 측면에서 보았을 때 가능한 이야기이지 특정 시기에 한정시킬 수는 없다. 따라서 사비기 후기의 대성 가문은 팔족으로 보는 것이 타당하다.

남북조시대를 거쳐 오는 동안 고도의 귀족정치사회를 경험한 중국인의 눈에 비친 '대성팔족'은 당시 백제의 가장 유력한 귀족가문이었다. 이 가운데 해씨, 진씨는 백제 초기부터 보이는 성씨이고, 연씨나 백씨는 웅진 천도 이후에 비로소 등장한 성씨이다. 반면에 한성기에 유력한 귀족이었던 흘씨屹氏나 곤씨昆氏 등은 대성팔족에 보이지 않는다. 이는 백제가 한성에서 웅진성으로, 웅진성에서 다시 사비성으로 천도하는 과정에서 도태된 가문, 그 형세를 유지한 가문, 새로이 두각을 나타낸 가문이 있었음을 보여 준다. 즉 대성팔족은 진씨, 해씨, 목씨 등 기성 귀족가문과 웅진 천도 이후 두각을 나타낸 사씨, 연씨, 백씨 등 신진 귀족가문으로 이루어졌던 것이다.

그러나 대성팔족 각 가문의 위세에는 차이가 있었다. 그 차이를 보여 주는 것이 기재 순서이다. 위세가 큰 가문일수록 앞에 기재되기 마련이다. 기재 순서를 보면 사씨, 연씨 등이 머리 부분을 차지하고, 해씨와 진씨는 중간 부분에, 목씨는 후반에 위치하고 있다. 목씨의 경우 성왕 21년(543)에 열린 군신회의에서 사택기루가 상좌평을, 목협마나가 중좌평을, 목윤귀가 하좌평을 맡고 있는 것에서 보듯이[18] 사씨와 더불어 사비 천도 초기에는 두각을 나타낸 가문이었다. 그럼에도 기재 순서에서 하위 순에 기록되었다. 이는 이 시기에 와서 귀족 가문의 서열에 변동이 생긴 것을 말해 준다.

이 서열 변동에 큰 영향을 준 것이 관산성 패전일 것이다. 신라 정벌을 주장한 귀족들은 정치 일선에서 밀려나고 정벌을 반대한 세력들이 실권을 잡는 등 후폭풍이 컸기 때문이다. 이로 말미암아 귀족 세력 사이의 역학 관계에 큰 변화가 일어났고 그 과정에서 목씨 세력은 뒤로 밀려나지 않았을까 한다. 그렇다면 《수서》 백제전에 수록된 대성팔족은 이러한 변화를 거친 이후의 백제 귀족사회의 모습이라 하겠다.

2. 6좌평 중심의 정치운영

대성팔족이 성립되면서 정치운영 방식에도 변화가 생겼다. 그 변화의 중심축이 된 것이 6좌평이다. 사비 천도 초기에 좌평의 정원은 5명이었다. 그 명칭은 상좌평, 중좌평, 하좌평, 전좌평, 후좌평이었고 왕도 5부의 대표로 충원되었다.[19] 이들은 특정한 직사가 없이 중요한 국사를 함께 논의하는 최고귀족회의체의 구성원이었다.

그러나 위덕왕대에 오면 좌평의 정원은 6명이 되었다. 이를 6좌평이라 한다. 그 명칭은 내신內臣좌평, 내두內頭좌평, 내법內法좌평, 위사衛士좌평, 조정朝廷좌평, 병관兵官좌평이다. 내신좌평은 왕명 선납의 일을, 내두좌평은 재정 업무를, 내법좌평은 의례 관계 업무를, 위사좌평은 왕궁 숙위 업무를, 조정좌평은 형옥 관련 업무를, 병관좌평은 병마 관계 업무를 맡았다.[20]

5좌평제와 6좌평제는 각 좌평의 명칭도 다르고 정원도 다르다. 5좌평은 구체적인 직사가 없지만 6좌평은 각각의 직사가 있었다. 5

좌평과 6좌평은 최고귀족회의체의 구성원이라는 점에서는 공통되지만 구성 원리는 달랐다. 따라서 6좌평의 설치를 좌평의 정원을 1명 늘인 것으로 단순화시켜 보아서는 안 된다.

6좌평의 성격에 대해 종래의 연구에서는 당의 6부六部 조직과 연관시켜 이해해 왔다. 그러나 이부, 호부, 예부, 형부, 병부, 공부라는 당의 6부는 삼성(三省: 상서성, 중서성, 문하성)에서 논의한 사항을 집행하는 기관이지 국사를 논의하여 결정하는 기관이 아니었다. 이와 달리 6좌평은 국사를 논의하여 결정하였다. 따라서 6좌평의 성격을 당의 6부와 연관시켜 보는 것은 타당하지 않다.

6좌평의 성격을 파악하고자 할 때 주목되는 것이 《주례》 육관六官이다. 6관은 천관天官, 지관地官, 춘관春官, 하관夏官, 추관秋官, 동관冬官을 말한다. 천관 총재는 국사를 총괄하며, 지관 사도는 교육 업무를, 춘관 종백은 의례 업무를, 하관 사마는 군사 관계 업무를, 추관 사구는 형벌 업무를, 동관은 토목·재정 업무를 담당하였다.[21]

《주례》 6관의 직사를 6좌평의 직사와 비교해 보면 천관 총재의 직사는 내신좌평의 직사와, 지관의 직사는 내두좌평의 직사와, 춘관의 직사는 내법좌평의 직사와, 하관의 직사는 병관좌평의 직사와, 추관의 직사는 조정좌평의 직사와 대응된다. 이는 6좌평제가 《주례》 6관을 본으로 하여 만들어졌음을 보여 준다.[22] 다만 제작 업무를 맡은 동관 대신 왕궁 숙위를 맡은 위사좌평을 둔 것은 백제적 변용이라 하겠다.

6좌평의 성격을 이렇게 보았을 때 또 하나 정리해야 할 것은 병관좌평, 내법좌평, 내두좌평, 조정좌평의 업무와 외관外官 10부部 가운데 사군부, 사도부, 사공부, 사구부 업무와의 관계이다. 병관좌평의 업무는 군사 관련 업무를 담당한 사군부의 업무와, 내법좌평의 업무는 교육과 의례 업무를 맡은 사도부의 업무, 내두좌평의 업무는 토목·재정 업무를 맡은 사공부의 업무, 조정좌평의 업무는 형벌 업무를 담당한 사구부의 업무와 겹친다. 외관상으로 보면 동일한 업무를 6좌평도 하고 사군부~사구부의 4부도 하는 셈이 된다.

이 문제는 업무의 중복이라는 관점에서가 아니라 역할의 차이 면에서 살펴보는 것이 필요하다. 6좌평은 국무 전반을 통할한 반면에 사군부~사구부의 4부는 6좌평회의체에서 결정한 사항을 집행하는 역할을 하였다. 이렇게 보면 천관 총재에 해당하는 내신좌평은 6좌평 업무의 전체를 총괄하였고, 위사좌평을 제외한 나머지 네 좌평은 각각 그 직사에 따라 병관좌평은 사군부를, 내법좌평은 사도부를, 조정좌평은 사구부를, 내두좌평은 사공부를 통할하지 않았을까 한다. 이처럼 6좌평이 국무 전반을 관할하고 국정 운영의 핵심 업무를 감독하는 정치운영 체제를 '6좌평 중심 체제'라고 할 수 있다.[23]

6좌평이 정치운영을 좌지우지하게 됨에 따라 6좌평의 선출도 왕이 임의대로 하지 못하였다. 이를 보여 주는 것이 정사암政事嚴 고사에 "호암사에는 정사암이 있었는데 재상을 뽑을 때 마땅히 뽑아야 할 3~4명의 이름을 써서 함에 봉한 뒤 이 바위 위에 놓아두었다가 열어 보아 이름 위에 인적印跡이 있는 자를 재상으로 삼았다"고 한 사실이다.[24]

재상宰相은 6좌평을 말한다. 이 기사는 6좌평의 선출과 관련하여 몇 가지 사항을 보여 준다. 첫째, '마땅히 뽑아야 할 3~4명의 이름을 써서 함에 봉하였다'는 것이다. 이는 누구를 좌평으로 할 것인가가 사전에 조율된 것을 뜻한다. 둘째, '이름 위에 인적印跡이 있는 자를 재상으로 삼았다'는 것이다. 이는 일정한 의례 절차를 거침으로써 선출한 사항에 신성성을 부여하는 의미를 가진다. 셋째, 재상 선출의 장소가 호암사의 정사암이라는 신성한 장소였다.[25] 신성한 장소에서 일정한 의식 절차를 거쳐 결정된 사항들에는 권위와 신성성이 부여되어 함부로 바꿀 수 없다는 의미를 갖는다.

이처럼 6좌평은 왕의 직권에 의해 임명된 것이 아니라 귀족들의 합의에 의해 선거되었다. 따라서 국왕은 선출된 자를 추인하는 절차만 행하였다. 이로 말미암아 6좌평에 대한 왕권의 간섭은 제약되었다. 이는 이 시기의 정치운영이 실권귀족 중심으로 이루어졌음을, 역으로 왕권이 미약해졌음을 보여 주는 것이다. 고구려 후기에 힘 있는 귀족이 스스로 귀족회의의 의장인 대대로에 취임하였으므로 '왕의 서치署置를 거치지 않았다'[26]고 한 것이 이를 방증해 준다.

제2장 욱일승천하는 진흥왕

I. 비상위의 설치와 군사조직의 확대

1. 비상위와 중위제의 설치

관산성 대회전의 승리는 진흥왕에게 욱일승천할 수 있는 기회를 주었다. 이 기회를 이용하여 진흥왕은 강력한 왕권을 확립하고, 왕실을 신성화하여 신라를 반석 위에 올려놓았다. 이는 신라가 한 단계 더 도약하는 토대가 되었다. 그 도약이 바로 삼국통일이다.

여기서 먼저 정리해야 할 것은 국가에 공을 세운 자들에 대한 대우이다. 진흥왕대에는 어느 왕대 못지않게 중요한 일이 많았다. 섭정을 보좌한 보신들의 공로, 〈적성비〉가 보여 주는 단양 지역 점령 과정에서의 공로, 550년 도살성과 금현성을 차지하는 과정에서의 공로, 551년 친정 과정에서의 공로와 한강유역의 10군을 차지하는 과정에서의 공로, 554년 관산성 대회전의 승리, 568년 순수를 수행한 신료들의 공로 등등이 그것이다.

이러한 공로에 대해 진흥왕은 포상을 하였다. 특히 전공에 대한 포상은 군사들의 사기 진작과 일체감 형성을 위해 필수적이었다. 포상의 내용은 다양하지만 '작爵'과 '물物'이 핵심이었다.[27] 작이란 관등이나 관직을 말하고, 물이란 위신품이나 곡물 등을 말한다.

크든 작든 공을 세운 자들에게 관등을 높여줌에 따라 문제도 생겨났다. 이른바 관등 포화 상태가 된 것이다. 관등 포화 상태는 두 경우로 살펴볼 수 있다.

하나는 진골귀족의 경우이다. 17관등제에서 진골귀족이 올라갈 수 있는 최고 관등은 제1관등인 이벌찬(각간, 일벌간)이었다. 17관등제를 그대로 지키면 이벌찬으로 이미 올라간 고위귀족의 경우 아무리 큰 공로를 세워도 수여받을 수 있는 관등이 없었다. 그렇다고 이들의 공로에 대한 반대급부를 주지 않을 수 없다. 이 문제를 해결하기 위해 진흥왕은 비상위非常位를 설치하였다.

비상위는 17관등제에서 제1관등인 각간(일벌간)을 뛰어 넘는 관등에 붙여진 이름으로,[28] 큰 공을 세운 고위귀족들에게 예우 차원에서, 특별히 우대하는 차원에서[29] 수여하는 것이었다. 비상위는 적임자가 있으면 수여되었고, 없으면 수여되지 않았다. 비상위로서 제일 먼저 설치된 것이 대각간(대일벌간, 대서발한)이고 그 위의 비상위가 태대각간(태대일벌간)이다.

대각간의 설치 시기를 추정하는 단서가 되는 인물이 구진仇珍이다. 그는 551년(진흥왕 12) 고구려를 공격할 때 출동한 8장군의 한 사람이었는데 이때의 관등이 대각찬(대각간)이었다. 그는 561년(진흥왕 22)에 세워진 〈창녕비〉에 나오는 굴진지대일벌간屈珍智大一伐干과 동일 인물이다. 두 자료에 그의 관등은 대각찬(대각간: 대일벌간)이었다. 이는 대각간(대일벌간)이란 비상위가 빠르면 551년 이전에 늦어도 551년에서 561년 사이에 설치된 것을 보여 준다. 그렇다면 비상위는 진흥왕이 설치한 것이 된다.[30]

다른 하나는 두품頭品 귀족의 경우이다. 6두품~4두품에 속한 두품 귀족의 관등 포화 상태는 골품제의 운영 방식 때문에 생겨났다. 골품제라는 신분제는 신라 국가 운영의 기본 축이었다. 이 골품제 아래에서 6두품 출신자는 대아찬 이상으로, 5두품 출신자는 급찬 이상으로 올라갈 수 없었다. 신분에 따라 승진할 수 있는 관등에 상한선이 정해져 있었던 것이다.

관등 승진의 상한제로 아찬의 관등을 가진 6두품 귀족은 정치적, 군사적으로 큰 공을 세웠어도 포상으로 받을 수 있는 관등이 없었다. 대아찬으로 올라갈 수 없었기 때문이다. 대나마의 관등을 가진 5두품 귀족도 아무리 큰 공을 세워도 더 이상 올라갈 수 있는 관등이 없었다. 급찬으로 올라갈 수 없었기 때문이다. 이로 말미암아 6두품 출신자들이 올라갈 수 있는 최고 관등인 아찬과 5두품 출신자들이 올라갈 수 있는 최고 관등인 대나마는 포화 상태가 될 수밖에 없었다. 이 문제를 해결하기 위해 설치된 것이 중위제重位制이다.

중위는 17관등 가운데 몇몇 관등에만 별도로 설치한 것이다. 방법은 6두품의 아찬과 5두품의 대나마를 분화·격상시키는 것이었다.[31] 처음에는 아찬 위에 중아찬을, 대나마 위에 중대나마를 두었을 것이다. 그러다가 수요가 점차 늘어남에 따라 아찬에는 3중아찬, 4중아찬이 더 설치되고 대나마에는 3중대나마, 4중대나마 등이 더 설치되었다. 이 과정에서 나마에도 중나마 등이 설치되기 시작하였다. 그 결과 통일 이후에는 대나마는 9중대나마까지로, 나마는 7중나마까지로 정리되었다.

현재의 자료에 따르면 중위제 관등은 통일 이후의 자료에만 보인다. 그래서 중위제는 통일 이후에 실시된 것으로 보기도 한다. 그러나 대일벌간이 《삼국사기》 기록보다 100여 년 전인 진흥왕대에 설치된 사실에서 미루어 중위제도 진흥왕대에 만들어진 것으로 보는 것이 타당하다.[32]

중위는 두품 귀족에게는 넓은 의미에서는 비상위의 성격을 갖는다. 다만 적용 대상이 중위는 두품 귀족이, 비상위는 진골 귀족이라는 것이 차이가 날 뿐이다. 진흥왕이 비상위를 설치하여 운영함으로써 진골 귀족들에 대한 포상에 좀 더 융통성을 가질 수 있게 되었다. 중위제를 설치하여 운영함으로써 두품 귀족들에게도 관등 승진의 길이 열리게 되었다. 이렇게 보면 비상위와 중위제는 진흥왕이 진골 귀족과 두품 귀족들을 통합하는 구심축의 역할을 하였다고 할 수 있다.

2. 군사조직의 정비와 내정 기구의 확대

관산성 대회전 승리 이후 진흥왕은 군사조직을 정비하였다. 고구려와 백제의 위협에 효율적으로 대처하고 또 정복 지역에 대한 지배를 안정적으로 하기 위해서였다. 군사조직의 정비 방향은 주정州停을 증치하는 것이었다. 주정은 지방에 배치한 군부대이다.

진흥왕은 13년(552)에 한성을 차지한 뒤 신주를 설치하고 신주정을, 16년(555)에는 창녕에 비사벌주를 설치하고 하주정을, 17년에는 안변에 비열홀주를 설치하고 비열홀정을 두었다.[33] 18년에는 상주上州를 감문주甘文州로 바꾸고 감문정을 두었다. 신주정, 하주정, 비열홀정, 감문정은 진흥왕 5년(544)에 왕도에 설치된 대당과 더불어 신라의 핵심 군단이 되었다.[34] 이로써 신라의 국방력은 훨씬 강화되었다.

군사조직의 정비와 더불어 진흥왕은 신무기도 개발하여 사용하였다. 나마 신득身得이 19년(558)에 제작한 포노(砲弩: 돌쇠뇌)를 성위에 설치한 것이[35] 그 예가 된다. 포노라는 새로운 무기는 이후의 전투에서 크게 위력을 발휘하였다. 태종무열왕 8년(661)에 고구려군의 포차(抛車: 돌을 던지기 위해 만든 수레) 공격을 포노로 방어하였다는 것이[36] 이를 알려 준다.

한편 진흥왕은 왕실의 위엄이 드높아져 왕실과 관련한 업무가 많아지자 이를 효율적으로 처리하기 위해 내정 기구를 만들었다. 이는 정치운영에서 왕실의 기능이 그만큼 강화된 것을 의미한다. 내정 기구의 존재를 추론하는 단서가 되는 것이 〈마운령비〉와 〈황초령비〉에 나오는 '이내객裏內客'과 '이내종인裏內從人'이다. 이내객은 이내裏

內+객客이고, 이내종인은 이내裏內+종인從人이다. '이내'는 '대궐 안'을 의미하므로 이내는 내정 기구라고 할 수 있다.[37] 이 이내는 진평왕대에 내성內省으로 개칭되었다.

'이내'에는 여러 관직이 설치되었다. 이를 보여 주는 것이 진흥왕이 세운 순수비이다. 순수비에 나오는 내정과 관련한 관직을 정리하면 다음과 같다.

집가인執駕人: 명칭에서 미루어 국왕의 행차에 필요한 가마와 수레를 관장한 임무를 맡았다. 이 관직은 북주와 수의 승황거부乘黃車府와 동일한 기능을 하지 않았을까 한다.

약인駋人: 명칭에서 미루어 국왕 거마의 시중을 맡은 것으로 보인다. 이 약인은 후대의 버성 예하의 공봉승사供奉乘師의 전신으로 생각된다.

유인卣人: 명칭에서 미루어 왕실 소속의 복사卜師의 역할을 한 것으로 보이며, 후일 버성 예하의 공봉복사供奉卜師의 전신으로 생각된다.

약사藥師: 명칭에서 미루어 국왕의 어의御醫의 기능을 하였으며 후일 버성 예하의 공봉의사供奉醫師의 전신으로 생각된다.

나말통전奈夫通典: 국왕 근시 관청임은 분명하나 그 기능을 알 수 없다.

급벌참전及伐斬典: 국왕 근시 관청임은 분명하나 그 기능을 알 수 없다.

Ⅱ. 왕권의 신성화와 호국 불교의 강조

1. 불교 치국책의 추진과 황룡사

신라에서 불교는 법흥왕대에 이차돈의 순교라는 희생을 치르고서야 공인되었다. 불교 공인 이후 최초로 지어진 절이 흥륜사이다. 흥륜사에 모신 부처는 미륵불이었다. 그래서 진지왕(576-579)대에 흥륜사 승려 진자사는 당주堂主 미륵불 앞에서 미륵이 화랑으로 화신해 줄 것을 기도드렸다.[38] 이후 선덕왕~문무왕대까지 활동한 김양도는 흥륜사에 오당주吳堂主로서 미타불을 모셨다.[39]

미륵은 인도의 파라문 출신이다. 이 시기 신라 귀족들은 자신들을 파라문 출신의 미륵과 비슷하다고 생각하여 미륵불을 신앙하였다.[40] 이처럼 미륵불은 귀족세력과 관련이 깊었다.[41] 따라서 미륵불을 모신 흥륜사는 귀족적인 성격이 강한 사찰이라고 할 수 있다. 흥륜사의 위상은 진흥왕의 섭정기에도 여전하였다. 그래서 진흥왕은 10년(549)에 각덕이 불사리를 가지고 귀국하자 흥륜사 앞길에서 불사리를 맞이하였다.

그러나 이후 흥륜사의 위상에 변화가 생겼다. 진흥왕이 12년(551)에 친정을 하면서 보신 중심의 정치에서 벗어나 왕권 강화와 왕실의 신성화를 위한 정치를 펼쳐 나갔기 때문이다. 이때 진흥왕의 왕권 중심의 불교 치국책 추진에 중심축 역할을 한 사찰이 황룡사였다.

황룡사 창건은 진흥왕이 14년(553)에 월성 동쪽에 신궁新宮을 창건하는 계획과 연동되어 있다. 진흥왕은 처음 신궁을 지을 때 이 신궁을 자궁紫宮이라 하였다.[42] 자궁(자미궁)은 제왕의 거소를 가리

사진 2 경주 황룡사지 전경(국립경주문화재연구소)

키는 말이다. 자궁을 조영한다는 것은 태극전을 조영한다는 의미를 갖는다.[43] 그러나 신궁을 건축하는 과정에서 황룡이 나타나자 궁궐 대신 불사를 지었다. 이 사찰이 황룡사이다.[44] 제왕의 거소를 절로 만들었다는 것은 황룡사의 위상을 단적으로 말해 준다. 따라서 황룡사 창건 목적은 왕권 강화에 있었다고 할 수 있다.[45]

황룡사지 발굴조사에 따르면 황룡사지는 세 구역으로 나누어졌다. 이는 황룡사가 처음부터 1탑-3금당의 가람구조로 계획되었음을 보여준다. 이 계획에 따라 진흥왕은 중앙 구역에 금당-탑을 완공하였다. 이것이 창건 가람이다.[46] 창건 가람이 세워진 것은 진흥왕 27년(566)이었다. 무려 13년의 세월이 걸린 대역사였다.

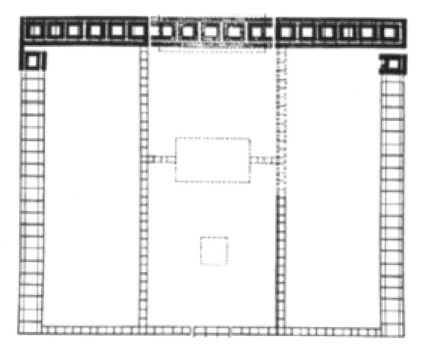

사진 3 경주 황룡사지 창건 가람 평면도(진흥왕대, 황룡사지 발굴조사보고서 I)

황룡사 건립 이전 신라에서는 1탑-3금당의 가람구조는 없었다. 반면에 고구려에서는 1탑-3금당의 가람구조가 유행하였다. 394년을 상한으로 편년되는 황해도 봉산군 토성리의 토성리사지, 5세기 초에 만들어진 것으로 추정되는 평양의 정릉사지, 연대가 불분명한 평양의 상오리사지, 498년에 세워진 금강사지로 알려진 청암리사지 등이 모두 1탑-3금당의 가람구조였다.[47]

이로 미루어 황룡사의 1탑-3금당식 가람구조는 고구려의 영향을 받은 것으로 보인다. 이때 주목되는 인물이 혜량이다. 혜량은 고구려 불교계에서도 위상이 높았던 승려였다. 551년 혜량이 거칠부를 따라 망명해 오자 진흥왕은 그를 국통(國統, 寺主)으로 삼는 등 극진한 대우를 하였다. 이에 혜량은 진흥왕의 뜻을 받들어 황룡사의 성격과 구조와 운영에 대해 많은 조언을 하였을 것이다. 그 조언에 따라 진흥왕은 1탑-3금당의 가람구조를 계획하고 먼저 중금당을 지었을 것이다. 이후 황룡사에서는 백좌강회가 열리고, 전몰장병들의 명복을 비는 팔관회가 열렸다. 이처럼 황룡사는 불교 치국책을 추진하는 중심 사찰의 역할을 하였던 것이다.

2. 전륜성왕의 표방과 장육존상 주성

진흥왕의 왕권 강화와 왕실의 신성화 작업은 전륜성왕의 강조로도 나타났다. 불교에서 전륜성왕은 보륜을 돌리면서 정법으로 나라를 다스리는 이상적인 군주를 말한다. 전륜성왕이 돌리는 보륜은 위덕威德에 따라 금륜, 은륜, 동륜, 철륜의 4종으로 나누어진다. 금륜왕은 수미 4주洲를, 은륜왕은 동·서·남의 3주를, 동륜왕은 동·남의 2주를, 철륜왕은 남섬부주 1주를 통치한다고 한다.

역사상에서 전륜성왕을 상징하는 인물이 아육왕(阿育王, 아쇼카왕: 기원전 268-232)이다. 아육왕은 불교 나라인 인도를 최초로 통일한 정복군주로서 불교를 깊이 신봉하고 정법으로 나라를 다스려 이상적인 제왕인 전륜성왕으로 추앙되었다. 전륜성왕 의식은 중국에도 전래되어 양 무제도 전륜성왕을 칭하였다. 백제 성왕도 전륜성왕을 일컬었다.

진흥왕이 전륜성왕을 칭하였음은 다음의 두 사례에서 살펴볼 수 있다. 하나는 진흥왕이 맏아들 이름은 동륜銅輪으로, 둘째 아들은 사륜(舍輪: 鐵輪)으로 지었다는 사실이다.[48] 진지왕의 다른 이름인 금륜金輪의**49** '금'도 훈이 '쇠'이므로 '사'와 상통하여**50** 사륜과 같은 것이다.**51** 그렇다면 진흥왕은 금륜왕이라 할 수 있다.**52** 금륜, 동륜, 사륜은 진흥왕이 스스로 전륜성왕을 칭했음을 시사한다.

다른 하나는 진흥왕이 장육존상丈六尊像을 주성鑄成한 사실이다. 불교에서 장육은 석가모니의 신장身長을 말한다. 따라서 장육불은 석가불이다. 석가장육상은 아육왕이 만들어 널리 전하였기 때문에 아육왕상으로 불렸다. 진흥왕은 35년(574)에 장육상丈六像을 주성하여 황룡사에 안치하였다.**53** 장육상의 주성은 진흥왕이 전륜성왕을 칭한 것과 떼어 놓을 수 없다.

진흥왕이 장육상을 만들게 된 데는 양나라에 유학을 갔다가 549년(진흥왕 10)에 귀국한 각덕覺德의 영향이 주목된다. 각덕은 양나라에서 장육상 조성이 유행하는 것을 보았고 또 장육상 조성이 가지는 의미를 알았다. 귀국한 뒤 불사리를 바친 각덕은 불교와 관련하여 진흥왕에게 많은 자문을 하였을 것이다. 이 과정에서 각덕은 장육상 조성을 건의하지 않았을까 한다.

장육불을 주성하면서 진흥왕은 왕권의 위엄을 드높였다. 이를 보여 주는 것이 두 가지이다. 하나는 장육상 조성 연기 설화이다. 이 설화에 따르면 장육석가삼존상을 조성하려다가 실패한 아육왕은 1불 2보살상의 모습을 그린 그림과 황금, 동철 등을 배에 실어 보내면서 인연이 있는 나라에 가서 주성되기를 기원하였다. 이 배가 신라에 도착하였다. 진흥왕은 아육왕이 보낸 황금과 동철로 한 번에 장육상을 만들어 황룡사에 안치하였다.**54** 아육왕이 만들려고 해도 못 만든 장육상을 진흥왕은 한 번에 만들었다는 것이다. 이는 진흥왕 스스로가 아육왕보다 뛰어난 군주임을 과시한 것이다.

다른 하나는 황룡사 주불의 교체이다. 황룡사 중금당이 완공된 해는 566년이고, 장육존상이 안치된 해는 574년이다. 절이 완공되고 불상이 안치되기까지 8년의 세월이 흘렀다. 이 8년 동안 황룡사에 모신 불상과 관련하여 몇 가지 견해가 있다. 하나는 장육상을 조성하기 이전에는 본존불을 만들지 않았다고 보는 견해이다.[55] 그러나 절을 짓고서 본존불을 모시지 않았다는 것은 납득하기 어렵다. 다른 하나는 아육왕이 그려 보낸 석가삼존상을 8년 동안 모셨다고 보는 견해이다.[56] 그러나 아육왕 삼존상은 처음에는 울산의 동축사東竺寺에 모셔졌는데 장육상이 주성된 뒤에 황룡사에 이안移安하였다.[57] 따라서 아육왕 삼존상은 창건된 황룡사에 모신 불상이 될 수 없다.

황룡사의 '용龍'은 우리말로 '미르'이다. '미르'는 '미륵'과 통한다. 또 신라 최초의 사찰인 흥륜사에 모신 주불은 미륵불이었다. 이러한 점들을 고려하면 초창기 황룡사의 주불은 미륵불로 볼 수 있다.[58] 진흥왕은 친정 초기에 귀족세력과의 타협의 일환으로 황룡사에 미륵불을 모신 것 같다.

그 후 진흥왕은 574년에 장육존상, 즉 석가불을 주성하여 황룡사에 모셨다. 이로써 황룡사의 주불은 미륵불에서 석가불로 바뀌었다. 석가불은 왕권을 상징하는 부처이고 미륵불은 귀족세력을 대변하는 부처라고 한다. 귀족세력을 대변하는 미륵불을 왕권을 상징하는 석가불로 대체한 것은 왕권이 귀족세력들을 일정하게 장악하였음을 보여 준다. 이리하여 황룡사를 중심으로 하는 불교 치국책 추진이 본궤도에 오르게 되었다.

장육존상의 무게는 3만 5천 7근이고, 들어간 황금의 양은 1만 1

백 98분이며, 두 보살상에 들어간 철은 1만 2천근이고 황금은 1만 1백 36분이었다.[59] 장육존상은 1장 6척(16척)의 입상이다. 장육상은 중국 남조 척 1척=25cm로 계산하면 높이 4m 정도 되고, 고구려척 1척=35cm로 계산하면 5.6m 정도 되는 거대한 불상이었다.

황룡사지 발굴 결과 동금당지 내부에서 잔존 길이 9.5cm의 소조塑造 손가락이 출토되었다. 손가락의 길이에서 미루어 본 불상은 높이 4m 이상이 되는 장육불상으로 보인다. 그렇다면 중금당에는 금동장육존상이, 동금당에는 소조장육존상이, 서금당에는 동축사에서 옮겨온 아육왕 삼존상이 모셔지지 않았을까 한다.

그러나 황룡사와 여기에 모신 장육상은 몽고 병란 때 모두 불타 버리고 말았다. 지금은 거대한 대석 위에 불상의 두 발을 끼웠던 부분과 광배를 꽂았던 자리가 남아 있을 뿐이다. 《삼국유사》 찬자인 일연 스님은 "서산 병화로 탑과 장육과 절의 건물이 모두 불탔다(西山兵火 寺塔丈六殿宇皆災)"고 안타까워 하였다.

3. 호국 불교의 강조

황룡사를 창건하고 장육상을 만들어 왕권을 신성화한 진흥왕은 불교의 호국적 성격도 강조하였다. 호국 불교는 불교가 왕실과 국가를 지켜 주고 보호해 주는 역할을 한다는 의식에서 나온 것이다. 호국 불교의 강조를 통해 진흥왕은 민들로 하여금 불교 신자가 부처님을 받들듯이 왕실에 충성하도록 유도하였다. 진흥왕의 호국 불교 강조는 백좌강회百座講會와 팔관연회八關筵會를 통해 살펴볼 수 있다.

백좌강회는 백고좌법회, 인왕경도량, 인왕백좌도량 등으로도 불렸는데 외우내란을 방지하고 국가를 평안하게 하기 위해 개최된 불교의식이었다. 이 법회에서는 100개의 불상, 100개의 보살상, 100개의 사자좌師子座를 마련하고 100명의 법사를 초청하여 호국경인 《인왕경》을 강독하였다.[60] 《인왕경》 호국품에는 "국토가 어지러워지고, 여러 재난이 일어나고, 외적이 침입하였을 때 도량(道場)을 장엄히 한 뒤 백 개의 불상, 백 개의 보살상, 백 개의 나한상을 모시고 백 명의 비구승을 청해서 《인왕경》을 들으면 각종 재난이 사라질 것이다"라고 하였다. 이리하여 재래 무속신앙이 소도로, 유교가 종묘로 대변된다면 백좌강회는 불교의 호국적 성격을 나타내 주는 행사가 되었다.[61]

진흥왕은 33년(572)에 백좌강회를 열었다. 이는 신라에서 최초로 열린 백좌법회이다. 법회가 열린 곳에 대해 언급은 없지만 함께 개최된 팔관연회가 외사外寺에서 열린 사실에서 미루어 백좌강회도 외사에서 열린 것으로 볼 수 있다. 이 외사는 황룡사를 말한다. 법회의 주관은 초대 황룡사 사주인 혜량이 맡았다.[62] 혜량은 망명해 오기 이전 반야사상에도 깊은 조예가 있었기 때문에 이를 주관하였던 것이다. 진흥왕은 혜량의 건의를 받아들여 황룡사에서 백좌강회를 연 것으로 보인다.

팔관연회는 재가신도가 하룻밤 하룻낮 동안 불교의 8가지의 계율을 지키는 법회이다. 진흥왕은 33년(572)에 외사(황룡사)에서 팔관연회를 열었다. 팔관연회가 열린 것은 이것이 처음이다. 이 팔관연회에서 진흥왕은 전사한 사졸들의 명복을 빌었다.[63]

사졸의 명복을 비는 것은 팔관연회의 본래 목적이 아니다. 그럼에도 사졸의 명복을 빈 것은 신라식 변용으로서 민들로 하여금 호국을 위한 전쟁에 기꺼이 나갈 수 있도록 하기 위함이었다. 이 또한 이 시기 불교의 호국적 성격을 보여 주는 것이다.

Ⅲ. 사방군주의 설치와 순수, 그리고 외왕내제

1. 사방척경과 사방군주의 설치

진흥왕은 친정을 하면서 본격적으로 영토 확장에 나섰다. 이 척경 사업은 백제 지역으로의 진출, 고구려 지역으로의 진출, 가야 지역으로의 진출 등 세 방면으로 전개되었다. 백제 지역으로의 진출을 보여 주는 것이 앞에서 언급한 한강유역의 점령이다. 그 결과 진흥왕은 한강유역을 비롯한 경기도 일대를 모두 장악하였다.

가야 지역으로의 진출은 법흥왕이 19년(532)에 금관가야를 멸망시키면서부터 시작되었다. 이후 진흥왕은 16년(555)에 완산주를 비사벌에 설치하였다.[64] 주의 치소[州治]는 창녕이다. 이는 비화가야가 자리를 잡고 있던 창녕 지역이 555년 이전에 신라의 영토가 되었음을 말해 준다. 561년 진흥왕은 굴진지 대일벌간을 비롯한 중앙의 고위관료와 사방군주 등을 창녕에 불러 모았다. 이를 기념하여 세운 비가 〈창녕비〉이다. 이듬해인 562년 9월 진흥왕은 이사부로 하여금 대가야를 공격하여 멸망시켰다. 이때 화랑 사다함이 선봉이 되어 공로를 세웠다.[65] 대가야의 멸망으로 나머지 가야 지역도 완전히 신라의 영역으로 편입되었다.

진흥왕의 고구려 지역 진출은 동해안 방면에서 이루어졌다. 그 토대가 된 것이 17년(556)에 설치한 비열홀주이다.[66] 주치州治는 비열홀(안변)이다. 이후 진흥왕은 더 북진하여 함경남도 지역까지를 영역으로 확보하였다. 568년에 세워진 〈황초령비〉와 〈마운령비〉가 그 증좌이다. 《삼국사기》에는 동해안 북변의 경계는 안변까지만 나온다. 두 순수비가 없었다면 신라가 원산을 넘어 황초령, 마운령 지역까지를 영역으로 편입하였음을 알 수 없게 되었을 것이다.

진흥왕의 함경남도 지역 점령에 대해 고구려가 551년 한강유역을 상실한 뒤 백제의 2차 공격에서 벗어나기 위해 신라와 밀약을 맺으면서 할양한 것으로 보는 견해도 있다.[67] 그러나 군사적 위기를 일시적으로 피하기 위해 영토를 다른 나라에 떼어 주었다고 하는 영토 할양설은 받아들이기 어렵다. 영토란 쉽게 할양해 주는 것이 아니기 때문이다.[68] 따라서 진흥왕의 함경남도 지역 진출은 신라의 군사력과 이 당시 고구려의 내부 상황과 연계하여 살펴보는 것이 필요하다.

진흥왕대의 군사력은 551년 한강 상류지역 진출과 554년 관산성 대회전의 승리에서 이미 확인되었다. 이와 달리 이 시기 고구려군은 554년(양원왕 10) 10월에 백제의 웅천성을 공격하였다가 패배한 것에서[69] 보듯이 허약함을 드러내 보였다. 여기에 더하여 555년 10월에는 호랑이가 왕성에 뛰어들고, 11월에는 낮에 금성이 나타나는 불길한 징후도 일어났다.[70] 557년 10월에는 환도성의 간干, 즉 환도성을 지키는 책임자인 주리朱理가 반란을 일으켰다가 복주되는 사건도 벌어졌다.[71]

진흥왕은 고구려 내부의 이런 상황을 파악한 뒤 동해안 방면으로 북진하였다. 고구려의 의표를 찌른 작전이었다. 이 작전은 성공하여 진흥왕은 함경남도 지역까지를 영역으로 확보하게 되었다.

이렇게 영역을 크게 넓힌 진흥왕은 백제 권역이었던 한강 하류지역에는 신주를, 고구려 권역이었던 한강 상류와 동해안 일대에는 비열홀주를, 기왕에 점령한 가야 권역에는 하주를 설치하고 원신라 지역에 설치된 상주와 합하여 4주로 편제하였다. 상주의 주치는 감문(김천시 개령면)이고, 하주의 주치는 비자벌(창녕)이고, 신주의 주치는 한성(서울)이고, 비열홀주의 주치는 비리성(안변)이다. 〈창녕비〉에는 이 네 주에 파견한 비자벌군주, 한성군주, 비리성군주, 감문군주를 사방군주四方軍主라 하였다.

사방은 천하사방의 뜻으로 온 천하를 말한다. 사방 관념은 지증왕이 국호 신라에 "덕업일신 망라사방德業日新網羅四方"의 의미를 부여한 것에서 비롯되었다. 이러한 사방 의식에서 진흥왕의 천하관이 형성되었다. 〈황초령비〉와 〈마운령비〉에 "사방으로 국경을 넓혀 널리 백성과 영토를 얻었다(四方託境 廣獲民土)"고 기록한 것은 진흥왕이 사방 의식에 입각하여 영토를 확장한 것을 알려 준다.

진흥왕이 원신라 지역에 1개 주, 고구려 지역에 1개 주, 백제 지역에 1개 주, 가야 지역에 1개 주를 설치한 사방 관념은 통일 이후 신라가 원신라 지역에 3개 주, 백제 고지에 3개 주, 고구려 고지에 3개 주를 설치하여 구주九州로 편제한 '구주 의식'과 맥락을 같이 한다. 이렇게 보면 진흥왕의 사방 관념은 '일통 의식一統意識'의 발현이며, 7세기에 이루어진 일통삼한一統三韓 의식의 토대가 되었다고 할 수 있다.[72]

2. 순수와 봉선제

사방으로 영토를 확장한 진흥왕은 새로이 영역으로 편입된 지역의 민들을 살펴보기 위해 순수(巡狩: 巡幸)를 하였다. 《예기》에 따르면 천자는 5년에 한 번 순수를 하는데 왕경을 떠나 천하를 돌아다니며 천지산천에 제사하고, 제후를 모아 정치와 민심의 동향을 살피고 예악의 제도를 바로잡는 통치 행위를 하였다.[73] 그 목적은 제후가 일국의 위복威福을 오로지 하여 상명上命을 막아 은택이 백성에게로 흐르지 않을 것을 염려하여 순행하면서 백성들의 질고를 파악하는 데 있었다.[74]

진시황秦始皇은 각 지방을 순수하면서 산천에 제사한 뒤 각석刻石을 세워 진나라의 덕을 찬양하였다.[75] 한 무제는 원봉元封 원년(110)에 박博, 봉고奉高, 사구蛇丘 등 지역을 순행하여 민전의 조租와 내지 않은 부세를 면제해 주고, 70세 이상의 고과(孤寡: 환과고독)들에게 일인당 비단 두 필씩을 내려 주는 은혜를 베풀었다.[76] 북위의 태조 도무제도 등국登國 3년(388)에 동으로 순수하였다[東巡].[77]

진흥왕도 즉위 후 순수를 하고 순수비를 세웠다. 최초의 순수는 551년의 낭성 순수이다. 이후 한강유역과 함경남도 지역을 영역으로 확보한 뒤 이 지역에도 순수를 하였다. 한강유역의 순수를 보여 주는 것이 〈북한산비〉이고, 함경남도 지역의 순수를 보여 주는 것이 〈황초령비〉와 〈마운령비〉이다. 비의 첫머리에 나오는 '순수관경巡狩管境'은 이 비가 순수비임을 단적으로 말해 준다. 삼국시대에 국왕이 순수하여 순수비를 남긴 것은 현재로서는 진흥왕이 유일하다. 고구려 광개토대왕도 순수를 하였지만[78] 순수비는 확인되고 있지 않다.

진흥왕은 북한산을 순행하면서 지나가는 군현에는 세금을 감면해 주고, 죄수를 풀어 주는 등의 은전을 베풀었다.[79] 국가에 충성하면 그에 합당한 포상을 하겠다고 약속하였다. 이를 통해 진흥왕은 왕의 권위를 과시하고 지방의 민심을 다독였던 것이다.

진흥왕의 순수비는 모두 사방을 조망할 수 있는 곳에 세워졌다. 이 가운데 특히 주목되는 것이 〈북한산비〉이다. 북한산 최고봉의 해발 고도는 837m이고, 비가 세워진 비봉의 해발 고도는 556m인데 꼭대기는 암반으로 이루어져 있다. 비봉에 오르면 사방이 조망된다.

비는 일반적으로 그 내용을 여러 사람들에게 알리기 위해 세운다. 왕의 덕화를 널리 알리려면 많은 사람들이 쉽게 접근하여 볼 수 있는 곳에 세워야 한다. 그러나 〈북한산비〉는 아무나 쉽게 접근할 수 없는 높고 험한 곳에 세워졌다. 그 배경과 관련하여 주목되는 것이 '봉선제封禪祭'이다.

봉선은 중국 고대에 제왕이 하늘로부터 천명을 받았음을 보이기 위해 드리는 제사이다. '봉封'은 태산泰山 위에 흙을 쌓아 단을 만들어 하늘의 공로에 보답하는 제사를, '선禪'은 태산 아래 소산小山 위에 흙을 파서 땅의 은혜에 보답하는 제사를 말한다.[80] 봉과 선을 합한 것이 봉선제이다. 그래서 진시황은 태산에 올라 하늘에 제사를 드리고 시황제의 덕을 칭송하는 글을 돌에 새겼다.[81] 한 무제도 순수를 한 뒤 태산에 올라 천지에 봉선제를 드렸다.

그런데 〈북한산비〉 III행에는 "…지소용고사서△△△△△(…之所用高祀西△△△△△)"라는 귀절이 나온다. 이 귀절에서 사서祀西 다음의 글자는 마모가 심하여 분명히 판독하기 어렵지만 윗부분의 획이 '산

山'이므로 '악嶽'자일 가능성이 크다. 그러면 이 구절은 '사서악祀西嶽'이 된다. 사서악은 '서악에 제사를 드렸다'는 뜻이다.

서악은 산천제사에 규정된 오악의 하나로서 국가에서 제사를 드리는 산이다. 〈북한산비〉의 이 구절은 진흥왕이 한강유역을 차지한 뒤 북한산을 서악으로 지정하고 이곳을 순수하여 천지와 산천에 제사를 드린 사실을 말해 준다. 그렇다면 비봉에서 드린 제사는 봉선제라 할 수 있다.[82] 봉선제를 통해 진흥왕은 왕실의 덕화를 널리 알리고, 새로이 확보한 한강유역의 민들에게 왕화王化가 두루 미치도록 하겠다는 다짐을 하였을 것이다.

〈북한산비〉 원비는 현재 국립중앙박물관에 옮겨져 보존되고 있다. 풍상으로부터 비를 보호하기 위해서였다. 문화재청은 원비가 있던 자리에 표지석을 세워 두었다. 그러나 세월이 지나면서 이 표지석을 〈북한산비〉로 오인하는 일이 종종 벌어졌다. 이에 문화재청은 역사 교육 차원에서 원비와 똑같은 복제비를 만들어 현장에 세우기로 하였다. 저자도 참여한 자문회의에서 복제비는 가능하면 원비와 같은 재질의 돌을 사용하기로 하고 암석 분석을 의뢰하였다.

저자는 평소에 비봉 지역에 바위가 많은 것을 보고 〈북한산비〉는 당연히 이 지역의 돌을 이용하여 세웠을 것으로 생각하였다. 그런데 암석에 대한 분석 결과를 보니 〈북한산비〉는 북한산 지역에서 생산되는 돌이 아니었다.[83] 가장 가까운 성질의 돌은 경주 지역 돌이라고 한다. 이 결과는 저자를 깜짝 놀라게 하였다. 경주 지역 돌이라면 진흥왕이 비봉에 세울 비석 돌을 미리 경주에서 마련하여 북한산 비봉까지 운반해 간 것으로 되기 때문이다. 그렇다면 〈마운령비〉와 〈황초령비〉는 물론 〈창녕비〉도 비의 재질을 분석하여 원산지를 밝혀야 할 것이다. 이 일이 있은 뒤 저자는 한국고대사의 사건들을 해석할 때 오늘날의 상식으로 해석하면 사실을 왜곡할 가능성이 크다는 것을 깨달았다.

진흥왕이 굳이 경주 돌을 북한산까지 가지고 간 배경은 진흥왕의 세계관과 연관시켜 살펴볼 수밖에 없다. 진흥왕은 유교사상을 치국의 대요로 삼았지만, 독실한 불교신자로서 스스로를 전륜성왕에 비겼으며, 신라 왕경을 불국토의 중심지로 생각하였다. 순수를 할 때 승려를 대동하였다. 이로 미루어 진흥왕은 비봉에 올라 천지와 산천에 제사를 드린 뒤 불국토의 중심지인 왕경의 돌로 비를 세워 신라 왕도가 천하의 중심이고 자신이 천하의 주인임을 상징적으로 보여주려 한 것이 아닐까 한다.

3. 외왕내제 표방

진흥왕은 즉위 초인 섭정기에는 선대왕인 법흥왕이 세운 '건원' 연호를 그대로 사용하였다. 이후 진흥왕은 12년(551)에 친정을 하면서 연호를 '개국'으로 고쳤다. 새 나라를 열겠다는 의지의 표명이다. 그리고 29년(568)에는 대창大昌으로, 33년(572)에는 홍제鴻濟로 고쳤다. 대창에는 '크게 번창하는 것'을 염원하는 의미가, 홍제에는 '널리 구제하는 것'을 염원하는 의미가 들어 있다.

유교적 예제에 따르면 연호는 황제만이 세울 수 있었다. 신라는 중국과의 관계에서는 황제국이 아니었다. 그럼에도 법흥왕과 진흥왕은 독자적인 연호를 사용하였다. 연호 사용은 이후에도 이어져 진평왕은 건복建福을, 선덕왕은 인평仁平을, 진덕왕은 태화太和 연호를 세웠다. 진흥왕이 독자적인 연호를 사용하고 세 차례에 걸쳐 개원改元한 의미는 〈북한산비〉〈황초령비〉〈마운령비〉에서 살펴볼 수 있다.

이 세 순수비에서 먼저 주목되는 것이 '짐朕'이다. '짐'은 황제만이 사용할 수 있는 황제 자칭호이다. "태조로부터 왕통을 이어받았을 뿐만 아니라 제왕으로서 하늘의 은혜를 입었다"고 한 구절은 진흥왕 자신이 천명을 받은 존재임을 드러낸 것이다. "건도乾道를 어길까 두렵다"고 한 것은 천명을 받아 왕도사상王道思想을 구현하는 제왕으로서의 위상을 보여 준다. "자신을 닦아서 백성을 편안하게 한다"는 구절은 《논어》 헌문편에 나오는데 역시 제왕의 덕화를 표현한 것이다. '무육신고여서撫育新古黎庶'는 진흥왕이 원신라민(古黎庶)은 물론 새로이 신라에 편입된 지역의 민들(新黎庶)도 모두 무육撫育하는 존재로서의 위상을 드러내 준다. '대왕' 칭호는 국왕의 격을 높인 칭호이다.

순수비에 보이는 '대왕' 칭호와 황제에게만 사용할 수 있는 '짐', '건도', '태조' 등의 표현들은 진흥왕이 비록 중국에 대해서는 외교적인 측면에서 제후적인 입장을 취하였지만 국내에서는 황제와 같은 존재로 군림하였음을 시사해 준다. 이를 '외왕내제外王內帝'라고 한다. 진흥왕은 법흥왕을 본받아 외왕내제를 표방하였던 것이다.

진흥왕이 외왕내제를 표방한 시기를 추정하는 단서가 되는 것이 561년에 세워진 〈창녕비〉와 568년에 세워진 〈마운령비〉와 〈황초령비〉이다. 〈창녕비〉에는 제후가 칭하는 겸칭어謙稱語인 '과인寡人'이란 표현이 나오고, 연호 대신 '신사辛巳'라는 간지가 사용되고, '대왕' 칭호가 보이지 않는다. 반면에 〈황초령비〉와 〈마운령비〉에는 '짐'과 '태조'라는 표현이 나오고, '대창'이라는 연호가 사용되며, '대왕'이라는 칭호가 보인다. 이로 미루어 외왕내제를 표방한 시기는 561년에서 568년 사이라고 할 수 있다. 진흥왕은 562년에 대가야를 멸망시키고 뒤이어 함경남도 지역까지를 차지한 다음 자신의 위상을 드높이기 위해 외왕내제를 표방하지 않았을까 한다.

Ⅳ. 한강유역의 경영

1. 신주의 경영

554년 관산성 대회전의 승리로 진흥왕은 한강 하류지역은 물론 경기도 일대까지를 완전히 차지하였다. 이후 진흥왕은 한강유역 경영에 착수하였다. 한강유역은 크게 상류와 하류 그리고 해안 지대로 나누어진다. 따라서 진흥왕의 한강유역 경영도 하류지역의 경영, 상류지역의 경영, 해상 교두보[海門]의 경영으로 나누어 볼 수 있다.

한강 하류지역의 경영은 신주를 중심으로 이루어졌다. 신주는 553년 7월에 설치되었다. 치소는 한성이었다. 지정학적으로 신주는 백제와 고구려 모두와 접경하고 있어 양국으로부터 공격을 받을 수 있는 곳이면서 동시에 백제와 고구려 모두를 견제할 수 있는 군사적 요충지였다. 신주는 물산이 풍부한 곳이면서 서해안을 통해 중국과 통할 수 있는 곳이었다.

그러나 신주 지역은 백제, 신라, 고구려 사이에 벌어진 전쟁에서 주된 전쟁터여서 많은 피해를 입었고, 주민들이 빈번히 전쟁에 동원되면서 민생이 어렵고 불안하였다. 이런 취약점 때문에 접경 지역의 민들은 잘 다독이지 않으면 이반하거나 타국으로 도망가기도 하였다. 비록 7세기대의 일이지만 고구려 장군 온달이 한강유역을 회복하기 위해 출정하면서 "한북漢北지역의 백성들이 비록 신라의 군현민이 되었지만 부모의 나라를 잊지 못하고 있다"[84]고 한 말은 이 지역민들은 여차하면 신라를 배반할 수도 있음을 시사해 준다.

진흥왕은 신주 지역의 군사적, 경제적 중요성과 접경 지역으로서 이 지역이 안고 있는 취약점을 파악하였다. 그래서 신주 경영에 특별히 유념하였다. 이를 보여 주는 것이 두 번에 걸친 신주 지역으로의 순수이다. 첫 번째 순수는 진흥왕 16년(555) 10월에 행해졌고, 두 번째 순수는 29년(568) 무렵으로 추정된다. 이때 〈북한산비〉를 세웠다. 한 지역을 두 번이나 순행한 것은 북한산 순수가 처음이다.

순수를 하면서 진흥왕은 하늘에 봉선제를 드려 국태민안을 빌었다. 그리고 지나가는 길에 있는 주군州郡에게 1년의 조조租調를 면제해 주고, 이죄二罪 이하의 죄수들을 방면해 주는 사면령을 내렸다.[85] 조조의 면제는 민생의 안정을 도모하는 조치이다. 이죄는 일죄一罪인 사형死刑 다음가는 죄로서 유형流刑을 이르는 말이다. 사면령을 통해 진흥왕은 사회 질서를 안정시키고 민심을 다독였다.

은전을 내리면서 진흥왕은 지역민들에게 앞으로도 국왕에게 충성하면 포상을 하겠다고 선포하였다. 왕을 수행한 두 명의 승려(도인)는 전몰장병과 전쟁에서 희생된 자들의 명복을 빌어 주었을 것이다. 비문에는 나와 있지 않지만 진흥왕은 신주 군주는 물론 신주 관할 아래의 지방관들에게 민을 잘 다독일 것을 당부하였을 것이다. 이러한 조치들은 진흥왕이 신주 지역을 특별히 관리했음을 말해 준다.

2. 국원소경의 설치와 충주 경영

551년 죽령 이북에서 고현(철령) 이내의 한강 상류지역을 차지한 진흥왕은 곧장 이 지역에 대한 경영에 착수하였다. 이때 중심축의 역할을 한 곳이 충주 지역이다. 충주 지역은 남한강과 낙동강유역을 연결하는 중요한 곳이며, 풍부한 철산지를 가지고 있었다. 이 지역 은 475년까지는 백제가, 475년~551년까지는 고구려가, 551년 이후 에는 신라가 차지하는 등 삼국의 쟁패지지爭覇之地였다.

충주 지역의 백제 당시의 명칭은 고구려 때 국원성의 또 다른 이 름인 완장성亂長城일 가능성이 높다. 고구려는 이 지역을 차지한 뒤 국원성國原城이라 하였다. '국원國原'은 '나라의 근원'이라는 의미를 가진다. 이는 고구려가 이 지역을 매우 중시하였음을 뜻한다. 문자 명왕(492-519)이 아버지 태자 공(共, 助多)이 부왕의 명령을 받아 신라왕과 신하들에게 의복을 하사하는 등의 업적을 기록한 〈충주고 구려비〉를[86] 이곳에 세운 것이 이를 입증해 준다.[87]

진흥왕은 12년(551)에 충주 지역을 차지한 뒤 18년(557)에 국원 소경을 설치하였다.[88] 고구려 당시의 국원성을 소경으로 승격시킨 것이다. 소경은 신라가 왕경이 동남쪽에 편재한 것을 보완하기 위해 설치한 특별 행정구역이었다. 최초의 소경은 지증왕이 15년(514)에 설치한 아시촌소경이고, 국원소경은 두 번째 설치된 소경이다. 소경 이 설치됨으로써 충주지역의 위상은 격상되었다.

국원소경을 설치한 이듬해(558)에 진흥왕은 왕경의 귀족 자제들과 6부의 호민들을 국원으로 옮겨 인구를 충실히 하였다.[89] 이 지역을 안정적으로 지배하기 위해서였다. 그리고 낭성(청주)에 있던 우륵을 충주로 옮기도록 하였다. 그래서 충주에는 탄금대를 비롯하여 우륵과 관련한 유적과 전설들이 많이 남게 되었다.

진흥왕이 충주 지역을 중시함에 따라 6세기 후반 이후 이 지역은 정치적, 군사적 중심지이면서 문화의 중심지가 되었다. 도시 구조는 강수가 자신을 '중원경 사량인'이라 한 것에서 보듯이 왕경과 마찬가지로 양부, 사량부 등 6부로 편제되었다. 중원경은 국원소경이 훗날 개칭된 명칭이다. 또 강수가 어려서부터 스승에게 나아가 《효경》 《곡례》 《이아》 《문선》을 읽었다는 사실에서[90] 보듯이 충주 지역에는 유교 경전과 문장에 밝은 지식인들이 있었다. 이러한 일들은 이 지역에 소경이 설치되면서 가능하였던 것이다.

국원소경의 모습은 고고학 자료를 통해서 살펴볼 수 있다. 충주 지역에서 조사된 고고학 자료로는 탑평리의 생활 유적과[91] 누암리의 고분 유적 그리고 장미산성의 관방 유적을 들 수 있다.

충주 탑평리 유적은 4~7세기에 걸쳐 남한강변을 따라 길게 조성된 대규모 취락 유적이다. 이 유적의 제일 하층에 위치한 대규모의 백제 마을 유적은 4세기 후반에서 5세기 전반에 형성되었다. 여기에서는 주거지 36기와 세발토기, 굽다리접시, 아궁이 테 등이 출토되었다. II-1호 철凸자형 주거지는 내부에 다량의 괴련철 덩어리가 쌓여 있어 철기 생산을 담당한 집단과 관련이 있는 주거지로 판단된다.

백제 주거지가 폐기된 이후에 고구려 구들 시설이 만들어졌다. 이 구들은 하천의 돌과 점토로 이용해 만든 두 줄 고래인데, 아궁이,

고래, 굴뚝으로 구성되어 있다. 출토된 고구려 토기는 호, 개배, 완, 접시, 시루, 옹, 동이 등이다. 고구려 구들과 토기는 475년 이후 이 지역이 고구려의 영역이 되었음을 알려 준다.

신라 유적은 탑평리 유적 상층에서 확인되었다. 주거지는 총 53기인데 평면 형태는 방형과 장방형이 많다. 건물지는 적심을 갖는 구조이다. 토기는 고배, 호, 완, 두껑, 접시, 시루, 동이, 기대, 병, 대부완 등 256점이 출토되었다. 이는 이 유적이 국원소경의 생활공간이었음을 말해 준다.

한편 충주 누암리고분군은 6세기 중반~7세기 초에 조영되었다. 이 고분군은 이 지역 유력자들과 재지세력자들의 무덤이었다. 충주 중앙탑면의 장미산성은 백제가 초축하였지만[92] 산성 안에서는 신라 토기가 나오고 있다. 이는 이 산성을 신라도 사용하였음을 의미한다. 이 산성은 국원소경이 설치된 이후 관방시설로 기능하였다.

3. 해문 당성의 운영

외국에서 온 사신단은 육로로 오건, 해로로 오건 상대국이 지정한 일정한 곳에 도착하여, 일정한 절차를 거친 뒤 왕도로 들어갈 수 있었다. 이렇게 절차를 밟도록 한 것은, 외국 사신이 멋대로 국내를 다닐 수 없게 하기 위해서였다. 그렇지 않으면 외국 사신들이 다양한 정보를 정탐하여 안보에 위협을 줄 수 있기 때문이다. 비록 고구려의 사례이지만 당나라의 직방낭중 진대덕陳大德이 고구려에 사신으로 와서 여러 곳을 두루 돌아다니며 허실을 살펴본 것이[93] 이를 방증해 준다.

외국의 사신이 왔을 때 일정하게 입국 절차를 밟는 곳을 육로에서는 관문關門이라 한다. 육로 관문의 사례로는 탄항(炭項: 문천군 덕원면) 관문을 들 수 있다. 발해의 책성부에서 신라의 천정군 사이에는 39개 역이 있었다.[94] 신라는 천정군 탄항에 관문을 쌓아[95] 발해와의 교섭과 교류를 관리하였다. 해로의 경우 외국 사신단의 배가 와서 하선한 다음 일정한 절차를 밟는 곳을 해문海門이라 한다. 해문은 바다의 관문이라는 뜻이다. 해문의 존재는 의상과 원효가 당나라로 유학을 가려고 '본국 해문인 당주의 경계에 도달하였다'는[96] 기사에서 확인된다.

신라는 지정학적 조건 때문에 중국 왕조와 직접 교섭할 수 있는 항구를 확보할 수 없었다. 그래서 법흥왕은 8년(521)에 양나라에 사신을 보낼 때 백제 사신의 뱃길 안내와 통역의 도움을 받아야 하였다. 이러한 해상 교두보, 즉 해문 확보 문제는 진흥왕이 관산성 대회전에서 승리하여 경기도 일대를 영역으로 편입함으로써 해결되었다. 이에 진흥왕은 당성(화성시 남양)을 해문으로 삼았다.[97] 당성은 백제 당시에는 당항성黨項城이었고, 고구려 때에는 당성군唐城郡이었다. 통일 이후는 당은군唐恩郡으로 개칭되었다. 이리하여 해상교두보[海門]의 경영이 본격적으로 행해졌다.

당성이 중국과의 교섭과 교류에서 해문의 역할을 하였음은 다음의 몇 가지 사례에서 입증된다. 첫째, 642년 7월 백제 의자왕은 대병을 일으켜 미후성 등 40여 성을 함락한 다음 8월에 고구려와 함께 신라의 당항성을 빼앗아 당나라로 가는 길[入朝之路]'을[98] 끊고자 하였다. '입조지로'는 당항성(당성)이 신라에서 당나라로 가는 출발 항구였음을 말해 준다.

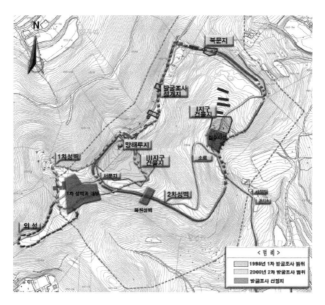

사진 4 화성 당성의 범위와 규모(황해의 문화교류와 당성)

둘째, 668년 6월 유인궤가 고구려를 치기 위해 신라에게 군사 출동을 요구하는 당나라 황제의 칙지를 가지고 숙위로 있던 김유신의 아들 김삼광과 함께 당항진黨項津에 도착하였다.[99] 당성은 당나라에서 신라로 오는 사신이 기착하는 해문이었던 것이다.

셋째, 헌덕왕 14년(822)에 왕자 김흔金昕이 조정사(朝正使: 賀正使)로서 당으로 가기 위해 당은포(당성)를 출발하였다. 낭혜화상 무염無染은 불교를 공부하기 위해 김흔의 배를 타고 당으로 들어갔다.[100] 당성은 신라 사신이 출발한 해문이기도 했다.

넷째, 원효와 의상이 불교를 배우기 위해 당나라로 가려고 해문인 당주唐州에 도착하였다. 이 기사도 당성이 신라의 해문이었음을 증명한다.

해문은 외국 사신들이 입출항하는 곳이므로 방어시설을 제대로 갖추어야 한다. 해문 당성에 만들어진 방어시설이 화성 당성이다. 발굴조사에 따르면 당성에서는 정상부의 석축성과 포곡식의 토성이 확인되었다. 테뫼형 석축성은 백제가 축조하였는데 둘레는 230m 정도이다. 이후 신라가 복합식 산성을 축조하였다. 둘레는 1,200m이다. 산성이 크게 확대됨에 따라 백제 당시의 테뫼형 산성은 그 기능을 잃게 되었다.[101]

방어성의 확대 여부는 그 지역의 정치적, 군사적 중요도에 의해 결정된다. 진흥왕은 대당對唐 해문으로서의 당성을 중시하였다. 이후 신라는 백제 때의 산성을 크게 확대하여 포곡식 산성을 축조하였던 것이다. 해문 당성의 방어를 튼튼히 하기 위해서였다.

해문 당성에는 크고 작은 배들이 접안할 수 있는 시설들과 여러 가지 물품들을 보관할 수 있는 창고와 사람들이 숙박할 수 있는 시설들이 있었을 것이다. 참고로 대왜對倭 해문인 울산 반구동 유적에서는 접안 시설, 여러 관청 건물 그리고 배후의 관방시설로 추정되는 목책시설 등이[102] 확인되었다. 그러나 당성의 경우 방어시설은 확인되었지만 나머지 다른 시설은 아직까지 확인되고 있지 않다. 앞으로의 발굴조사 성과를 기대해 본다.

당성을 확보한 이후 진흥왕은 25년(564)에 사신을 북제에 보냈다.[103] 북제는 565년(진흥왕 26)에 진흥왕을 '사지절동이교위낙랑군공신라왕使持節東夷校尉樂浪郡公新羅王'으로 책봉하였다.[104] 진흥왕은 이듬해에는 남조의 진陳에 사신을 보내 방물을 바쳤다. 진과의 교섭과 교류는 28년(567), 29년, 31년(570), 32년에도 이어졌다. 이처럼 진흥왕은 해문 당성을 통해 남조 및 북조와 교섭하고 새로운 문물을 받아들여 신라 문화의 수준을 한 단계 더 높였다.

역
사
의

맞
수

제4부 맞수의 최후와 무덤

제1장 성왕의 최후와 무덤

I. 성왕의 최후

1. 여창을 위문하러 간 성왕

사비로 천도한 뒤 국가체제를 정비한 성왕은 백제를 더욱 강한 나라로 만들어 근초고왕–근구수왕대의 영광을 재현하려 하였다. 그래서 554년 원로귀족들의 반대를 뿌리치고 한강유역을 되찾기 위한 대군을 일으켜 신라를 공격하였다. 이때 왕자 여창이 최고사령관이 되었다. 다음 왕위계승권자가 최전선에 나선 것이다. 이때 여창의 나이는 서른 살이었다.

전투가 벌어진 곳은 관산성이었다. 그러나 전투는 장기전이 되었다. 이는 '여창이 오랫동안 행진에서 고생하였다'든가 '오랫동안 잘 자지도 못하고 잘 먹지도 못하였다'는 기사에서 확인된다. 성왕은 고생하는 아들이 걱정되어 직접 찾아가 위로해 주려 하였다. 이러한 마음을 성왕은 "부자자효父慈子孝"로 표현하였다.[1] '아버지가 자애로워야 하고 자식은 효도해야 한다'는 것은 유교 이념의 기본이다.

유교 이념에 따르면 백성은 국왕의 자식과 같은 존재였다. 국왕은 백성을 자식처럼 대해야 하였고, 백성들은 국왕을 어버이처럼 대하며 충성해야 하였다. 따라서 성왕이 말한 '부자자효'는 아들 여창을 아끼고 사랑하는 마음의 표현임과 동시에 전선에 나가 있는 모든 병사들을 자식처럼 위로하려는 마음의 표현이라 하겠다.

이때 성왕이 왕도에 있었는지의 여부는 분명히 하기 어렵다. 그런데 660년 신라 김유신이 백제를 공격하기 위해 5만의 군대를 거느리고 출발하였을 때 무열왕은 금돌성(今堗城: 상주 백화산성)에 진을 치고 후방에서 지원해 주었다. 대규모 전쟁 때 국왕이 왕도를 떠나 일정한 곳에 주둔하기도 했던 것이다. 이를 원용하면 성왕도 왕도 밖에 진을 치고 여창을 지원하지 않았을까 한다. 진을 친 곳은 왕도 부여와 옥천 사이의 어느 지역이었을 것이다.

여창을 위문하기로 한 성왕은 호위군을 거느리고 여창의 진영으로 갔다. 그러나 가는 도중에 신라 복병을 만났다. 성왕으로서는 예상하지도 못한 일이었다. 이 싸움에 대해 《삼국사기》 신라본기에는 김무력이 거느린 신주의 군대가 백제군과 교전하였고 이 과정에서 삼년산군 고간 도도가 급하게 쳐서 성왕을 죽였다고 하였다.[2] 《삼국사기》 백제본기에는 성왕이 신라를 습격하려고 친히 보병과 기병 50기를 거느리고 밤에 구천狗川에 이르렀다가 신라 복병과 싸웠지만 죽임을 당하였다고 하였다.[3] 《일본서기》에는 명왕, 즉 성왕이 친히 온다는 소식을 들은 신라가 나라 안의 군대를 모두 동원하여 길을 끊고 격파하였다고 하였다.[4]

각 자료의 내용에는 차이가 있다. 이러한 차이를 정리하려고 할 때 단서가 되는 것이, 성왕을 호위한 군사의 수가 보병과 기병 50기라는 사실이다. 보기 50기는 얼마 되지 않는 군대이다. 성왕이 이 정도의 군대를 친히 거느리고 밤에 신라군을 습격하러 갔다는 백제본기의 기사는 정황적으로 받아들이기 어렵다. 이 정도의 군대를 방어하기 위해 신라가 "나라 안의 군대를 모두 동원하였다(悉發國中兵)"는 《일본서기》의 기사도 경우에 맞지 않는다.

그렇다면 성왕은 보기 50여 기의 호위를 받으며 밤에 여창의 진지로 가다가 신라 복병에 잡혀 죽임을 당한 것으로 봄이 타당할 것이다. 성왕이 복병을 만나 잡힌 곳은 구천이었다. 구천은 옥천군 군서면 월전리를 감싸 도는 협곡인 구진벼루(구진베루)로 전해져 오고 있다.

2. 성왕의 사로잡힘과 첩보

전쟁에서 승리하기 위해서는 우수한 무기, 잘 훈련된 군사, 신속한 보급, 뛰어난 작전 등이 필요하다. 이에 못지않게 필요한 것이 상대국에 대한 정확한 정보를 신속하게 얻는 것이다. 그래서 각국은 평시에는 물론 특히 전쟁 때에는 상대국 정보를 얻기 위해 첩자를 파견하였다. 첩자의 활동은 삼국 모두에 보이는데 승려들의 첩보 활동이 많았다.[5] 고구려 장수왕이 백제를 공격하기 위해 밀파한 승려 도림이 백제의 정보를 고구려에 넘겨준 것,[6] 642년 고구려가 청병하러 온 김춘추를 감금하자 김유신이 결사대를 조직하여 공격에 나서려 한다는 정보를 간첩승 덕창德昌이 본국에 알린 것[7] 등이 그 예가 된다.

정보는 정확해야 한다. 정확한 정보를 수집하기 위해서는 최고의 기밀에 접할 수 있어야 한다. 그 방법으로는 다음의 두 가지 사례를 들 수 있다. 하나는 파견된 첩자가 상대국의 왕이나 실권자의 신임을 받는 것이다. 백제에 파견된 고구려 간첩승 도림道琳의 활동이 그 예가 된다. 도림은 바둑을 미끼로 개로왕의 신임을 얻은 다음 개로왕으로 하여금 대규모의 토목공사를 동시다발적으로 일으키도록 하여 백제의 재정을 고갈시키고 민력을 피폐하게 한 뒤 온갖 정보를 가지고 고구려로 되돌아가 보고하였다. 장수왕은 그의 첩보를 토대로 백제를 공격하여 한성을 함락시키고 개로왕을 잡아 죽일 수 있었다.

다른 하나는 상대국의 요인을 자기편으로 만드는 것이다. 신라 김유신이 백제의 좌평 임자任子를 포섭한 것이 그 사례이다. 665년 신라 부산현령 조미곤租未坤은 백제의 포로로 잡혀 좌평 임자任子의 가노가 되었다. 임자는 좌평의 자리에 있으면서 정사에 큰 영향을 미친 인물이었다. 조미곤은 성실하게 일하여 임자의 신임을 얻은 뒤 임자에게 "백제의 백성이 되었으니 마땅히 나라의 풍속(國俗)을 알아야 한다"고 하면서 여러 곳을 다니다가 신라로 와서 김유신에게 백제의 사정을 알렸다. 김유신은 그의 충직함을 믿고 '신라가 망하면 자신이 임자에게 기대고 백제가 망하면 임자가 자신에게 기대도록 하라'는 책무를 주었다. 백제로 돌아온 조미곤은 임자에게 김유신의 제안을 알렸고 마침내 임자가 이 제안을 받아들이도록 하는 데 성공하였다. 이후 임자는 백제의 중요한 정보를 김유신에게 제공하였다. 이 정보는 정확하면서도 고급 정보이고 최신의 정보였다. 임자를 통해 백제의 허실을 훤히 들여다볼 수 있게 된 신라는 백제를 병탄할 계획을 더욱 서둘렀던 것이다.[8]

첩보 활동은 554년 관산성 전투에서도 중요하게 이용되었을 것이다. 이를 추론하게 하는 것이, 성왕이 여창의 진지로 가는 길목에 김무력이 군사를 매복시켰다는 사실이다. 매복이 성공을 거두려면 성왕의 이동 경로와 이동 시간을 정확히 알아야 한다. 그러나 왕의 동선과 관련한 정보는 일급 정보이다. 이러한 정보는 왕의 신임을 받는 자라야만 알 수 있다. 이로 미루어 성왕의 신임을 받는 자가 신라의 첩자로 포섭되어 있었을 가능성이 크다. 이는 임자의 사례로써 방증이 되리라 본다. 다만 그 첩자가 누구인지는 자료가 없어 알 수 없다. 김무력은 이 첩보에 따라 군대를 매복시켜 성왕을 사로잡았다. 이는 바로 첩보전의 승리라고도 할 수 있겠다.

3. 성왕의 최후 모습

554년 12월 9일 성왕을 호위하는 50기의 호위군은 신라 매복군을 만났다. 양군 사이에 전투가 벌어졌지만 호위군은 수도 적은 데다가 기습을 받았기 때문에 매복군을 당할 수 없었다. 중과부적衆寡不敵이었다. 그 결과 성왕은 사로잡히고 말았다. 성왕을 사로잡는데 공을 세운 사람이 좌지촌에서 말을 키우던 노비인 고도(苦都: 都刀)였다.

고도는 재배하고 성왕을 참하려 하였다. 《일본서기》에는 이때 두 사람 사이에 오간 대화가 기록되어 있다. 성왕(명왕)이 "왕의 머리는 노비의 손에 의해 베어지는 것이 합당하지 않다"고 하자 고도는 "신라의 국법에는 맹세한 바를 위배하면 비록 국왕이라도 노비의 손에 죽어야 한다"고 하였다. 성왕은 노비의 손에 죽는 것을 치욕으로 생각하였고, 고도는 국법을 거론하며 자기가 죽여야 한다고 한 것이다.

이 기사에서 고도가 말한 '국법'은 신라의 율령을 말한다.[10] '맹세'
는 552년 진흥왕이 고구려와 손잡고 압박을 가하자 급박해진 성왕
이 공주를 보내면서 앞으로 신라를 공격하지 않겠다고 한 다짐이었
을 것이다. '맹세를 어겼다'는 것은 신라의 입장에서는 성왕이 554
년에 대군을 동원하여 관산성을 공격한 것을 가리키는 것이겠다.

성왕의 마지막 모습에 대해 《일본서기》에는 두 가지 기록이 나온
다. 하나는 성왕이 하늘을 우러러 크게 탄식하면서 "과인은 매일 생
각하니 항상 통증이 골수에 들어왔다. 원컨대 구차스럽게 살려고 하
지 않겠다."[11]고 하고는 목을 늘여 참수를 받았다는 것이다. 다른 하
나는 "호상胡床에 걸터앉아 차고 있던 칼을 고도에게 주며 목을 베
라고 하였다"[12]는 것이다. 전자의 모습에서나 후자의 모습에서나 성
왕은 목숨을 구걸하는 구차한 모습을 보이지 않았다. 특히 후자의
경우 일국의 왕으로서 흐트러짐이 없는 자세를 보여 준다. 이는 영
웅적인 모습이라 하겠다.

성왕을 죽인 다음 신라가 성왕의 시신을 처리한 모습에 대해《일
본서기》흠명기 15년조의 본문에는 "왕의 목을 베어 땅을 파서 묻
었다"고 하였고,《일본서기》가 참조한 또 다른 기록에는 "두골은 북
청北廳 계단 아래에 묻고 나머지 골은 예로서 백제에 보냈다"고 하
였다.[13] 두 기록의 공통점은 머리는 백제에 보내지 않았다는 것이다.

도당(都堂: 南堂)은 대신들이 모여 정사를 논하는 곳이다. 대신들
이 국사를 논의하려면 도당의 계단을 오르내리려야 한다. 이 계단 아
래에 두골을 묻은 것은 성왕의 머리를 밟고 오르내린다는 의미이다.
이러한 행위는 일국의 왕에 대한 예의에 맞지 않는다. 이는 진흥왕

이 성왕을 철저하게 짓밟았음을 뜻한다. 이로 말미암아 아들 여창은 머리 없는 아버지의 시신으로 장례를 치러야 하였다. 이것이 바로 패자의 슬픔이고 비극이었다. 이리하여 백제를 중흥시켜 이름을 드날린 성왕은 비극적인 최후를 마쳤다. 이때 나이는 대략 50세 정도였다.

성왕은 국내에서는 결단을 잘한다고 하여 "성왕聖王"으로 추앙받았다. 성왕을 사로잡아 죽인 신라인 도도는 성왕을 "명주名主"라고 말하였다. 성왕이 신라인에게도 명주로 알려졌던 것이다. 한편 왜의 유력 귀족인 소아경蘇我卿은 성왕의 죽음에 대해 "길이 나라와 백성을 안녕하게 할 수 있을 것으로 보았는데 어찌 하루아침에 승하하여 길이 돌아올 수 없는 곳으로 가서 현실玄室에 안치되었는가? 어떤 아픔이 이렇게 혹심할 것이며 어떤 슬픔이 이렇게 애달프랴." 하면서 "무슨 잘못으로 이런 화를 불렀으며, 무슨 수로 국가를 안전하게 지킬 것이냐"고 통탄하고 애도하였다.[14] 이 말에는 성왕의 인물됨과 성왕의 죽음이 가져온 슬픔과 놀라움이 모두 들어 있다. 이렇게 성왕은 삼국 모두에 명주로, 성왕으로 기억되었던 것이다.

Ⅱ. 능산리고분군과 성왕의 무덤

1. 새로운 능묘제 시행과 능산리고분군

능묘는 역대 왕들의 사후 공간이다. 능묘제는 시기에 따라 변하

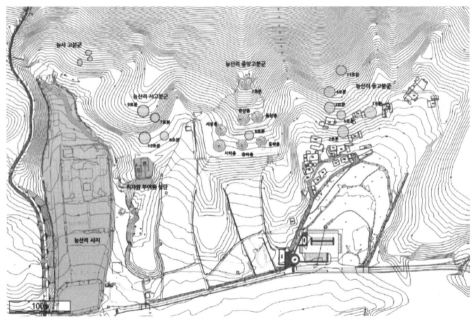

사진 Ⅰ 능산리고분군(위)과 능사 위치가 표시된 고분군 분포도(국립부여박물관)

였다. 성왕은 백제의 능묘제 운영에서 한 획을 그었다. 이를 몇 가지로 정리해 볼 수 있다. 첫째, 전축분이라는 새로운 묘제를 채용한 것이다. 웅진 천도 초기에는 한성기의 묘제인 궁릉상 천정의 횡혈식 석실분을 조영하였다. 공주 송산리고분군의 1~4호분이 그것이다. 그러나 성왕은 부왕의 무덤을 중국 남조의 전축분으로 만들었다. 전축분은 종래의 석실묘와는 완전히 다른 묘제였다. 전축분 축조는 왕실의 권위를 높이려는 성왕의 의지와 선진 문화를 수용하는 성왕의 개방성의 산물이라 할 수 있다.

둘째, 성왕은 사비로 천도한 다음 '경외매장제'에 따라 삶의 공간과 무덤 공간을 구분하였다. 한성기나 웅진기에는 능묘 공간은 삶의 공간과 구분되었지만 인위적으로 구분하지는 않았다. 그러나 성왕은 사비로 천도하면서 능묘를 나성 밖에 만들게 하여 인위적으로 구분한 것이다. 이렇게 만들어진 능묘 공간이 부여 동나성 밖의 능산리고분군이다.

이곳의 지형을 보면 동쪽에 청룡青龍, 서쪽에 백호白虎에 해당되는 능선이 각기 돌출되어 있고 전방에는 하천이 동에서 서로 흐르고 있다. 남쪽 전방에는 주작朱雀에 해당하는 안산案山이 솟아 있으며 그 너머로는 백마강이 흐른다. 능산리고분군은 풍수지리적인 입지조건이 잘 갖추어진 형국이라고 한다.

이 고분군은 조선시대의 지리지에 이미 백제 왕릉으로 전해 오고 있었다. 현재 고분군은 3기씩 앞뒤 2열을 이루고 또 북쪽 후방 50m 지점에 1기가 더 있어 모두 7기가 정비되어 있다. 능산리고분군의 동쪽에는 동고분군이, 서쪽에는 서고분군이 분포하고 있다. 능산리고분군은 사적 제14호로 지정되어 있고, 2015년 7월 '백제역사유적

사진 2 능산리사지(능사) 발굴 후 모습(국립부여박물관)

지구'라는 이름으로 세계유산에 등재되었다.

셋째, 성왕은 능묘를 관리하고 명복을 빌기 위한 시설을 만들었다. 이 시설과 관련하여 주목되는 것이 부여 능산리사지 발굴에서 강당지와 그 좌우측에서 확인된 별도 건물지(공방지 II, 불명 건물지 I)와 회랑지 북단에서 확인된 부속 건물지(공방지 I, 불명 건물지 II) 등이다. 이 시설들의 조영 시기는 567년 이전이고,[15] 용도는 의례儀禮를 준비하던 사당祠堂이거나 그러한 의례를 담당한 사람들이 머문 공간으로 추정되고 있다.

이후 위덕왕은 부왕의 명복을 빌기 위해 이 예제 건물 대신 능사陵寺를 세웠다. 동나성과 능산리고분군 사이의 폐사지에서 확인된 중문-목탑-금당-강당으로 이루어진 1탑-1금당 가람이 바로 그것이다. 목탑지에서 출토된 〈창왕명사리감〉 명문에 따르면 이 절은 위덕왕의 매형妹兄공주가 사리를 공양함으로써 567년에 세워졌다.[16] 백제에서 능사 설치는 이것이 처음이다. 능사의 공방지에서 출토된 백제금동대향로는 당시 동아시아 어느 나라에서도 찾아볼 수 없는 빼어난 조각과 사상성을 지니고 있는 향로로서 유명하다.

2. 성왕의 무덤과 능산리 2호분

사비기 왕실의 능묘 공간인 능산리고분군의 묘제는 모두 횡혈식석실분이다. 내부 구조는 천장의 형태에 따라 볼트형과 평천장의 구조로 나뉘며, 평천장 구조는 단면의 형태에 따라 단면 육각형과 사각형으로 세분된다. 복원 정비되어 있는 7기의 고분 가운데 볼트형은 2호분이고, 사각형 평천장은 1호분이며, 나머지는 단면 육각형의 평천장 구조이다.[17] 최근에 발굴조사가 이루어진 서고분군 가운데 1호분도 내부구조가 단면 육각형의 구조임이 확인되었다.[18]

능산리고분군 가운데 성왕의 무덤과 관련하여 주목되는 것이 제2호분이다. 제2호분은 장방형의 석실과 비교적 긴 연도(널길)로 이루어진 단실묘인데, 천장 형식은 볼트형이며, 벽체는 긴 장대석으로 축조하였다. 벽면 전체와 천장에는 두껍게 회를 발랐다. 바닥은 돌을 깎아 만든 모전석模塼石으로 전면관대全面棺臺를 만들었다. 연도는 남벽 중앙에 설치하고 입구는 모전석으로 폐쇄하였다. 배수로는 연도 전방의 지면을 V자형으로 파고 안에 자갈과 모래를 채운 뒤 모전석으로 덮었다.

이처럼 제2호분은 재료만 벽돌에서 장대석으로 바꾸어 놓았을 뿐

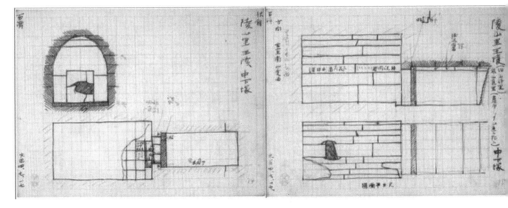

사진 3 능산리 제2호분(중하총) 도면(국립부여박물관)

무덤의 내부 구조는 무령왕릉과 매우 흡사하다. 능산리고분군 가운데 볼트형 천장은 이 무덤이 유일하다. 또 이 무덤은 7기의 고분 가운데 만들어진 시기도 가장 빠르다. 그래서 2호분은 성왕의 무덤으로 추정되고 있다.

성왕은 부왕 무령왕의 무덤을 전축분으로 만들었다. 반면에 위덕왕은 성왕의 무덤을 석실분으로 만들면서 내부 구조는 볼트형으로 하였다. 볼트형으로 만든 배경은 성왕의 장례 및 당시 백제의 재정 상태와 연계하여 살펴볼 필요가 있다.

신라는 관산성 대회전에서 성왕을 사로잡아 죽인 뒤 왕의 시신을 가져가 버렸다. 일종의 담보물로 가져간 것이다. 위덕왕은 부왕의 장례를 지내기 위해 시신을 돌려받아야 하였다. 시신을 돌려받기 위해서는 협상을 해야 한다. 물론 현재의 자료에는 위덕왕이 부왕의 시신을 돌려받기 위해 신라와 협상하였다는 기록은 없지만, 고구려 고국원왕이 부왕의 시신을 돌려받기 위해 전연과 교섭한 경우를 통해 추론해 볼 수 있다.

342년 전연의 모용황慕容皝은 고구려 수도 환도성을 점령한 뒤 고국원왕의 왕모 주씨周氏와 왕비를 사로잡고 또 부왕 미천왕의 무덤을 파서 시신을 싣고 돌아갔다. 고구려가 자기들의 요구 조건을 들어주면 왕모와 부왕의 시신을 돌려주겠다는 의도에서였다.[19] 일종의 담보물로 시신을 가져간 것이다.

고국원왕은 시신을 돌려받기 위해 동생을 보내 신하를 칭하고, 진이한 보물들을 수천이나 보냈다.[20] 고구려가 중국 왕조에 칭신稱臣한 것은 이것이 처음이다. 그리고 나서야 고국원왕은 부왕의 시신을 돌려받았다. 협상 시작은 342년 11월이었고, 협상이 매듭지어진 것은 343년 2월이었다. 무려 4개월의 시간이 걸렸던 것이다.

이로 미루어 위덕왕도 부왕의 시신 반환을 위해 진흥왕과 협상을 벌였을 것이다. 협상에는 조건이 따르기 마련이다. 진흥왕이 내건 조건이 무엇이며 또 협상 과정이 어떻게 전개되었는지를 보여 주는 자료는 없다. 결과적으로 진흥왕은 성왕의 몸만 보내고 머리는 보내지 않았다. 시신에서는 머리가 가장 중요한데 머리를 보내지 않았다. 이는 협상이 잘 진행되지 않았음을 의미한다.

협상이 지지부진하면서 시간만 흘러갔다. 장례기간은 무령왕과 왕비의 경우에서 보듯이 27개월로 정해져 있었다. 협상을 끌 수만 없었던 위덕왕은 하는 수 없이 부왕의 몸만 받는 것으로 협상을 매듭지었다. 위덕왕으로서는 또 한 번의 굴욕이었다.

부왕의 몸만 돌려받은 위덕왕은 최대한 예우를 갖추어 무덤을 만들었다. 그러나 무덤의 형식은 전축분이 아니라 볼트형 석실분으로 하였다. 특별한 사유가 없는 한 묘제는 선왕의 사례를 따른다. 그런데도 위덕왕은 성왕이 새로 도입한 전축분을 만들지 않았다. 그 이

유로는 재정 문제를 생각해 볼 수 있다.

전축분을 만들기 위해서는 많은 전돌을 구워야 한다. 전돌을 굽는 데는 비용도 많이 들고 또 시간도 많이 든다고 한다.[21] 위덕왕은 시신을 돌려받는 데 꽤 시간을 허비하였다. 여기에 더하여 이 당시 백제의 재정 상황도 녹록치 않았다. 551년의 한강유역 회복 전쟁, 554년의 관산성 대회전 등 대규모의 전쟁을 치루면서 재정 상태가 매우 악화되어 있었기 때문이다.

이러한 점들을 고려하여 위덕왕은 부왕의 무덤을 석실분으로 만들기로 결정한 것 같다. 돌은 구하기 쉬울 뿐만 아니라 전돌 제작에 견주어 비용이 훨씬 적게 들었고, 또 석실분을 만드는 뛰어난 기술자들도 이미 확보되어 있었기 때문이다. 다만 위덕왕은 석실분을 만들면서 내부 구조는 무령왕릉과 마찬가지로 볼트형으로 하도록 하였다. 이는 성왕이 부왕 무령왕을 위해 볼트형 전축분을 만든 뜻을 조금이나마 받들겠다는 마음을 표현한 것이 아닐까 한다.

성왕의 무덤이 횡혈식석실분으로 만들어짐으로써 사비도읍기에 전축분은 더 이상 조영되지 않았다. 그 맥이 끊어졌다. 그 대신 백제는 '능산리형 석실'이라고 하는 단면 육각형의 새로운 형태의 석실을 만들었다. '능산리형 석실'은 종래의 궁륭상 천장과 전축분의 볼트형 천장을 적절히 결합하여 재창조된 것이다.

능산리 2호분이 성왕의 무덤일 것이라는 데는 학계의 의견은 공통이다. 그렇지만 묘지석이 없기 때문에 성왕의 무덤이라고 확정짓기 어렵다. 그래서 '성왕지묘聖王之墓'라는 표석을 세울 수 없어 제2호분 또는 중하총이라 부르고 있다. 이 또한 비극이라 하지 않을 수 없다. 다만 공주가 사리를 공양하고, 위덕왕이 능사를 세우고,

전대미문의 걸작품인 백제금동대향로를 만들어 명복을 빌어 준 것이 그나마 위안이 되지 않을까 한다.

제2장 진흥왕의 최후와 그 이후의 신라

Ⅰ. 진흥왕의 최후

1. 동륜태자의 죽음과 거칠부와의 갈등

일곱 살에 즉위한 진흥왕은 섭정기를 거쳐 열여덟 살이 되는 재위 12년(551) 춘정월에 친정을 시작하였다. 친정을 하면서 진흥왕은 왕권 강화를 적극 추진하였다. 그래서 연호를 건원建元에서 개국開國으로 고치고, 순수를 통해 지방 민심을 살피며, 장육불을 만들어 아육왕보다 뛰어난 군주임을 과시하였다. 이 과정에서 진흥왕은 27년(566)에 맏아들 동륜을 태자로 임명하였다. 태자를 책봉함으로써 후계 구도도 안정되었다.

진흥왕대에 최고 귀족은 거칠부였다. 그는 귀족합좌제적 정치운영을 지향하였다. 귀족 중심의 정치운영을 압축적으로 보여 주는 표현이 〈창녕비〉의 "정위보필政委輔弼"이다. 즉 '정사는 보필하는 신하들에게 맡기는 것'이었다. 거칠부의 이러한 입장은 섭정기에 보신으로서의 활동 경험에서 나온 것 같다. 이는 중고기의 왕실이 왕권 중심 체제를 지향하는 것에 반발한 범내물왕계奈勿王系가 귀족연합 체제로 복귀하려는 움직임과[22] 궤도를 같이 한다고 하겠다.

이처럼 진흥왕과 거칠부의 정치적 지향점은 달랐지만, 두 사람은 진흥왕이 친정을 한 이후에도 호흡을 맞추면서 신라의 발전을 견인 하였다. 《국사》의 편찬, 한강유역의 점령, 혜량의 등용, 영토의 순행 등 중요한 일들은 두 사람의 손발이 맞아 이루어진 것이었다.

그러나 뜻하지 않은 변수가 생겼다. 동륜태자가 태자로 책봉된 지 6년 만인 진흥왕 33년(572) 3월에 죽은 것이다.[23] 그의 죽음은 장자상속을 통해 후계구도를 확립하여 정국을 안정되게 운영하려 하였던 진흥왕의 계획을 어그러지게 하였다.

이제 진흥왕은 후계자를 새로 정하여야 하였다. 현재의 자료에 따르면 후계자로 지명될 수 있는 1차 대상자는 차자 진지왕眞智王과 동륜태자의 아들인 장손 진평왕眞平王이었다. 이 후계 구도와 관련 하여 동륜계와 진지계가 힘겨루기를 하여 마침내 진지계가 승리하 여 진지왕이 즉위한 것으로 보는 견해도 있다.[24] 그러나 진흥왕대에 는 동륜태자가 당연히 왕위를 잇는 것으로 되어 있어서 동륜계니 사륜계니 하는 세력 자체가 존재하지 않았으므로, 이러한 설명은 타 당하지 않다. 이와는 달리 진평왕의 나이가 어렸기 때문에 대등회의 에 참여한 진골귀족들이 왕족 사이의 정치적 통합력을 제고시키기 위해 사륜(진지왕)을 옹립한 것으로 보는 견해도 있다.[25] 이 견해는 후계자 결정에 가장 큰 영향력을 가진 진흥왕의 의사를 고려하고 있지 않다. 따라서 이 역시 받아들이기 어렵다.

후계자를 누구로 할 것인가는 왕실만의 문제가 아니라 왕실을 둘 러싼 진골 귀족들에게도 민감한 사안이었다. 후계자가 누가 되느냐에 따라 권력 구도에 큰 변화가 생기기 때문이다. 그러므로 이 문제는 진흥왕의 의중과 당시 최고 귀족인 거칠부의 의중을 살펴볼 필요가 있다.

진흥왕은 장손 진평왕을 후계자로 삼으려 하였다. 여기에는 다음과 같은 요인이 작용한 것 같다. 첫째, 적장손嫡長孫으로 이어지는 왕위계승은 직계로의 왕위계승이다. 이는 왕권 강화의 유력한 명분이 된다. 고구려 장수왕이 태자 조다助多가 죽자 장손 문자왕文咨王을 왕궁에서 길러 왕위를 잇도록 한 것과[26] 신라 하대기의 원성왕이 태자 인겸仁謙이 죽자 인겸의 아들인 손자 소성왕昭聖王을 태자로 책봉한 뒤 왕위에 오르도록 한 것[27] 등이 이를 방증해 준다.

둘째, 진평왕의 사람됨이다. 진평왕은 '태어나면서 기상奇相이 있었고, 신체는 장대하고, 지식이 깊고 강직하고 명달하였다'[28]는 평을 받았다. 또 '내제석궁의 돌계단을 밟았더니 두 돌이 모두 깨어졌다'라는[29] 기사는 진평왕의 장대한 신체를 입증해 준다. 그만큼 진평왕은 위엄이 있었다. 이와 달리 진지왕은 "정란황음政亂荒婬"하였다.[30] 진지왕이 진짜 황음하였는지 아니면 후일 그를 폐위시킨 세력들이 폐위의 명분으로 갖다 붙인 것인지는 분명하지 않지만 황음의 요소가 전혀 없지는 않았을 것이다. 그래서 진흥왕은 장손 진평왕을 후계자로 지목하지 않았을까 한다.[31]

그러나 거칠부는 차자 진지왕을 지지한 것 같다.[32] 그가 진지왕을 지지하였음을 직접 증명하는 자료는 없지만 이를 추론할 수 있게 하는 것이 진지왕 즉위 뒤 상대등이 되어 군국사무를 자임自任하였다는 사실이다.[33] 군국사무의 자임은 비상한 상황에서 왕을 옹립하는 데 결정적인 공로를 세웠을 경우에만 가능하다. 비록 백제의 경우이지만 웅진 천도 초기에 병관좌평 해구解仇가 문주왕을 죽이고 어린 삼근왕을 세운 뒤 군국정사 일체를 위임받은 것이[34] 방증 사례가 된다. 그렇다면 거칠부는 진지왕 즉위에 일등의 공을 세웠고 그래서 군국사무를 자임할 수 있게 되었을 것이다. 그 배경에는 귀족합좌제적 정치를 운영함에는 진지왕이 더 적합하다는 판단이 작용하지 않았을까 한다. 이리하여 동륜태자 사후 후계자 문제를 둘러싼 진흥왕과 거칠부의 갈등은 더 이상 양보할 수 없는 상황으로까지 치닫게 되었다.

2. 장육존상의 눈물과 삭발위승 그리고 죽음

진흥왕과 거칠부 세력 사이의 대립과 갈등이 어떻게 전개되었는지는 알 수 없다. 그러나 저울추는 진지왕을 지지한 거칠부 쪽으로 기울어졌다. 이러한 막바지 상황을 추론할 수 있게 하는 사건이 둘이다.

하나는 장육존상이 눈물을 흘려 발꿈치에까지 이르렀으며 땅을 1척이나 적셨다는 기사이다.[35] 장육상은 진흥왕의 권위와 위엄을 상징하는 불상이었다. 이 장육상이 황룡사에 안치된 이듬해(575)에 눈물을 흘렸다는 것은 범상치 않은 징조이다. 중국의 경우에도 장육상들은 나라에 중대한 일이 있을 때마다 땀을 흘리거나 스스로 법당 밖으로 걸어 나오는 신이神異를 일으켰다고 한다.[36] 이는 황룡사의 장육상이 눈물을 흘린 것과 유사하다. 그러나 징조가 의미하는 바는 달랐다. 《삼국유사》에서는 이를 '대왕이 승하할 징조'라고 하였다.

이 징조는 바로 흉조였다.

눈물은 슬플 때도 흘리지만 억울하거나 비통할 때도 흘린다. 장육상의 눈물은 '대왕이 승하할 징조'와 연관시켜 볼 때 진흥왕의 억울함이나 비통함을 상징한다고 할 수 있다. 눈물이 땅을 1척이나 적셨다고 한 것은 비통함이 그만큼 깊었다는 뜻이기도 하다. 그 억울함이나 비통함은 바로 진평왕을 후계자로 세우려는 계획이 거칠부 세력에 의해 좌절됨에서 빚어진 것이 아닐까 한다.

다른 하나는 진흥왕이 말년에 머리를 깎고 승려가 되어 법호를 법운法雲이라 하였다는 사실이다.[37] 왕이 승려가 되는 사신捨身은 흔한 일이 아니다. 중국의 경우에도 양 무제만 네 번에 걸쳐 사신을 하였을 뿐이다. 진흥왕의 사신에 대해 독실한 신앙심의 발로로 보기도 하고, 양 무제의 사신을 본받은 것으로 보기도 한다. 이는 불교 신앙 차원에서의 관점이다. 그러나 진흥왕의 사신은 정치적 관점에서 살펴볼 필요가 있다. 법복을 입었다는 것이 정사에서 손을 뗀 것으로 볼 수 있기 때문이다.

이를 추론하는 데 단서가 되는 것이 백제 위덕왕의 즉위 과정이다. 관산성 대회전의 패배 이후 기로(원로귀족)들로부터 패전의 책임을 추궁당한 위덕왕은 국면 타개책으로 출가 수도하겠다고 선언하였다. 왕위에 오르지 않겠다는 것이다. 그러나 기로들의 반대로 그의 출가 수도는 이루어지지 못했다. 이는 정치적 상황에 따라 왕도 승려가 될 수 있음을 말해 준다. 이를 원용하면 진흥왕도 후계 구도 싸움에서 밀리게 되자 자의반 타의반으로 정사에 손을 떼고 출가하지 않았을까 한다. 그래서 진흥왕은 환속하지 못한 것 같다.

법복을 입은 진흥왕은 장육상이 눈물을 흘린 지 얼마 지나지 않아 돌아갔다. 향년 44세였다. 11년 동안의 섭정기를 거친 뒤 26년 동안의 친정을 통해 삼국을 호령하고, 왕권을 드높이고, 사방으로 영토를 넓힌 삶을 마감한 것이다. 그러나 마지막은 명성에 견주어 아름답지 못하였다. 이렇게 보면 《삼국유사》의 '출가봉불出家奉佛'과 《삼국사기》의 '장육상의 눈물'은 진흥왕이 말년에 처한 불운한 상황을, 진지왕대에 거칠부의 '군국사무 자임'은 진흥왕의 아름답지 못한 최후의 모습을 에둘러 보여 주는 것이라 하겠다.

Ⅱ. 서악리고분군과 진흥왕릉

1. 능묘제 개혁과 서악리고분군

신라의 능묘제는 시기에 따라 목관묘木棺墓, 목곽묘木槨墓, 적석목곽분積石木槨墳, 횡혈식석실분橫穴式石室墳으로 바뀌었다.[38] 목관묘木棺墓는 서기전 2세기 말에서 서기 1세기 초에 조영되었다. 대표적인 유적으로는 경주 입실리 유적, 경주 조양동 5호분, 38호분 그리고 경주 탑동 유적 등을 들 수 있다.

목곽묘는 2세기 중반 즈음부터 축조되기 시작하였고 4세기 초반까지 축조가 이어졌다. 목곽묘가 발굴된 유적은 경주 구정동, 덕천리, 황성동, 조양동 유적 등과 경주 사라리 130호분 등이 있다.[39]

4세기 전반기 중엽부터 6세기 초까지 신라는 마립간 시기였다. 이 시기에 조영된 고분이 적석목곽분이다. 적석목곽분은 신라만의

독특한 묘제이다. 적석목곽분이 집중 분포되어 있는 곳은 왕경지구와 건천의 금척리 지역이다.[40]

왕경 중심부의 대형 적석목곽분 가운데 황남대총은 표주박 모양의 쌍분인데 남북 길이 120m, 높이 22m에 달하는 거대한 규모이다. 부장품은 금관과 금제허리띠, 금귀걸이를 비롯하여 마구, 철제 무기 등 무려 5만여 점이었다. 금관총은 금관이 최초로 출토되어 붙여진 이름이고, 호우총은 고구려에서 만든 호우壺杅가 부장품으로 출토되었기 때문에 붙여진 이름이다. 천마총은 부장품 가운데 말다래에 천마가 그려져 있어서 이름이 붙여졌다.

마립간 시기의 적석목곽분은 도심 지역에 위치하였다. 이로 말미암아 왕도의 시가지 구조는 왜곡될 수밖에 없었다. 또 능묘를 크고 높게[高大] 만들고, 여기에 많은 부장품을 부장하는 것은 막대한 재정 부담을 초래하였다. 이때까지 이어져 온 순장은 유교적인 인륜에도 맞지 않을 뿐만 아니라 많은 노동력의 손실을 가져왔다.

그러나 6세기에 들어와 적석목곽분 중심의 능묘제에 변화가 일어났다. 지증왕이 순장을 금지하고[41] 새로운 상복법을 제정해 시행하였기[42] 때문이다. 여기에는 유교적 이념이 일정하게 작용하였다. 이후 법흥왕이 율령을 반포하여 중앙집권체제를 확립하고 불교를 공인하였다. 그 결과 국왕의 위엄과 권위는 제도에 의해, 이념적으로는 불교에 의해 뒷받침되었다. 이제 국왕은 거대한 무덤을 만들지 않아도 권위를 과시할 수 있게 되었다.

이에 법흥왕은 포화상태가 된 도심의 공간 문제도 해결하고, 재정의 낭비도 막아야 하는 필요성에서 능묘제를 개혁하기로 한 것 같다. 개혁의 방향은 크게 두 가지로 정리할 수 있다. 하나는 도심

내에 조영되고 있는 능묘공간을 옮기는 것이다. 이때 논리적 배경이 된 것이 삶의 공간과 죽음의 공간은 분리되어야 한다는 것이다. 이를 경외매장제라 한다. 지증왕~진흥왕대의 왕경은 남천, 북천, 서천이 삼면에서 감싸 돌아 자연적인 나성 구실을 하였다. 그래서 서천 너머를 새로운 능묘공간으로 하였다. 서쪽을 능묘공간으로 잡은 것에는 서방정토라고 하는 불교적 관념도 작용한 것으로 보인다.

다른 하나는 무덤 양식을 바꾸는 것이다. 제도와 이념에 의해 왕실의 권위를 높이게 됨으로써 굳이 무덤을 고대하게 만들지 않아도 되고 또 금관이나 금제 그릇 등 호화로운 물품을 부장품으로 부장할 필요가 없게 되었기 때문이다. 그래서 적석목곽분 대신 횡혈식석실분을 채택하고 박장제薄葬制를 실시하기로 하였다. 중국의 경우 박장제는 조조가 묘비墓碑를 크게 만들고 많은 부장품을 넣는 후장厚葬을 금지하는 박장령薄葬令을 선포함으로써[43] 시행되었다. 횡혈식석실분은 추가장追加葬도 가능하였다. 횡혈식석실분을 만듦에 따라 적석목곽분을 만드는 것에 견주어 노동력 동원의 폐해를 줄일 수 있었고, 박장제의 실시로 막대한 재정의 낭비를 줄일 수 있게 되었다.

진흥왕은 법흥왕대에 논의되고 결정된 능묘제 개혁 방안을 실천에 옮겼다. 그래서 선대왕인 법흥왕릉을 서천 너머 서악리의 애공사 북쪽 봉우리에 만들었다.[44] 이후 진흥왕의 무덤도 애공사哀公寺 북쪽 봉우리에 만들어졌다.[45] 이리하여 서악리에 횡혈식석실분이 조영되기 시작하였다. 이 고분군이 경주 서악리고분군이다.

진흥왕 이후의 능묘는 그 이전의 능묘와 몇 가지 다른 점이 있다. 하나는 사찰 이름, 방위명, 산 이름, 지역명 등으로 왕릉의 소재지나 장례 장소가 표시되고 있다는 점이다. 법흥왕릉과 진흥왕릉이 애공사 북봉에, 진지왕릉이 영경사 북쪽에,[46] 진평왕릉이 한지漢只에, 선덕왕릉이 낭산狼山에 만들어졌다고 기록된 것이 그 예이다.

다른 하나는 왕릉 옆에 사찰이 있다는 사실이다. 애공사와 영경사가 그 예가 된다. 왕릉과 연결되어 있는 사찰은 왕의 명복을 빌고 왕릉을 돌보는 능사의 기능을 가진 사찰이다. 그러나 애공사나 영경사의 초창 시기는 알 수 없다. 또 현재 애공사지로 비정되고 있는 보물 제87호 효현동 삼층석탑은 9세기에 만들어진 것이고, 영경사지로 비정되고 있는 서악동 삼층석탑은 통일신라시대에 만들어진 것이어서 이 사지들이 법흥왕과 진지왕 당시의 것인지도 분명하지 않다.

2. 진흥왕릉

경주 서악리고분군은 사적 제142호로 지정되어 있다. 태종무열왕릉의 뒤편에 있는 4기의 고분은 서악리고분군 가운데 최대형의 무덤이다. 위에서부터 서악리 1호분, 2호분, 3호분, 4호분으로 명명되어 있다. 이 1호~4호분 북쪽과 동쪽에는 약간의 거리를 두고 능선 사면에 규모는 작지만 많은 무덤들이 분포하고 있다.

서악리고분군 가운데 왕릉으로 지정된 것은 진흥왕릉, 진지왕릉, 문성왕릉, 헌안왕릉, 법흥왕릉, 태종무열왕릉 6기이다. 이 가운데 주인공이 확실한 것은 신도비의 이수에 '태종무열대왕지비太宗武烈大王之碑'가 새겨져 있는 제29대 태종무열왕릉뿐이다. 위치는 영경사 북쪽이라 하였다.[47] 나머지 5기의 능은 조선 영조 6년(경술년: 1730) 이후 전칭傳稱되어 오던 것을 1960년에 정부에서 사적으로 지정한

것이다.[48]

진흥왕릉은 사적 제177호로 지정되어 있다. 능의 지름은 20m, 높이는 5.8m이다. 무덤의 형태는 원형봉토분이다. 봉분 주위에는 자연석을 사용하여 무덤을 보호하는 호석을 둘렀지만 현재는 몇 개밖에 보이지 않는다. 발굴조사가 이루어지지 않아 내부 구조와 부장품은 알 수 없다.

현재의 진흥왕릉에 대해 다음과 같은 문제점이 제기되어 왔다. 첫째, 능의 규모가 작아 진흥왕의 위상에 맞지 않는다는 점이다. 크기가 작다는 것은 서악리 1호, 2호, 3호, 4호분과 비교하면 여실히 드러난다.

둘째, 능의 위치가 맞지 않는다는 점이다. 법흥왕릉과 진흥왕릉은 모두 애공사 북봉에 만들어졌다고 기록되어 있어 같은 곳에 있어야 하지만, 현재의 진흥왕릉은 법흥왕릉의 동쪽으로 약 3km 떨어진 곳에 있다는 것이다.

셋째, 법흥왕릉은 보물 제87호 효현동 삼층석탑 자리를 애공사지로 보아 비정하였고, 진흥왕릉은 서악동 삼층석탑 자리를 영경사지로 보아 비정하였다. 이는 애공사 북봉이라는 문헌 기록과는 다른 기준이다. 즉 기준에 일관성이 없는 것이다.

넷째, 법흥왕릉, 진흥왕릉, 진지왕릉은 서로 분산되어 있어 태종무열왕릉과의 연계성을 찾을 수 없다는 점이다.

이러한 문제점에 입각하여 법흥왕릉과 진흥왕릉을 현재와는 다르게 비정하는 견해가 나왔다. 추사 김정희는 〈신라진흥왕릉고〉에서 무열대왕릉 위에 있는 4기의 고분 가운데 서악동 1호분을 진흥왕릉으로 추정하였다. 이후 서악동 1호분을 법흥왕으로, 2호분을 진흥왕

사진 4 능경주 서악리 고분군 1,2,3,4호(위)와 진흥왕릉(왼쪽) 및 표지석

릉으로 보는 견해,[49] 서악동 4호분을 법흥왕릉으로, 2호분을 진흥왕
릉으로 보는 견해,[50] 서악동 4호분을 법흥왕릉으로, 서악동 3호분을
진흥왕릉으로 보는 견해[51] 등이 나왔다.

현재의 진흥왕릉에 대한 문제 제기와 진흥왕릉을 새롭게 비정해
보는 견해는 시각을 달리해 보면 모두 재고할 여지가 있다. 먼저
진흥왕릉이 컸을 것이라는 견해는 진흥왕이 뛰어난 업적을 남긴 왕
이라는 사실을 강조하여 나온 선험적인 판단에 불과하다는 점이다.
불교 공인 이후 상장례도 개혁한 법흥왕과 이를 실천에 옮긴 진흥

왕이 자신들의 무덤을 크게 만들지 말라고 하였을 수도 있고, 또 진지왕대에 군국정사를 자임한 거칠부가 진흥왕의 무덤을 장엄하게 조영하지 않았을 수도 있기 때문이다. 백제 개로왕이 실권 귀족 때문에 선왕 비유왕의 무덤을 제대로 조영하지 못한 것이[52] 방증 사례가 된다.

무덤이 분산되어 있다는 지적도 다음과 같은 점에서 재고의 여지가 있다. 첫째, 서악리 1호분~4호분 가운데 어느 하나를 법흥왕릉이나 진흥왕릉으로 비정한다고 하더라도 이 무덤이 애공사 북봉에 위치한다는 것을 단정할 수 없다. 애공사지와 명경사지 위치 자체에 대해 현재 논란이 많기 때문이다.

둘째, 1~4호분의 어느 하나가 법흥왕릉이나 진흥왕릉이라고 할 때 왕계의 연속성을 생각하면 진평왕릉이나 선덕여왕릉이 1~4호분 가까이에 만들어져야 한다. 그러나 진평왕릉은 한지漢只에, 선덕여왕릉은 낭산에 위치하고 있다. 따라서 법흥왕릉, 진흥왕릉, 진지왕릉이 분산되어 있다는 지적은 적절하지 않다.

셋째, 태종무열왕릉은 진흥왕이 죽은 뒤 86년이나 지나 만들어진 무덤이다. 후대에 만들어진 무덤을 기준으로 선대왕들의 무덤을 비정하는 것은 올바른 접근법이 아니다. 이런 방식으로 무덤을 비정하면 법흥왕이나 진흥왕은 뒷날 태종무열왕이 이곳에 무덤을 쓸 것으로 예상하고 1~4호분 가운데 어느 하나에 묻힌 것처럼 보이기 때문이다.[53]

진흥왕은 남정북벌하고 천하를 순수한 제왕이었다. 현재 사적으로 지정된 진흥왕릉은 왕의 업적과 위상에 견주어 보면 초라한 것은 사실이다. 그렇다고 하여 서악리 2호분이나 3호분을 진흥왕릉으로 고쳐 보면 국가가 다른 사람의 무덤을 진흥왕릉으로 비정하고, 사적으로 지정하고, 무덤의 표석도 세운 셈이 된다. 이는 역사의 왜곡이 된다. 능묘제 개혁을 선도하였던 진흥왕의 무덤에 대해 이런저런 소리가 나오는 것 자체가 일세의 영웅이었던 진흥왕의 비극이라 하지 않을 수 없다.

Ⅲ. 진흥왕 사후의 신라

1. 진지왕대 거칠부의 군국사무 자임과 흥륜사

진흥왕이 죽은 뒤 둘째 아들 진지왕(579-579)이 즉위하였다. 이름은 사륜(舍輪: 鐵輪, 金輪)이다. 어머니는 영사(英史) 각간의 딸 식도(息途, 色刀)부인이고, 비는 기오공起烏公의 딸 지도知刀부인 박씨였다.

진지왕은 진흥왕의 태자 동륜이 일찍 죽었기[早卒] 때문에 즉위할 수 있었다. 그의 즉위에는 거칠부의 공이 절대적이었다. 그래서 진지왕은 즉위 후 곧장 거칠부를 상대등으로 임명하고 국사國事를 위임하였다.[54] 국사는 군국사무를 줄인 말이다. 군국사무는 국정 전반, 즉 군정과 일반 서정 업무 모두를 말한다. 군국사무를 위임하였다는 것은 국가 운영이 거칠부의 뜻에 의해 이루어졌음을 의미한다. 이를 〈창녕비〉의 표현을 빌려 말하면 '정위보필政委輔弼'이라 할 수 있다.

그런데 《삼국사기》 거칠부 열전에는 거칠부가 상대등으로써 '군국정사를 자임하였다'고[55] 나온다. 자임自任은 스스로 맡는 것, 곧 자신이 '주체'임이 강조되어 있다. '위임'과 '자임'이 보여 주는 권력에는 농도에 차이가 있다. 위임받은 것도 큰 권한이지만 어디까지나 객체로서 받은 것이다. 자임은 자신이 주체가 되어 맡은 것이다. 때문에 자임은 그 권한과 위세가 위임보다 더 컸다. 이렇게 군국사무를 자임함으로써 거칠부는 강력한 권한을 가진 최고실권자가 되었다.

'정위보필'을 추구한 거칠부의 정치운영의 기본 방향은 귀족합좌제였다. 귀족합좌제는 국왕의 권력 독단을 억제하고 귀족들의 합의에 의해 국정을 운영해 가는 것을 말한다. 이때 중심축의 역할을 한 것이 최고귀족회의체인 대등大等회의였다. 이 대등회의의 의장이 상대등이었다. 이에 따라 상대등 거칠부는 주요 국사를 귀족회의에서 논의하고 결정하였을 것이다. 그러나 그가 군국사무를 자임함으로써 논의는 형식적인 것일 뿐, 실제는 그가 국정을 좌우하였고, 진지왕은 그의 결정을 그대로 따랐을 것이다.

거칠부의 이러한 귀족합좌제적 정치운영은 불교 정책에도 변화를 가져왔다. 변화의 핵심은 흥륜사를 중시하는 것이었다. 이를 보여 주는 것이 진지왕대에 흥륜사의 승려였던 진자사眞慈師의 활동이다.[56] 진자사가 진골 귀족 출신인지의 여부는 알 수 없다. 그가 미시랑을 만나기까지의 과정을 대략적으로 정리하면 다음과 같다.

진자사는 매일 흥륜사 당주인 미륵상 앞에서 '대성께서 화랑花郎으로 화신하여 세상에 나오시면 늘 가까이서 모시겠다'고 발원 서원하였다. 이렇게 간절히 청원을 하자 꿈에 웅천주 수원사水源寺로 가면 미륵선화彌勒善花를 볼 수 있을 것이라는 응답이 왔다. 곧장 수원사로 간 진자사는 수원사 문 밖에서 자신을 서울 사람[京師人]이라고 한 동자를 만났다. 그렇지만 이 동자가 미륵선화인 것을 깨닫지 못하였다. 나중에 노인으로 변한 산신으로부터 동자가 미륵선화라는 말을 듣고 진자사는 경사로 돌아왔다. 진지왕은 진자사로부터 자초지종을 들은 뒤 경사에서 미륵선화를 찾아보게 하였다. 진자사는 마침내 영묘사 동북로 옆 나무 밑에서 미륵선화를 만났다. 이름이 미시彌尸였다. 진자사가 미시를 모시고 왕을 뵈오니 왕이 경애하여 받들어 국선으로 삼았다.

진자사와 미시랑의 이야기는 당시 불교계의 상황과 관련하여 몇 가지 중요한 사항을 말해 준다. 첫째, 미륵의 화신인 화랑이 강조되고 있다. 화랑도의 중심은 화랑이었다. 화랑은 진골 귀족 자제들만이 될 수 있었다. 진자사가 미륵이 화랑으로 화신해 줄 것을 간절히 요청한 것은 화랑을 신비화하기 위함이었다. 화랑의 신비화는 진골 귀족들의 위상을 높이는 것이다.

둘째, 흥륜사가 강조되고 있다. 진흥왕대에는 석가불을 모신 황룡사가 중심이었다. 그래서 백좌강회나 전몰장병을 위한 팔관연회 등 중요한 행사는 황룡사에서 거행되었다. 그러나 미륵의 화신을 간절히 바라는 발원은 흥륜사에서 행해졌다. 이는 미륵불을 모신 흥륜사가 불교 교단의 새로운 중심이 되었음을 뜻한다.

셋째, 진자사의 활동이 강조되고 있다. 그는 흥륜사 소속의 승려였다. 미륵을 열렬히 신앙한 그는 미륵의 화신인 미시랑을 모시는 승려 낭도가 되었다.[57] 이는 진자사가 미륵의 화신인 화랑을 통해 새로운 세계를 만들려는 뜻을 보여 준다.

미륵의 화신을 찾아 나선 진자사의 활동을 마무리 지어 준 사람은 진지왕이었다. 진지왕은 진자사에게 경사京師에서 미륵의 화신을 찾아보게 하였고, 진자사가 미시랑을 모시고 오자 국선으로 삼았다. 이는 진자사의 활동이 진지왕의 뜻을 받든 것임을 시사해 준다. 진자사의 활동은 황룡사의 사주寺主 혜량이 진흥왕의 뜻을 받들어 활동한 것과 비슷하다.

그런데 이 시기 거칠부는 군국사무를 자임한 최고 실권자였고 또 어릴 때 승려가 된 것에서 보듯이 신앙이 깊었다. 또 그는 화랑도 창설에도 깊이 관여하였던 것 같다. 이로 미루어 진지왕이 화랑을 강조하고 미륵신앙과 흥륜사를 중시하는 입장은 진지왕만의 입장이 아니라 거칠부의 입장이라고 해도 좋을 것이다. 그렇다면 거칠부는 화랑을 미륵의 화신으로 내세워 귀족 중심의 정치운영을 합리화하고, 흥륜사를 통해 이를 이루려 하였던 것으로 보인다.

거칠부의 이러한 불교 정책은 진흥왕이 황룡사를 창건하고 석가장육상을 안치하여 왕권 중심의 불교 치국책을 편 것과는 사뭇 다른 모습이다. 따라서 거칠부가 군국정사를 자임하면서 편 정책은 진흥왕의 정책에 대한 일종의 반동적反動的 정책이라 할 수 있겠다. 이로 말미암아 진흥왕이 추구한 이상세계는 진지왕대에 와서 굴절을 겪게 되었다.

2. 진평왕의 석가족 표방과 황룡사

1) 거칠부의 죽음과 진지왕의 폐위

진지왕대에 군국정사를 자임한 거칠부는 향년 78세로 죽었다. 《삼국사기》 거칠부 열전에는 "거칠부는 늙어서 집에서 편안히 죽었다"고 하였다.[58] 이 표현은 거칠부가 죽기 직전까지 최고실권자로서의 위상을 유지하였음을 의미한다.

이와는 달리 거칠부가 진지왕의 폐위에 대한 책임을 지고 은퇴하였다가 죽은 것으로 보고 거칠부가 사망한 시기를 진지왕이 폐위된 579년에서 그다지 멀지 않은 때로 보는 견해도 있다.[59] 그러나 국왕 폐위는 엄청난 정치적 사건인데 그것에 대한 책임을 지고 물러났다면 '집에서 편안하게 죽었다'는 표현은 나올 수 없다. 또 군국사무를 자임하고 있던 거칠부가 살아 있는데 진지왕이 폐위되었다고 볼 수 없다. 따라서 거칠부는 진지왕이 폐위되기 직전에 죽은 것으로 보는 것이 타당하다. 그래서 그는 사망 때까지 위세를 누리면서 집안에서 편안히 죽을 수 있었던 것이다.

거칠부가 위엄을 드높이고 있던 시기에는 아무도 그의 권위에 도전하지 못했다. 이런 상황에서 거칠부의 죽음은 정국에 큰 변화를 가져왔다. 진지왕을 뒷받침해 주는 기둥이 없어졌기 때문이다. 여기에 더하여 진지왕은 황음하였다. 자색이 염미艶美한 사량부의 서녀庶女 도화낭桃花娘을 궁중으로 불러들여 욕보이려 한 것이[60] 그의 황음을 상징적으로 보여 준다.

이에 그동안 거칠부의 위엄에 눌려 엎드려 있던 귀족들이 고개를 들기 시작하였다. 이들은 진평왕을 중심으로 세력을 형성하였다. 지지 세력의 핵심은 왕비의 아버지인 복승福勝갈문왕을 비롯하여 진평왕 원년(579)에 상대등에 임명된 이찬 노리부弩里夫, 2년에 병부령에 임명된 이찬 후직后稷 등이었다.[61] 이들이 진평왕 즉위 후 1~2년 안에 상대등, 병부령 등 최고위직에 임명되었다는 사실이[62] 이를 말해 준다.

진평왕을 지지한 세력들은 먼저 귀족회의를 장악한 뒤 마침내 진지왕을 폐위시켰다. 힘겨루기에서 진지왕이 밀린 것이다. 폐위 세력이 내건 명분은 '정란황음'이었다. 그가 황음하였다는 것은 폐위 세력에 의해 덧씌워진 것일 수도 있다. 그렇다고 하더라도 폐위의 명분을 황음에서 찾았다는 것은 그에게 그러한 요소가 있었기 때문일 것이다. 거칠부가 죽고 진지왕마저 폐위됨으로써 거칠부의 시대는 막을 내렸다.

2) 진평왕의 왕실 신성화와 황룡사

진지왕을 폐위시키고 진평왕(579-632)이 즉위하였다. 재위 기간은 53년간이었다. 이름은 백정白淨이다. 아버지는 동륜태자이고, 어머니는 입종갈문왕의 딸 만호(萬呼, 萬內, 萬寧)부인이다. 선비는 마야부인 김씨이고, 후비는 승만부인 손씨이다.

진평왕은 거칠부 때문에 왕위에 오르지 못했다. 그는 거칠부가 집권하고 있던 진지왕대에는 몸을 낮추어야 하였다. 진평왕은 '신체가 장대하고, 지식이 깊고, 강직하고 명달하였다'고 한[63] 인물평에서 보듯이 능력도 있고 야심도 있었던 것 같다. 그래서 그는 암암리에 지지 세력을 모으지 않았을까 한다. 그렇다면 진평왕은 자신이 주도적으로 세력을 결집시켜 왕위에 올랐다고 하겠다. 이로써 진평왕은 더욱 소신 있게 자신의 뜻을 펼칠 수 있게 되었다. 이는 진지왕이 거칠부에 의해 옹립되어 거칠부에게 군국사무를 모두 위임한 것과는 다른 양상이다.

즉위 후 진평왕은 거칠부의 반동정치를 극복하고 할아버지 진흥왕의 뜻을 이루는 데 진력하였다. 먼저 진평왕은 왕실을 석가족으로 신성화하였다. 그래서 자신의 이름은 석가모니 아버지의 이름인 백정白淨으로, 부인의 이름은 석가모니 어머니의 이름인 마야摩耶부인으로, 두 동생의 이름은 석가모니 삼촌의 이름인 백반伯飯과 국반國飯으로 하였다. 이는 신라 왕실이 석가족釋迦族임을 과시한 것이다. 석가족 의식은 이후에도 이어졌다. 당나라에 유학을 간 신라 승려 자장慈藏에게 문수보살이 신라 왕실을 '천축의 찰리종刹利種'이라 한 것이[64] 그 예이다.

둘째, 진평왕은 교묘郊廟 대사大祀를 중시하였다. 교묘는 교사郊祀와 묘사廟祀의 합칭이다. 교사는 왕도의 교외郊外에서 하늘에 드리는 제사이고, 묘사는 역대 왕의 신주를 모신 종묘에서 드리는 제사이다. 둘 다 중요한 국가 제사, 곧 대사였다. 이 교묘 제사 때 진평왕은 천사옥대天賜玉帶를 띠고 제사를 드렸다. 천사옥대는 상황(上皇: 옥황상제)의 명을 받은 천사가 진평왕에게 내린 옥대를 말한다. 옥대의 길이는 열 아름이고, 금으로 새기고 옥으로 장식한 요대였는데 금으로 된 과銙는 62개였다.[65] 진평왕이 전정殿庭에서 친히 이 옥대를 받은 해가 즉위 원년(579)이었다. 따라서 천사옥대 설화는 그의 즉위가 하늘의 뜻이라는 것과 신라 왕실이 그만큼 신성한 왕실임을 상징해 준다고 하겠다.[66]

셋째, 아버지 동륜태자의 추숭追崇이다. 동륜은 태자로 책봉되었지만 왕위에 오르지 못하고 일찍 죽었다. 진평왕이 즉위한 뒤 죽은 아버지에 대해 일정한 예우를 하였음을 보여 주는 것이 선초본鮮初本인 파른본 《삼국유사》 왕력 진평왕조의 "아버지는 '동륜왕'인데 '동륜태자'라고도 하였다"는 기사이다.[67] 태자를 왕이라 한 것은 진

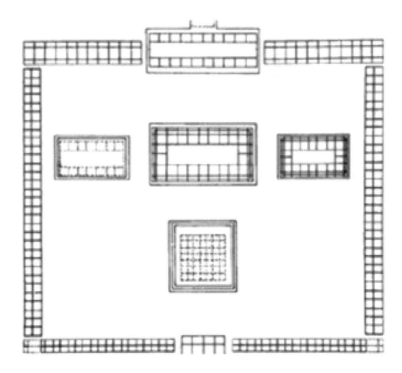

사진 5 경주 황룡사지 중건 가람 평면도(진평왕대: 황룡사지 발굴조사보고서 I)

평왕이 아버지에게 '왕'호를 추증하였음을 보여 준다.

지금까지의 연구에서는 《삼국사기》에 진평왕을 '진흥왕 태자 동륜의 아들'이라 한 기사와[68] 임신본 《삼국유사》 왕력에 아버지를 동륜(銅輪: 東輪)이라 한 것에만 근거하여 동륜태자가 왕으로 추숭된 사실을 주목하지 못하였다. 그러나 조선 태조 3년(1394)에 간행된 선초본 《삼국유사》는[69] 조선 중종 7년(1512)에 간행된 임신본 《삼국유사》보다 사료적 가치가 높다. 따라서 동륜태자가 왕으로 추숭된 것은 사실로 보아야 한다.

신라사에서 왕이 되지 못한 아버지가 아들에 의해 '왕'으로 추숭된 것은 동륜이 최초이다. 추숭하는 방법은 이름에 '왕'을 붙인 형태이다. 유교식으로 아화雅化된 존호가 아직 시행되지 않았기 때문이다. 유교식의 아화된 존호의 추증은 7세기에 들어와서 태종무열대왕이 아버지 용춘龍春을 문흥文興대왕으로 추봉한 것이[70] 첫 사례이다. 동륜을 왕으로 추숭함으로써 진평왕은 자신의 즉위의 정당성을 확보하고, 돌아가신 아버지의 위상을 회복시켜 드릴 수 있었다.

셋째, 황룡사를 핵심 도량으로 다시 삼았다. 이를 보여주는 것이 진평왕 6년(584)에 황룡사에 금당을 만들었다는 사실이다.[71] 황룡사에는 진흥왕대에 세워진 중금당이 있었다. 따라서 진평왕이 세운 금당은 동금당과 서금당이 분명하다. 동금당과 서금당을 세움으로써 1탑-3금당 구조의 황룡사가 완성되었다. 진흥왕이 기획한 것이 손자 진평왕에 의해 이루어진 것이다. 이리하여 황룡사는 다시 불교 치국책의 중심 사찰로서 기능하게 되었다. 신라 삼보 가운데 두 개(황룡사장육존상과 황룡사구층목탑)가 황룡사에 있었다는 것이 이를 상징적으로 말해 준다.

진흥왕이 추구한 왕실의 신성화와 강력한 왕권 확립은 진지왕대에 거칠부의 군국정사 자임으로 일시적으로 굴절되었다. 이러한 반동적反動的 과도기를 거쳐 진평왕대에 와서 마침내 석가족 왕실이라는 왕실의 신성화가 이루어졌다. 1탑-3금당의 황룡사에는 선덕여왕이 14년(645)에 구한九韓의 내조를 염원하면서 구층목탑을 조성함으로써 일통삼한一統三韓 의식이 덧보태어졌다. 이 의식은 신라가 삼국을 통일할 수 있는 정신적인 기반이 되었다.

맺는 글

I. 고대동아시아의 국제전

삼국은 건국 이후 자국의 성장과 발전을 도모하였다. 내적으로는 생산력을 높여 왕권을 강화하고, 외적으로는 군사력을 키워 영역을 확대하였다. 영역 확대는 전쟁을 수반하였다. 집권력이 강화될수록 전쟁의 규모는 커지고 또 전쟁의 과정은 치열해졌다.

각국이 벌인 전쟁의 대부분은 국지전으로 끝났지만 때로는 타국의 수도를 함락하기도 하였다. 경우에 따라 전쟁은 국제전으로 확대되기도 하였다. 국제전은 동원된 군대의 규모가 크고 참여한 나라가 많았기 때문에 전쟁의 원인과 과정도 복잡하고 그 승패가 각국에 미친 영향력도 컸다.

4세기 이후 6세기 말까지 동아시아 세계는 분열의 시대였다. 만주 및 한반도에서는 고구려, 백제, 신라 그리고 가야연맹체가 화호와 대립을 되풀이하고 있었다. 이때 중국 대륙에서는 위진 이후 남북조가 대립하였는데, 이 분열기는 589년에 수나라가 남조 진陳을 멸망시켜 중국대륙을 통일함으로써 종지부를 찍었다. 일본열도에서는 야마토 정권을 중심으로 하는 호족연합 정권이 성립하여 점차 중앙집권체제를 이루어가고 있었지만 각 지역에는 호족들이 패권을 유지하고 있었다. 이러한 국제 관계 속에서 중국 대륙, 만주와 한반도 그리고 일본열도에서 성립한 각국들은 세력 균형과 자국의 안위와 이익을 추구하였다. 그 중심축에 고구려, 백제, 신라가 있었다.

삼국이 중앙집권체제를 갖춘 이후 일어난 국제전은 중국 왕조가 참여한 국제전과 참여하지 않은 국제전으로 나누어 볼 수 있다. 중국 왕조까지 참여한 첫 번째 국제전은 660년 나당연합군 대 백제의 대결이다. 이 국제전은 신라가 동원한 군대가 5만이고, 당나라가 13만의 군대를 동원한 것에서 보듯이 대규모였다. 그 결과는 백제의 멸망이었다. 두 번째 국제전은 663년 나당연합군 대 부흥백제국왜 연합세력이 대결한 백강구 전투이다. 왜는 부흥백제국을 지원하기 위해 전선 1천 척에 2만 8천 명의 군대를 파견하였다. 나당연합군은 왜군 전선 400척을 불태우면서 승리를 거두었다. 그 결과 부흥백제국도 멸망하고 말았다. 세 번째 국제전은 668년 나당연합군 대 고구려의 대결이다. 이 전쟁은 고구려의 멸망으로 매듭지어졌다.

세 번에 걸친 이 국제전은 중국 대륙을 통일한 당나라의 국제질서 재편의 전략과 신라의 생존 및 통일 전략이 맞아떨어지면서 일어났다. 나당연합군이 승리함으로써 만주와 한반도에서는 백제와 고구려가 멸망하고 그 결과 신라가 삼국을 통일하였다. 뒤이어 만주에 고구려를 계승한 발해가 등장함으로써 고대동아시아에서는 새로운 국제 관계가 형성되었다.

중국 왕조가 빠진 국제전에서는 삼국의 어느 한 나라도 다른 나라들을 압도할 만큼의 힘을 가지지 못했기 때문에 합종연형이 이루어졌다. 대결의 기본 축을 이룬 것은 먼저 중앙집권체제를 갖춘 고구려와 백제였다. 이때 가야 제국과 왜 세력은 늘 백제를 지원하였다. 이와 달리 신라는 고구려와 백제의 대립 구도를 이용하여 때로는 고구려와 때로는 백제와 손을 잡아 자국의 이익을 도모하였다. 이것이 신라의 외교력이었고, 이 외교력이 신라가 최후의 승자가 되는 것을 견인하였다.

중국 왕조가 빠진 국제전은 네 번에 걸쳐 일어났다. 첫 번째 국제전은 〈광개토대왕비〉에 보이는 399-400년 전쟁이다. 396년 백제 아신왕은 고구려 광개토대왕의 공격을 받아 왕도 한성이 함락될 위기에 처하자 무릎을 꿇고 다시는 대들지 않겠다고 맹세하였다(跪王自誓). 이렇게 위기를 넘긴 아신왕은 고구려에 대한 보복을 하기 위해 가야군과 왜군을 끌어들여 고구려에 기울어진 신라를 공격하였다. 다급해진 신라가 고구려에 구원을 요청하자 광개토대왕은 보기 5만을 구원군으로 보냈다. 이리하여 백제·가야·왜 연합군 대 고구려·신라 연합군이 대결하였다. 이 전쟁은 고구려·신라 연합군의 승리로 끝났다.[1]

이 국제전에서의 승리로 고구려의 위상은 높아졌다. 고구려는 신라를 동이로 부르면서 군대를 주둔시키고,[2] 실성왕의 즉위나 눌지왕이 실성왕을 죽이고 즉위한 것에서 보듯이 왕위교체와 같은 중대한 내정에도 간섭하였다. 반면에 신라는 고구려의 속국과 같은 처지에 놓였다. 그래서 신라왕은 직접 고구려로 가서 국사를 논의하고 또 고구려왕으로부터 의복을 하사받았다.

두 번째 국제전은 481년에 일어난 신라·백제·가야 연합군 대 고구려의 대결이었다. 이 전쟁은 475년에 백제 한성을 함락한 고구려가 이번에는 신라를 공격하면서 일어났다. 고구려군은 신라의 호명성弧

鳴城 등 7성을 함락시킨 뒤 미질부성(포항시 흥해)까지 공격해 왔다. 위기에 빠진 신라는 백제와 가야의 군사 지원을 받아 고구려군을 물리쳤다.[3] 백제가 신라에 구원군을 파견한 것은, 고구려가 백제의 수도 한성을 함락하고 개로왕을 죽였을 때 신라가 1만의 군대를 파견하여 도와준 것에 대한 보응의 성격도 갖는다. 미질부성 전투에서 연합군의 승리는 고구려의 일방적인 독주를 견제하였다. 이리하여 한반도 안에서 다시 세력균형이 이루어지게 되었다.

세 번째 국제전은 551년 백제의 한강유역 탈환전이다. 이 전쟁은 544년에 일어난 관산성 대회전과 연동되어 있어 하나로 묶어서 정리할 수도 있다. 그러나 551년의 국제전은 백제·신라·가야 연합군 대고구려군의 대결이었고, 554년의 국제전은 백제·가야·왜 연합군 대신라군의 대결이었다. 이처럼 두 전쟁은 전쟁을 촉발시킨 주체와 대상이 다르고 전쟁의 결과도 달랐다. 따라서 두 전쟁은 별도의 국제전으로 보는 것이 타당하다.

551년 한강유역 회복전의 중심축은 백제였고 신라, 가야세력이 참여하여 연합군을 형성하였다. 이때 왜는 군수물자만 지원하였다. 공격의 대상은 고구려였다. 연합군의 고구려 공격은 성공적으로 마무리되었다. 그 결과 백제는 한강 이남의 한성과 한강 이북의 남평양(양주) 그리고 그 이북의 6군을 차지하였고, 신라는 한강 상류의 10군을 차지하였다. 반면에 고구려는 한강유역 전체를 잃어버렸다.

2. 관산성 대회전의 영향

네 번째 국제전은 이 책의 핵심 주제인 554년에 일어난 관산성 대회전이다. 관산성 대회전은 세 번째 국제전의 결과물로서 백제를 중심으로 하는 가야, 왜 연합군과 신라의 대결이었다. 이리하여 어제까지 손을 잡았던 성왕과 진흥왕이 한판 승부를 벌이게 되었다.

관산성 대회전에서 백제는 성왕이 붙잡혀 죽고 3만에 가까운 병사들이 전사하였고 마필도 그 정도로 희생되었다. 백제군의 대패였다. 패배가 큰 만큼 이 패배가 백제에 준 충격은 컸다. 또 백제를 지원한 가야 제국과 왜도 이 전쟁에서의 패배로 받은 영향이 적지 않았다. 이를 개괄적으로 정리하면 다음과 같다.

첫째, 관산성 대회전의 패배는 백제의 상승하는 기운을 꺾었다. 이 전쟁의 패배로 한강유역을 되찾아 근초고왕-근구수왕대의 영광을 재현하고 백제를 갱위강국으로 만들려던 성왕의 계획은 모두 수포로 돌아갔다. 성왕과 좌평 4명을 비롯한 고위귀족들과 3만에 가까운 병사들의 죽음은 지배세력들의 권력 지형에도 큰 변화를 가져왔다. 위덕왕은 패전의 책임에 대해 추궁을 당하였다. 그 결과 신라 정벌을 반대한 원로귀족들의 발언권이 크게 강해져 왕권 중심의 정치운영이 귀족 중심의 정치운영으로 바뀌게 되었다.

둘째, 백제와 신라의 관계 변화이다. 관산성 대회전이 일어나기 이전 백제와 신라는 434년에 맺은 제라동맹을 작동시켜 고구려의 공격에 공동 대응하는 등 우호관계를 유지해 왔다. 물론 중간중간에 갈등이 없지는 않았지만 기본적으로 이러한 관계는 유지되었다. 그러나 관산성 대회전에서 성왕이 전사하고 신라가 성왕의 머리마저 돌려주지 않음에 따라 이후 양국은 백제가 멸망할 때까지 적대적으로 대결하였다. 당 고조가 삼국이 서로 싸우는 연유를 묻자 신라 사신이 "이보다 앞서 백제왕이 고구려를 치려고 신라에 구원을 요청하였다. 그러나 신라는 대병을 발동하여 백제국을 쳐서 크게 깨뜨렸다. 이 때문에 서로 공방을 하다가 신라가 백제왕을 죽였다. 원망은 이로부터 비롯되었다.”고[4] 한 말이 이를 압축적으로 보여 준다.

셋째, 대가야는 이 전쟁의 패배로 멸망의 길을 걷게 되었다. 가야제국은 481년의 국제전에서는 신라를 도왔지만 나머지 세 번에 걸친 국제전에서는 모두 백제 편에 섰다. 특히 시기적으로 연속되는 세 번째와 네 번째 국제전에서 백제를 도움으로써 신라와는 완전히 적대적 관계가 되었다. 가야 제국은 가중되는 신라의 위협에 대해 스스로를 지켜야 하는 상황에 처하였다. 그렇지만 백제로부터 도움을 받을 수 없었다. 전쟁에서 패배한 백제가 도와줄 수 있는 형편이 못되었기 때문이다. 결국 대가야는 전쟁이 끝난 지 8년 만인 562년에 신라에 의해 멸망되었고 나머지 가야 세력도 모두 병합되고 말았다. 이리하여 한반도 내에는 명실공히 삼국만 남게 되었다.

넷째, 왜는 세 번에 걸친 국제전에서 백제를 군사적으로 지원하였다. 먼저 399-400년 국제전에서 왜는 많은 군대를 파병하여 신라를 공격하였다가 고구려 원군에 의해 크게 패하였다. 여기에 더하여 404년에 단독으로 고구려의 대방계帶方界를 공격하였다가 또 대패하였다.[5] 이 결과는 야마토 정권에 큰 충격을 주었다. 해외 파병의 위험을 깨닫게 한 것이다. 이러한 경험으로 왜는 551년의 국제전에서는 직접 군대를 보내지 않고 군수물자만 지원하였다. 554년 국제전에서는 하는 수 없이 군사 지원을 하였지만 소규모의 군대만 보냈다. 그 결과 관산성 대회전에서 왜는 비록 패하기는 하였지만 백제처럼 실권귀족이 바뀌는 것과 같은 정치적 충격이나 변동은 없었다.

다섯째, 551년의 국제전에서 패배한 고구려는 한강 하류는 물론 한강 상류지역을 상실하였다. 그렇지만 고구려는 신라가 백제가 점령한 한강 하류지역을 차지하기 위해 연통해 오자 신라와 손을 잡았다. 이리하여 고구려는 남방 전선의 위협은 덜게 되었다. 그러나 고구려는 함경남도 지역을 신라에게 빼앗기는 등 영토 상실이라는 수모를 당하여야 하였다. 이후 고구려는 온달이 한강유역을 공격한 것에서 보듯이 한강유역을 되찾기 위한 노력을 하였지만 성공하지 못했다.

한편 진흥왕은 성왕과 명운을 건 관산성 대회전의 승리로 최대의 수확을 거두었다. 무엇보다도 진흥왕은 백제의 상승하는 기운을 꺾었다. 562년에는 백제에 기울어진 가야 제국을 멸망시켰다. 또 고구려 영역으로 깊숙이 쳐들어가 함경남도 일대를 차지하였다. 이리하여 진흥왕은 일거에 백제, 가야, 고구려 모두에 큰 타격을 주면서 그 위상을 드높였고, 건국 이래 최대의 영역을 확보하였다. 영토가 넓어지게 됨에 따라 경제기반은 크게 확대되었고 인구가 그만큼 늘어났다. 당항성을 대중국 해문海門으로 삼아 중국의 선진 문화를 적극 받아들였다. 이리하여 진흥왕은 욱일승천하는 발전의 토대를 놓았다.

3. 관산성 대회전의 역사적 의미

한국고대사의 주 무대는 만주와 한반도였다. 이 지역 각 곳에서는 청동기시대와 초기철기시대를 거치면서 크고 작은 나라(國)들이 성립하였다. 이후 철기시대에 와서는 농업생산력이 높아짐에 따라 이들 나라 사이에 통합운동이 일어났다. 이 통합운동은 길게 보면 만주와 한반도를 통일하는 과정의 첫 걸음이었다고 할 수 있다.

이 과정에서 고구려는 만주 및 한반도 북부 지역에서 성립한 국들을 아울러 중앙집권국가인 고구려 왕국을 이루었다. 한반도 남부에서는 백제국이 마한을 구성한 여러 나라들을 통합하여 백제 왕국을 이루었고, 사로국은 진한을 구성한 여러 나라들을 통합하여 신라 왕국을 이루었다. 반면에 변한연맹체는 통일왕국을 이루지 못한 채 가야연맹체로 전환되었다. 그 시기는 대략 4세기를 전후한 즈음이다. 이리하여 고구려, 백제, 신라가 정족을 이루어 대결하는 삼국시대가 전개되었다. 삼국의 정립은 만주와 한반도에서 전개된 통합운동의 1단계라고 할 수 있다.

삼국이 중앙집권체제를 갖추고 국력이 커지면서 전쟁의 규모도 커졌다. 369년 고구려 고국원왕이 보기 2만을 거느리고 백제를 공격한 것,[6] 371년 근초고왕이 고구려 평양성을 공격할 때 정병 3만을 동원한 것,[7] 광개토대왕이 400년에 신라를 돕기 위해 보기 5만을 파견한 것, 장수왕이 475년에 백제를 공격할 때 3만의 군대를 동원한 것[8] 등이 이를 잘 보여 준다.

그러나 이 시기에는 어느 한 나라가 압도적인 힘을 가진 것이 아니었기 때문에 삼국은 세력균형을 위해 합종연형을 하였다. 그 중심축에 고구려와 백제가 있었다. 가야 세력은 백제와 공조하였지만 신라는 때로는 고구려와, 때로는 백제와 연결하여 자국의 이익을 추구하였다. 한편 중국 대륙도 위진 이후 남북조시대가 전개되면서 역시 분열되어 있었다. 삼국은 남조와 북조의 분열을 적절히 이용하여 다변외교를 펼쳤다.

6세기 후반에 들어와 한반도 안팎에서 큰 변화가 일어났다. 한반

사진 | 익산 미륵사지 상상복원도(위)와 익산 제석사지 목탑지(국립익산박물관)

도 안에서는 562년에 신라가 가야 제국을 완전히 병합하였다. 합종
연형의 한 축이었던 가야 제국이 없어진 것이다. 가야 제국의 멸망
은 통합운동을 한 단계 더 진전시키는 불쏘시개 역할을 하였다. 한
반도 밖에서는 수나라가 589년에 남조 진陳을 멸망시켜 남북조시대
라는 분열의 시대를 마감하고 천하를 통일하였다. 중국대륙에서 통

일 제국의 출현은 한반도에 큰 압박으로 다가왔다. 그 압박은 점차 삼국으로 하여금 일통 의식을 낳게 하는 자극제가 되었다.

삼국이 '일통삼한一統三韓' 의식을 가졌음을 상징적으로 보여 주는 것이 구층탑과 칠층탑의 조영이다. 구층탑과 칠층탑 조영의 의미는 고려 태조 왕건의 사례에서 살펴볼 수 있다. 태조 왕건은 신라가 황룡사구층탑을 세워 삼한을 일통한 것처럼 개경에 칠층탑을, 서경에 구층탑을 세워 부처님의 공덕에 힘입어 후삼국을 통일하겠다고 서원하였다.[9] 이는 구층탑과 칠층탑 조영이 일통 의식의 발현임을 보여 준다.

그런데 백제 무왕은 익산을 경영하면서 왕실 사찰인 제석사에 칠층목탑을, 국가사찰인 미륵사에 구층목탑을 조영하였다. 5층탑이 주류를 이루었던 백제 탑파 문화에서 전례가 없는 일이었다. 이는 고려 태조의 사례에 비추어 볼 때 무왕의 일통삼한 의지의 표현으로 볼 수 있겠다.[10]

한편 신라 선덕여왕은 3년(634)에 분황사에 칠층탑을, 14년(645)에 황룡사에 구층탑을 만들었다.[11] 현재 삼층만 남아 있는 분황사 모전석탑의 원래 높이에 대해 9층으로 보는 견해도 있지만 7층으로 보는 것이 타당하다. 경주 남산 탑곡에 연꽃대좌 위의 좌불상을 가운데 두고 구층탑과 칠층탑이 새겨진 것이 이를 방증해 준다.

신라는 구층탑을 건립할 때 백제 장인 아비지阿非知를 초빙하였다. 아비지가 구층탑의 찰주를 세우는 날 본국 백제가 망하는 꿈을 꾸었다. 또 당나라에 유학을 간 자장에게 태화지의 신인이 "황룡사에 구층탑을 세우면 이웃나라가 항복하고, 구한이 내조하여 왕업이

사진 2 황룡사지 상상복원도(위, 국립경주박물관)와 경주 분황사지 모전
석탑(가운데, 오세윤 작가), 경주 남산 탑곡 마애조상군 북면 마애목탑.

길이 안녕할 것이다"¹²라고 말하였다. 이는 선덕여왕이 칠층탑과 구층탑을 세운 의도가 일통삼한에 있었음을 보여 준다.

칠층탑과 구층탑을 세워 일통의식을 표방한 것은 백제가 먼저였다. 백제의 일통의식은 경쟁하고 있던 신라에 자극을 주어 신라로 하여금 일통의식을 촉발시켰고 그 결과는 신라의 삼국 통일로 귀결되었다. 이후 신라의 일통의식은 고려의 일통의식으로 이어져 태조 왕건은 마침내 후삼국을 통일하였다.

후발주자인 신라가 삼국을 통일할 수 있었던 것은 7세기 당시 당唐의 세계 전략과 신라의 생존 및 통일 전략이 맞아떨어진 결과였다. 그 토대는 바로 진흥왕이 놓았다. 진흥왕은 선대 지증왕이 선포한 '망라사방'과 법흥왕이 내건 '건원', '대왕'으로 상징되는 국정 지표를 충실히 이행하였다. 그래서 '광획민토廣獲民土'하고, '사방탁경四方託境'하였다. '수기이안백성修己以安百姓'하여 민생을 안정시켰다. '인국서신隣國誓信'하고, '화사교통和使交通'하도록 하여 신라를 천하의 중심으로 만들었다.

진흥왕이 이러한 업적을 이룰 수 있었던 계기는 성왕과 명운을 걸었던 관산성 대회전의 승리였다. 이 승리로 진흥왕은 백제의 상승하는 기운을 꺾었고, 백제에 기울어진 가야 제국을 멸망시켰으며, 고구려 영역으로 깊숙이 쳐들어가 함경남도 일대를 차지하였다. 이리하여 진흥왕은 일거에 백제, 가야, 고구려 모두에 큰 타격을 주면서 그 위상을 드높였다. 건국 이래 최대의 영역을 확보하게 됨에 따라 경제기반도 크게 확대되었고, 인구도 그만큼 늘어났다. 당항성을 대중국 해문海門으로 삼아 중국의 선진 문화를 적극 받아들여 문화 수준을 높였다.

진흥왕이 확보한 한강유역은 삼국이 모두 국경을 접한 군사적 요충지였고, 물산이 풍부한 곳이었으며, 대중국 해상 교두보였다. 한강유역은 삼국이 서로 차지하려고 한 쟁패지지爭覇之地였다. 이 쟁패지지를 최후로 확보한 것이 진흥왕이었다. 이후 신라는 진흥왕이 확보한 한강유역을 어떤 대가를 치르더라도 사수하였다. 고구려 온달 장군의 공격으로부터 한강유역을 지켜 내었다.[13] 642년 고구려에 군사지원을 요청하러 간 김춘추는 한강유역을 돌려 달라는 고구려의 요청을 거부하여 감옥에 갇히기까지 하였다.[14]

지증왕이 표방한 '망라사방'은 진흥왕대에 와서 '사방척경'으로 확대되었고 여기에 '사방군주'를 두어 지배한다고 한다고 하는 천하관으로 나타났다. 이 '사방의식'은 신라가 삼국을 통일하는 이념적 토대가 되었고, 통일신라의 '구주九州의식'으로 재현되었다. 진흥왕이 확보한 한강유역은 신라가 삼국을 통일할 수 있는 군사적, 경제적, 외교적 밑거름이 되었다. 신라가 관산성 대회전에서 승리하여 한강유역을 확보한 것이 가지는 역사적 의미는 여기에 있는 것이다.

후주

머리글: 맞수의 앞 시대

1 노중국, 2018, 《백제정치사》, 일조각, 325~332쪽.

2 《삼국사기》 권26 백제본기 동성왕 21년조의 "夏大旱 民饑相食 盜賊多起 臣寮請發 倉賑救 王不聽 漢山人亡入高句麗者二千" 참조.

3 양기석, 2007, 〈천도 초기의 정치정세〉, 《웅진도읍기의 백제》 백제문화사대계 연구총서 4, 충청남도역사문화연구원.

4 《삼국사기》 권26 백제본기 무령왕 10년조의 "下令完固堤防 驅內外游食者歸農" 참조.

5 《일본서기》 권17 계체기 7년조의 "夏六月 百濟遣姐彌文貴將軍……貢五經博士段楊爾" 및 "秋九月 百濟…別貢五經博士漢高安茂 請代博士段楊爾 依請代之" 참조.

6 조경철, 1999, 〈백제의 지배세력과 법화사상〉, 《한국사상사학》 12집, 한국사상사 학회.

7 《삼국사기》 권26 백제본기 무령왕 12년조의 "秋九月 高句麗襲取加弗城 移兵破圓 山城 殺掠甚衆 王帥勇騎三千 戰於葦川之北 麗人見王軍少 易之不設陣 王出奇急擊 大 破之" 참조.

8 김태식, 1993, 《가야연맹사》, 일조각, 114~126쪽.

9 《양서》 권54 열전 제48 제이 백제전의 "冬十一月 遣使入梁朝貢 先是爲高句麗所破 衰弱累年 至是上表 稱累破高句麗 … 而百濟更爲彊國" 참조.

10 《맹자》 권10 만장 장구 하의 "天子之制 地方千里 公侯皆方百里 伯七十里 子男五 十里 凡四等 不能五十里 不達於天子 附於諸侯 曰附庸" 참조. 《예기》 왕제 제5에도 동일한 내용이 나온다.

11 《양서》 권54 열전 제48 제이 신라전의 "普通二年 王姓募名秦 始使 使隨百濟 奉獻 方物 … 語言待百濟而後通焉" 참조.

12 노명호, 2009, 《고려국가와 집단의식: 지위공동체·삼국유민·삼한일통·해동천자 의 천하》, 서울대학교 출판문화원; 노중국, 2018, 《백제정치사》, 일조각, 534~536쪽.

13 《삼국사기》 권4 신라본기 지증왕 즉위년조의 "妃朴氏延帝夫人 登欣伊湌女" 및 《삼국유사》 권1 왕력 지증왕조의 "第二十二智訂麻立干 … 妃迎帝夫人 儉覽代漢只 登許(一作△△)角干之女" 참조.

14 윤진석, 2009, 〈신라 지도로갈문왕의 '섭정'〉, 《한국고대사연구》 55집, 한국고대 사학회; 박성현, 2016, 〈제1장 '덕업일신과 망라사방'의 표방〉, 《신라의 체제 정 비와 영토 확장》 신라 천년의 역사와 문화 연구총서 03, 경상북도.

15 6부의 성립 과정에 대해서는 6부가 동시에 성립된 것으로 보는 견해(전덕재,

1996,《신라육부체제연구》, 일조각), 처음에는 탁부, 본피부, 한기부가 성립되었고 이 3부가 분화하여 6부가 성립된 것으로 보는 견해(주보돈, 1992, 〈삼국시대의 귀족과 신분제-신라를 중심으로-〉,《한국사회발전단계사론》, 일조각)도 있다.

16 《삼국사기》권3 신라본기 소지마립간 22년조의 "秋九月 王幸捺已郡 郡人波路有女子 名曰碧花…路經古陁郡…嫗對曰 衆以爲聖人 妾獨疑之 何者 竊聞王幸捺已之女屢微服而來 夫龍爲魚服 爲漁者所制" 참조.

17 주보돈, 1989, 〈영일 냉수리비에 대한 기초적 검토〉,《신라문화》6집, 동국대학교 신라문화연구소; 정구복, 1990, 〈영일냉수리비의 금석학적 고찰〉,《한국고대사연구》3집, 한국고대사연구회.

18 변태섭, 1964, 〈묘제의 변천을 통하여 본 신라사회의 발전과정〉,《역사교육》18집, 역사교육학회.

19 《삼국사기》권4 신라본기 지증왕 4년조의 "冬十月 羣臣上言 始祖創業已來 國名未定 或稱斯羅 或稱斯盧 或言新羅 臣等以爲 新者德業日新 羅者網羅四方之義 則其爲國號宜矣 又觀自古有國家者 皆稱帝稱王 自我始祖立國 至今二十二世 但稱方言 未正尊號 今羣臣一意 謹上號新羅國王 王從之" 참조.

20 노중국, 2008, 〈신라 중고기 유학사상의 수용과 확산〉,《대구사학》제93집, 대구사학회.

21 《삼국사기》권4 신라본기 지증마립간 6년조의 "春二月 王親定國內州郡縣 置悉直州 以異斯夫爲軍主 軍主之名 始於此" 참조.《양서》권54 열전 제48 제이 신라전에는 "其俗呼城曰健牟羅 其邑在內曰啄評 在外曰邑勒 亦中國之言郡縣也"에서 보듯이 총괄하여 邑勒이라 하였다.

22 법흥왕의 출생 연도는 기록이 없다. 아버지 지증왕의 출생 연도를 기준으로 하면 법흥왕의 출생 연도는 461년(자비왕 4) 무렵이 되고, 딸 지소의 출생 연도로 추정되는 것을 기준으로 하면 499년(소지왕 21)쯤이 된다. 어느 경우이든 법흥왕은 지증왕이 왕이 되기 이전에 출생하였으므로 지증왕은 즉위하기 전에 연제부인을 맞이한 것으로 볼 수 있다.

23 이문기, 2018, 〈신라 법당의 신고찰〉,《대구사학》131집, 대구사학회.

24 《일본서기》권17 계체기 23년조의 "… 加羅己富利知伽(未詳)報云 配合夫婦 安得更離 亦有兒息. 棄之何往 遂於所縛 拔刀伽古跛布那牟羅三城 歷拔北境五城" 참조.

25 《삼국사기》권4 신라본기 법흥왕 19년조의 "金官國主金仇亥 與妃及三子 長曰奴宗 仲曰武德 季曰武力 以國帑寶物來降 王禮待之 授位上等 以本國爲食邑" 참조.

26 《삼국사기》권34 잡지 제3 지리 제1 상주조의 "尙州 沾解王時 取沙伐國爲州 法興王十一年梁普通六年 初置軍主爲上州 …" 참조.

27 《삼국사기》권34 잡지 제3 지리 제1 강주조의 "金海小京 古金官國 … 至十世仇亥王 以梁中大通四年新羅法興王十九年 率百姓來降 以其地爲金官郡" 참조.

28 《삼국사기》권34 잡지 제3 지리 제1 양주조의 "咸安郡 法興王以大兵 滅阿尸良國 一云阿那加耶 以其地爲郡" 참조.

29 권덕영, 1985, 〈신라 외위제의 성립과 그 기능〉,《한국사연구》, 한국사연구회.

30 이수훈, 2015, 〈6세기 신라 촌락지배의 변화-금석문의 사인과 도사를 중심으로-〉,《역사와 경계》97집, 부산경남사학회.

31 《삼국사기》권4 신라본기 법흥왕 7년조의 "春正月 頒示律令 始制百官公服 朱紫之

秩"참조.

32 남희숙. 1991, 〈신라 법흥왕대 불교수용과 그 주도세력〉, 《한국사론》 25집, 서울대학교 국사학과; 홍승우, 2016, 〈제2장 율령반포와 지배체제의 정비〉, 《신라의 체제 정비와 영토 확장》 신라 천년의 역사와 문화 연구총서 03, 경상북도.

33 신창수, 2001, 〈흥륜사의 발굴성과 검토〉, 《신라문화》 20집, 동국대학교 신라문화연구소.

34 《삼국사기》 권4 신라본기 법흥왕 18년조의 "夏四月 拜伊飡哲夫爲上大等 摠知國事 上大等官 始於此 如今之宰相" 참조.

35 이기백, 1965, 〈상대등고〉, 《역사학보》 19집, 역사학회.

36 이우태, 1985, 〈영천 청제비를 통해본 청제의 축조와 수치〉, 《변태섭박사 화갑기념 사학논총》, 삼영사.

37 하일식, 2005, 〈신라 왕실 직할지의 초기 형태에 대하여-청제비 병진명의 정밀 판독과 분석-〉, 《동방학지》 132집, 연세대학교 국학연구원.

38 노중국, 2018, 《백제정치사》, 일조각, 530~532쪽.

제1부 맞수의 등장

1 《일본서기》 권19 흠명기 13년조의 "冬十月 百濟聖明王(更名聖王) …" 참조.

2 《삼국사기》 권26 백제본기 성왕 32년조의 "秋七月 王欲襲新羅 親帥步騎五十 夜至狗川 新羅伏兵發與戰 爲亂兵所害薨 諡曰聖" 참조. 백제의 시호제에 대해서는 문동석, 2020, 〈백제의 시호제와 시호의 함의〉, 《백제학보》 32집, 백제학회 참조.

3 《일본서기》 권19 흠명기 14년조의 "冬十月 庚戌朔己酉 … 餘昌對日 姓是同姓 位是扞率 年卅九矣" 참조.

4 국립공주박물관, 2011, 《국립공주박물관 들여다보기》, 통천문화사.

5 《속일본기》 권37 연력 9년조의 "正月壬午 … 皇太后姓和氏 諱新笠 贈正一位乙繼之女也 母贈正一位大枝朝臣眞妹 后先驅自百濟武寧王之子純陀太子" 참조.

6 순타의 후손인 신립의 출계는 和史氏가 和朝臣氏로 바뀐 이후 화조신씨의 조상을 "백제 무령왕의 아들 순타 태자"로 연결하는 계보가 만들어지면서 생겨난 것(김은숙, 2003, 〈일본 율령국가의 백제왕씨〉, 《백제유민사》 백제문화사대계 연구총서7, 충청남도역사문화연구원)이라고 한다.

7 《일본서기》 권17 계체기 7년조의 "秋八月癸未朔戊申 百濟太子淳陀薨" 참조.

8 《삼국사기》 권26 백제본기 성왕 즉위년조의 "秋八月 高句麗兵至浿水 王命左將志忠 帥步騎一萬 出戰退之" 참조.

9 《삼국사기》 권1 신라본기 혁거세거서간 39년조의 "馬韓王薨 或說上日 西韓王前辱我使 今當其喪 征之其國 不足平也 上日 幸人之災 不仁也 不從 乃遣使弔慰" 참조.

10 《삼국유사》 권3 흥법 제3 원종흥법 염촉멸신조의 "又於大通元年丁未 爲梁帝創寺於熊川州 名大通寺(熊川卽公州也 時屬新羅故也 然恐非丁未也 乃中大通元年己酉歲所創也 始創興輪之丁未 未暇及於他郡立寺也)" 참조.

11 조경철, 2018, 〈공주 대통사와 동아시아 불교-삼국유사 '원종흥법 염촉멸신'의 비판적 검토-〉,《백제문화》 58집, 공주대학교 백제문화연구소.

12 淸水昭博, 2003, 〈백제 대통사지 수막새의 형성과 전개-중국 남조 조와기술의 전파-〉,《백제연구》 38집, 충남대학교 백제연구소.

13 《남사》 권7 양본기 중 제7 대통 원년조의 "春正月辛未 … 是月 初 帝創同泰寺 至是開大通門 以對寺之南門 取反語以協同泰" 참조.

14 조경철, 2015,《백제불교사연구》 솔벗한국학총서 19, 지식산업사, 102~130쪽.

15 노중국, 2019, 〈백제 성왕과 대통사-대통사지의 역사적 의미-〉,《백제문화》 60권, 공주대학교 백제문화연구소.

16 《양서》 권3 본기 제3 무제 하 대통 11년조의 "冬十月己未 詔曰 堯舜以來 便開贖 刑 中年依古 許罪身入贖 吏下因此 不無姦猾 所以一日復敕禁斷 川流難壅 人心惟危 卽乖內典慈悲之義 又傷外敎好生之德" 참조.

17 소현숙, 2010, 〈양 무제와 동태사〉,《불교학보》 54집, 동국대학교 불교문화연구원.

18 《삼국사기》 권26 백제본기 성왕 19년조의 "王遣使入梁朝貢 兼表請毛詩博士涅槃等 經義并工匠畵師等 從之" 참조.

19 한얼문화유산연구원, 2018, 〈공주 반죽동 한옥신축부지 내 유적 소규모 국비지원 발굴조사 현장설명회 보도자료〉.

20 《삼국사기》 권26 백제본기 성왕 즉위년조의 "智識英邁 能斷事" 참조.

21 《일본서기》 권19 흠명기 16년조의 "聖王妙達天道地理 名流四表八方" 참조.

22 《일본서기》 권19 흠명기 4년조의 "十二月 百濟聖明王 復以前詔 普示群臣曰 … 上佐平沙宅己婁 中佐平木劦麻那 下佐平木尹貴 德率鼻利莫古 德率東城道天 …" 참조.

23 국립부여문화재연구소, 1995,《부소산성발굴조사중간보고》, 264쪽.

24 백제고도문화재단, 2015, 〈(청산성 구간) 7차 발굴조사약보고서〉 문화유적조사보고 제15-16집.

25 《주례》 동관 고공기 제6의 "匠人營國 方九里旁三門 國中九經九緯 經涂九軌 左祖 右社 面朝後市" 참조.

26 盧海鳴, 2002,《六朝都城》, 남경출판사, 68쪽 〈北魏洛陽城平面想像圖〉 참조.

27 국립부여박물관, 2016,《부소산》 국립부여박물관 특별전, 63~79쪽.

28 박순발, 2010,《백제의 도성》, 충남대 출판부, 253-254쪽.

29 《삼국사기》 권26 백제본기 성왕 16년조의 "春 移都於泗沘(一云所夫里) 國號南扶餘" 참조.

30 김영심, 2013, 〈백제 누가 세웠나-문헌학적 측면〉,《백제, 누가 언제 세웠나》 백제의 건국시기와 주체세력 백제학연구총서 쟁점백제사 I, 한성백제박물관.

31 노명호, 1981, 〈백제의 동명신화와 동명묘—동명신화의 재생성 현상과 관련하여—〉,《역사학연구》 X, 전남대학교 사학회.

32 《위서》 권100 열전 제88 백제전의 "臣與高句麗 源出扶餘" 참조.

33 《삼국사기》 권19 고구려본기 문자명왕 3년조의 "二月 扶餘王及妻孥 以國來降" 참조.

34 노중국, 2012,《백제의 대외 교섭과 교류》, 지식산업사, 469~474쪽.

35 《주서》 권49 열전 제41 이역 상 백제전의 "佐平五人一品 達率三十人二品" 참조.

36 《주서》 권49 열전 제41 이역 상 백제전의 "自恩率以下 官無常員" 참조.

37 《주서》 백제전의 "各有部司 分掌衆務" 참조.

38 《한원》 번이부 백제조의 "長史三年一代" 참조.

39 노중국, 2018, 《백제정치사》, 일조각, 342~343쪽.

40 《주서》 백제전의 "治固麻城 其外更有五方 中方曰古沙城 東方曰得安城 南方曰久知下城 西方曰刀先城 北方曰熊津城 … 五方各有方領一人 以達率爲之 郡將三人 以德率爲之…城之內外民庶及餘小城 咸分隷焉" 참조.

41 《한원》 번이부 백제조의 "其諸方之城 皆憑山險爲之 亦有累石者…其兵多者千人 小者七八百人" 참조.

42 노중국, 2018, 《백제정치사》, 일조각, 379~380쪽.

43 《陳書》 권33 열전 제27 정작전 육후의 "陸詡少習崔靈恩三禮義宗 梁世 百濟國表求講禮博士 詔令詡行 …" 참조.

44 노중국, 2018, 《백제정치사》, 일조각, 417~419쪽.

45 김현구·박현숙·우재병·이재석, 2003, 《일본서기 한국관계 기사연구(Ⅱ)》, 일지사, 139쪽.

46 日系 百濟官僚에 대해서는 笠井倭人, 1974, 〈欽明朝における百濟の對倭外交-特に日系百濟官僚を中心として-〉, 《古代の日本と朝鮮》, 學生社 참조.

47 《주서》 권49 열전 백제전의 "其王以四仲之月 祭天及五帝之神 又每歲四祠其始祖仇台之廟" 참조.

48 이병도, 1976, 《한국고대사연구》, 박영사, 472~476쪽.

49 《삼국사기》 권15 고구려본기 태조대왕 즉위년조의 "太祖大王 或云國祖王 諱宮 小名於漱 …" 참조.

50 《일본서기》 권19 흠명기 16년조의 "春二月 百濟王子餘昌遣王子惠(王子惠者 威德王之弟也) … 蘇我卿曰 … 原夫建邦神者 天地割判之代 草木言語之時 自天降來 造立國家之神也 頃聞 汝國輟而不祀 …" 참조.

51 노중국, 2018, 《백제정치사》, 일조각, 388~389쪽.

52 《예기》 제통 제25의 "凡祭有四時 春祭曰礿 夏祭曰禘 秋祭曰嘗 冬祭曰烝" 참조.

53 서영대, 2000, 〈백제의 오제신앙과 그 의미〉, 《한국고대사연구》 20집, 한국고대사연구회.

54 《삼국유사》 권2 기이 제2 남부여 전백제 북부여조의 "又郡中有三山 日△山浮山 吳山 國家全盛之時 各有神人居其上 飛翔往來 朝夕不絕" 참조.

55 노중국, 2018, 《백제정치사》, 일조각, 391쪽.

56 이능화, 1917, 〈미륵불광사사적기〉, 《조선불교통사》 상편, 보련각.

57 정림사라는 이름은 부여 정림사지의 강당지 발굴에서 출토된 '太平八年戊辰定林寺大藏當草'라는 명문에서 확인된다. 태평 8년(1028)은 고려 현종 19년이다.

58 이병호, 2014, 《백제 불교 사원의 성립과 전개》 동원학술총서 02, 사회평론아카데미, 107~110쪽.

59 《일본서기》 권19 흠명기 6년조의 "九月 … 是月 百濟造丈六佛像 製願文曰 盖聞造丈六佛 功德甚大 今敬造 以此功德 願天皇獲勝善之德 天皇所用彌移居國 俱蒙福祐 又願普天之下一切衆生 皆蒙解脫 故造之矣" 참조.

60 이병호, 2005, 〈부여 정림사지출토 소조상의 제작기법과 봉안장소〉, 《미술자료》 72·73호, 국립중앙박물관.

61 소현숙, 2011, 〈위진남북조시대 아육왕상전승과 숭배〉, 《불교미술사학》 11집, 불교미술사학회.

62 조경철, 2006, 〈동아시아 불교식 왕호 비교-4~8세기를 중심으로-〉, 《한국고대
사연구》 43, 한국고대사학회; 최연식, 2019, 〈법왕의 동아시아적 변용과 백제 법
왕의 성격〉, 《백제학보》 30집, 백제학회.

63 河上麻由子, 2019, 〈東アジアの轉輪聖王〉, 《출토 자료로 본 백제 사비기의 문화
와 동아시아》 발표자료집, 한국목간학회.

64 《일본서기》 권19 흠명왕 13년조의 "冬十月 百濟聖明王(更名聖王) 遣西部姬氏達
率怒唎斯致契等 獻釋迦佛金銅像一軀 幡盖若干 經論若干卷 別表讚流通禮拜功德云 是
法於諸法中 最爲殊勝 難解難入 周公孔子尙不能知 此法能生無量無邊福德果報 …" 참조.

65 김영태, 1985, 〈위덕왕 당시의 불교〉, 《백제불교사상연구》, 동국대학교출판부.

66 《삼국사기》 권4 신라본기 진흥왕 37년조의 "崔致遠鸞郎碑序曰 國有玄妙之道 曰
風流 設敎之源 備詳仙史 實乃包含三敎 接化羣生 且如入則孝於家 出則忠於國 魯司寇
之旨也 處無爲之事 行不言之敎 周柱史之宗也 諸惡莫作 諸善奉行 竺乾太子之化也"
참조.

67 최병헌, 1998, 〈백제금동향로〉, 《한국사시민강좌》, 일조각.

68 조용중, 2003, 〈백제금동대향로에 관한 연구〉, 《백제금동대향로》 백제금동대향
로 발굴 10주년기념 연구논문자료집, 국립부여박물관.

69 노중국, 2010, 《백제사회사상사》, 지식산업사, 552쪽.

70 《삼국유사》 권2 기이 제2 후백제 견훤조의 "李磾家記云 眞興大王妃思刀 諡曰白
䳙夫人…"에 따르면 진흥왕의 왕비 思刀의 시호는 白䳙이다. 그러나 이 시호의
사실 여부는 확인할 수 없다.

71 《삼국사기》 권4 신라본기 진흥왕 즉위년조의 "眞興王 立 … 法興王弟葛文王立宗
之子也" 참조.

72 《삼국사기》 권11 신라본기 헌안왕 즉위년조의 "憲安王 立 諱誼靖 一云祐靖 神武
王之異母弟也"및 《삼국유사》 권1 왕력 신라 헌안왕조의 "第四十七憲安王(金氏 名
誼靖 神武王之弟)" 참조.

73 노중국, 2019, 《삼국유사 신라 진흥왕조의 검토》, 《신라문화제학술발표논문집》
40집, 동국대학교 신라문화연구소.

74 고려 태조가 訓要十條 제3조에서 "적자가 왕위를 잇는 것이 상례이지만 만약
원자가 불초하면 차자에게 왕위를 주고, 차자마저 불초하면 형제 가운데 추대
를 받는 자가 대통을 잇도록 하라"고 한 것(《고려사》 세가 권2 태조 26년조의
"其三日 傳國以嫡 雖日常禮 然丹朱不肖 堯禪於舜 實爲公心 若元子不肖 與其次子 又
不肖 與其兄弟之衆所推戴者 俾承大統")이 방증 사례가 된다.

75 《삼국사기》 권2 신라본기 나해이사금 즉위년조의 "奈解尼師今 立 伐休王之孫也
… 前王太子骨正及第二子伊買 先死 大孫尙幼少 乃立伊買之子 是爲奈解尼師今" 참조.

76 《삼국사기》 권10 신라본기 소성왕 즉위년조의 " 昭聖或云昭成王 立 諱俊邕 元聖
王太子仁謙之子也 … 元聖大王元年 封仁謙爲太子 至七年卒 元聖養其子於宮中 …
十一年爲太子 及元聖薨繼位" 참조.

77 《삼국사기》 권4 신라본기 진흥왕 즉위년조의 "眞興王立 諱彡麥宗 時年七歲 …"
참조.

78 《삼국유사》 권1 기이 제1 진흥왕조의 "眞興王卽位 時年十五歲" 참조.

79 《예기》 곡례 상 제1의 "人生十年日幼 學" 참조.

80 《삼국사기》 권3 신라본기 자비마립간 11년조의 "秋九月 徵何瑟羅人年十五已上

築城於泥河"참조.

81 《삼국유사》권3 흥법 제3 원종흥법 염촉멸신조의 "法興王旣擧廢立寺 寺成 謝冕 旒 披方袍 施宮戚爲寺隷 … 主住其寺 躬任弘化"참조.

82 이희관, 1990, 〈신라상대 지증왕계의 왕위계승과 박씨왕비족〉, 《동아연구》 20 집, 서강대학교 동아연구소.

83 《삼국유사》권3 흥법 제3 원종흥법 염촉멸신조의 "前王姓金氏 … 初興役之乙卯 歲 王妃亦創永興寺 慕史氏之遺風 同王落彩爲尼 名妙法 亦住永興寺 有年而終"참조.

84 이와는 달리 연호를 기준으로 건원기(540-550), 개국기(551-567), 대창기 (568-571), 홍제기(572-576)로 나누어 보는 견해(최병헌, 2019, 〈신라 진흥왕대 의 국가발전과 정치사상-진흥왕순수비·황룡사장육존상 조성의 역사적 의의-〉 《신 라문화》 54집, 동국대학교 신라문화연구소)도 있다.

85 박남수, 2008, 〈울주 천전리 서석명에 나타난 진흥왕의 왕위계승과 입종갈문 왕〉, 《한국사연구》 141집, 한국사연구회.

86 《삼국사기》권4 신라본기 지증왕 13년조 및 《삼국사기》권44 열전 제4 이사부 전의 "至十三年壬辰 爲阿瑟羅州軍主 謀幷于山國 …"참조.

87 《일본서기》권17 계체기 23년조의 "四月 … 是月 … 新羅改遣其上臣伊叱夫禮智干 岐(新羅以大臣爲上臣 一本云伊叱夫禮知伦末) 率衆三千來請聽勅 … 上臣抄掠四村(金 官背伐安多委陀 是爲四村 一本云多多羅須那羅和多費智爲四村也) 盡將人物 入其本國" 참조.

88 《삼국사기》권4 신라본기 진흥왕 2년조의 "春三月 雪一尺 拜異斯夫爲兵部令 掌 內外兵馬事"참조.

89 이문기, 1997, 《신라병제사연구》, 일조각, 132쪽.

90 《삼국사기》권4 신라본기 진흥왕 11년조의 "春正月 百濟拔高句麗道薩城 三月 高 句麗陷百濟金峴城 王乘兩國兵疲 命伊湌異斯夫 出兵擊之 取二城增築 留甲士一千戍之" 참조.

91 이사부에 대해서는 한국이사부학회, 2010, 《이사부와 동해》 2집; 전덕재, 2014, 〈이사부의 가계와 정치적 위상〉, 《사학연구》 115집, 한국사학회 참조.

92 《삼국사기》권3 신라본기 소지마립간 즉위년조의 "妃善兮夫人 乃宿伊伐湌女" 참 조. 소지마립간에게는 두 명의 왕비가 있었는데 선비는 기보갈문왕의 딸이고, 후비는 내숙의 딸이라는 견해(윤진석, 2013, 〈5-6세기 신라의 정치운영과 갈문 왕〉 계명대학교대학원 박사학위논문)도 있다.

93 《삼국사기》권44 열전 제4 거칠부전의 "見汝容貌 定非常流 … 相汝鶿頷鷹視 將 來必爲將帥"참조.

94 거칠부에 대해서는 주보돈, 2014, 〈거칠부의 출가와 출사〉, 《한국고대사연구》 76집, 한국고대사학회 참조.

95 《삼국사기》권44 열전 제4 거칠부전의 "師又語曰 … 將來必爲將帥 若以兵行 無 貽我害 居柒夫曰 若如師言 所不與師好者 有如曒日 참조.

96 《삼국사기》권4 신라본기 진흥왕 6년조의 "秋七月 伊湌異斯夫奏曰 國史者 記君 臣之善惡 示褒貶於萬代 不有修撰 後代何觀 王深然之 命大阿湌居柒夫等 廣集文士 俾之修撰"참조.

97 《삼국사기》권44 열전 제4 거칠부전의 "眞興大王六年乙丑 承朝旨 集諸文士 修撰 國史 加官波珍湌"참조.

98 《삼국사기》권44 열전 제4 거칠부전의 "至是惠亮法師 領其徒出路上 居柒夫下馬 … 於是居柒夫同載以歸 見之於王 王以爲僧統 …"참조.

99 이병도, 1976, 《한국고대사연구》, 박영사, 669쪽.

100 《삼국유사》권3 흥법 제3 원종흥법 염촉멸신조의 "處九五 威率百僚 號令畢備" 참조.

101 《삼국사기》권32 잡지 제1 악 가야금조의 "後 于勒以其國將亂 攜樂器 投新羅眞 興王 王受之 安置國原"참조.

102 서영일, 1999, 《신라 육상 교통로 연구》, 학연문화사, 147~151쪽; 박성현, 2020, 〈우륵의 생애와 활동의 역사적 의미〉, 《대가야의 악-가야금과 우륵 12곡 -》, 고령군 대가야박물관·서울시 한성백제박물관·계명대학교 한국학연구원.

103 김길식, 2013, 〈청주 부모산성 출토 철기〉, 《청주 부모산성의 종합적 고찰》, 충북대학교·한국성곽학회; 박중균, 2013, 〈청주 부모산성 출토 토기〉, 《청주 부 모산성의 종합적 고찰》, 충북대학교·한국성곽학회.

104 《삼국사기》권4 신라본기 진흥왕 13년조의 "王命階古法知萬德三人 學樂於于勒 于勒量其人之所能 敎階古以琴 敎法知以歌 敎萬德以舞 業成"참조.

105 《삼국사기》권32 잡지 제1 악 가야금조의 "… 三人旣傳十二曲 相謂曰 此繁且淫 不可以爲雅正 遂約爲五曲 于勒始聞焉而怒 及聽其五種之音 流淚歎曰 樂而不流 哀而 不悲 可謂正也 爾其奏之王前"참조.

106 《삼국사기》권32 잡지 제1 악 가야금조의 "王聞之大悅 諫臣獻議 加耶亡國之音 不足取也 王曰 加耶王 淫亂自滅 樂何罪乎 蓋聖人制樂 緣人情以爲撙節 國之理亂 不 由音調 遂行之"참조.

107 양기석, 2006, 〈국원소경과 우륵〉, 《충북사학》16집, 충북대학교사학회.

108 《삼국사기》권4 신라본기 진흥왕 14년조의 "二月 王命所司 築新宮於月城東 黃 龍見其地 王疑之 改爲佛寺 賜號曰皇龍"참조.

109 《삼국유사》권1 기이제1 신라시조 혁거세왕조의 "營宮室於南山西麓(今昌林寺)" 참조.

110 경주 월성의 축조 과정에 대해서는 국립경주문화재연구소, 2010, 《경주 월성 연구의 현황과 과제》, 동국대학교 신라문화연구소 참조.

111 《삼국사기》권3 신라본기 자비마립간 12년조의 "春正月 定京都坊里名"참조.

112 《삼국사기》권3 신라본기 소지마립간 12년조의 "三月 初開京師市肆 以通四方之 貨"참조.

113 최병헌, 2019, 〈신라 진흥왕대의 국가발전과 정치사상-진흥왕순수비·황룡사장육 존상 조성의 역사적 의의-〉, 《신라문화》54집, 동국대학교 신라문화연구소.

114 신라 왕경의 도로에 대해서는 국립경주문화재연구소, 2016, 《신라 왕경의 도 로》; 박방룡, 2016, 〈제1장 도성제〉, 《신라의 체제 정비와 영토 확장》신라 천년 의 역사와 문화 연구총서 08, 경상북도 참조.

115 《삼국사기》권4 신라본기 진흥왕 37년조의 "春 始奉源花 初君臣病無以知人 欲使 類聚羣遊 以觀其行義 然後擧而用之"참조.

116 《삼국사기》권4 신라본기 진흥왕 37년조의 "春 始奉源花 … 遂簡美女二人 一曰 南毛 一曰俊貞 聚徒三百餘人 二女爭娟相妬 俊貞引南毛於私第 强勸酒 至醉 曳而投河 水以殺之 俊貞伏誅 徒人失和罷散";《삼국유사》권4 탑상 제4 미륵선화 미시랑 진 자사조의 "乃取南毛娘峧貞娘兩花 聚徒三四百人 峧貞者嫉妬毛娘 … 乃殺峧貞娘 於是

大王下令廢原花"참조.

117 신라 화랑도에 대해서는 이기동, 1980,《신라 골품제사회와 화랑도》, 한국연구원 참조. 화랑도 연구 현황에 대해서는 주보돈, 1997, 〈신라 화랑도 연구의 현황과 과제〉,《계명사학》8집, 계명사학회; 박남수, 2013,《신라 화백제도와 화랑도》, 주류성 참조.

118 《삼국유사》권4 탑상 제사 미륵선화 미시랑 진자사조의 "… 改爲花娘 始奉薛原郎爲國仙 此花郎國仙之始 故竪碑於溟州"참조.

119 이와는 달리 육정의 핵심 군단인 大幢이 설치된 544년(진흥왕 5)으로 추정하는 견해(이기동, 1976, 〈신라 화랑도의 기원에 대한 일고찰〉,《역사학보》69집, 역사학회)도 있다.

120 《삼국유사》권2 기이 제2 효소왕대 죽지랑조의 "郞徒百三十七人 亦具儀侍從" 및 권5 효선 제9 빈녀양모조의 "郞之千徒 歛租一千石遺之"참조.

121 《삼국유사》권5 감통 제7 융천사 혜성가 진평왕대조

122 《삼국사기》권32 잡지 제1 악조의 "徒領歌 眞興王時作也"참조.

123 천전리각석문에 대해서는 이문기, 1992, 〈제2장 석각 1. 울주 천전리서석〉,《역주 한국고대금석문 Ⅱ》신라1·가야 편, 한국고대사회연구소 참조. 제천 점말 동굴 각석문에 대해서는 장호수, 2008, 〈점말 동굴의 고고학적 가치〉,《충북문화재연구》1집, 충북문화재연구원 참조.

124 심현용, 2019, 〈울진 성류굴 제8광장 신라 각석문 발견보고〉,《목간과 문자》22집, 한국목간학회.

125 《삼국유사》권2 기이 제2 효소왕대 죽지랑조의 "第三十二 孝昭王代 竹曼郞之徒 有得烏(一云谷)級干 隸名於風流黃卷 … 朝廷花主聞之 遣使取益宣 將洗浴其垢醜 …" 참조.

126 《삼국사기》권47 열전 제7 관창전의 "官昌 一云官狀 新羅將軍品日之子 儀表都雅 少而爲花郎 … 年十六 能騎馬彎弓 大監某薦之太宗大王 至唐顯慶五年庚申 王出師 與唐將軍侵百濟 以官昌爲副將"참조.

127 《삼국사기》권4 신라본기 진흥왕 37년조의 "因此知其人邪正 擇其善者 薦之於朝 故金大問花郎世記曰 賢佐忠臣 從此而秀 良將勇卒 由是而生"참조.

128 《삼국유사》권4 탑상 제4 미륵선화 미시랑 진자사조의 "自此使人悛惡更善 上敬下順 五常六藝 三師六正 廣行於代"참조.

129 신라 승관제에 대해서는 이수훈, 1990, 〈신라 승관제의 성립과 기능〉,《부대사학》14집, 부산대학교사학회; 채상식, 1993, 〈신라 승관제 이해를 위한 시론〉,《한국문화연구》6집, 서울대학교 한국문화연구소.

130 《삼국사기》권40 잡지 제9 직관 하의 "國統 一人一云寺主 眞興王十二年 以高句麗惠亮法師爲寺主"참조.

131 《삼국유사》권4 의해 제5 자장정률조의 "新羅眞興王十一年庚五 … 明年辛未 … 寶良法師爲大都唯那一人 及州統九人 郡統十八人等"참조.

132 《삼국유사》권4 탑상 제4 미륵선화 미시랑 진자사조의 "於是 大王下令 廢原花 累年 王又念欲興邦國 須先風月道 更下令 選良家男子有德行者 改爲花郎 始奉薛原郎 爲國仙"참조.

133 《삼국유사》권4 탑상 제4 미륵선화 미시랑 진자사조의 "擇人家娘子美艶者 捧爲 原花 要聚徒選士 敎之以孝悌忠信 亦理國之大要也"참조.

134 노중국, 2016, 〈신라 흥륜사와 황룡사 그리고 진흥왕과 거칠부〉, 《신라문화제 학술발표논문집》 37집, 동국대학교 신라문화연구소.

135 신종원, 1987, 〈'도인'사용례를 통해 본 남조불교와 한일관계-신라 법흥왕, 진흥왕대 불교를 중심으로-〉, 《한국사연구》 59집, 한국사연구회.

136 《삼국사기》 권4 신라본기 진흥왕 37년조의 "崔致遠鸞郞碑序曰 國有玄妙之道 曰 風流…實乃包含三敎 接化羣生 …"참조.

제2부 맞수의 대결

1 《일본서기》 권9 흠명기 49년조의 "仍移兵西廻至古爰津 屠南蠻忱彌多禮 以賜百濟 於是 其王肖古及王子貴須 亦領軍來會 時比利辟中布彌支半古四邑 自然降服"참조.

2 《삼국사기》 권24 백제본기 근구수왕 즉위년조의 "近仇首王 一云諱須 近肖古王之 子 先是 高句麗國岡王斯由 釈來侵 近肖古王遣太子拒之 至半乞壤 將戰 … 太子從之 進撃大敗之 追奔逐北 至於水谷城之西北 … 太子善之止焉 乃積石爲表 …"참조.

3 《삼국사기》 권24 백제본기 근초고왕 26년조의 "冬 王與太子帥精兵三萬 侵高句麗 攻平壤城 麗王斯由力戰拒之 中流矢死 王引軍退 移都漢山"참조.

4 《삼국사기》 백제본기 문주왕기와 동성왕기에는 백제가 한강유역은 물론 그 이 북 지역까지도 차지한 것으로 나온다. 이를 근거로 웅진도읍기에 한강유역을 회복한 것으로 보는 견해(김영관, 2000, 〈백제의 웅진천도 배경과 한성경영〉, 《충북사학》 11·12합집호, 충북사학회; 양기석, 2005, 〈5~6세기 백제의 북계 -475~551년 백제의 한강유역 영유 문제를 중심으로-〉 《박물관기요》 20집, 단국대 학교 석주선기념박물관))도 있다.

5 《삼국사기》 권26 백제본기 성왕 7년조의 "冬十月 高句麗王興安 躬帥兵馬來侵 拔 北鄙穴城 命佐平燕謨 領步騎三萬 拒戰於五谷之原 不克 死者二千餘人"참조.

6 《삼국사기》 권4 신라본기 진흥왕 2년조의 "春三月 百濟遣使請和 從之"참조.

7 《삼국사기》 권4 신라본기 진흥왕 9년조의 "春二月 高句麗與穢人 攻百濟獨山城 百 濟請救 王遣將軍朱玲 領勁卒三千撃之 殺獲甚衆"참조.

8 《삼국사기》 권26 백제본기 성왕 28년조의 "春正月 王遣將軍達已 領兵一萬 攻取高 句麗道薩城 三月 高句麗兵圍金峴城"참조.

9 《삼국사기》 권4 신라본기 진흥왕 11년조의 "王乘兩國兵疲 命伊湌異斯夫 出兵撃之 取二城增築 留甲士一千戍之"참조.

10 《삼국사기》 권44 열전 제4 이사부전의 "時高句麗遣兵 來攻金峴城 不克而還 異斯 夫追撃之大勝"참조.

11 노중국, 2006, 〈5-6세기 고구려와 백제의 관계 -고구려의 한강유역 점령과 상 실을 중심으로〉, 《북방사논총》 11집, 고구려연구재단.

12 《삼국사기》 권7 신라본기 문무왕 하 11년조의 "大王報書云 先王貞觀二十二年 入 朝 面奉太宗文皇帝 恩勅 朕今伐高麗 … 山川土地 非我所貪 玉帛子女 是我所有 我平 定兩國 平壤已南百濟土地 並乞你新羅 永爲安逸"참조.

13 《일본서기》 권19 흠명기 4년조의 "冬十一月丁亥朔甲午 遣津守連詔百濟曰 在任那 之下韓百濟郡令城主 宜附日本府 … 三佐平等答曰 在下韓之我郡令城主 不可出之 …"

참조.

14 《삼국사기》권4 신라본기 법흥왕 9년조의 "春三月 加耶國王遣使請婚 王以伊湌比助夫之妹送之";《신증동국여지승람》권29 경상도 고령현 건치연혁조의 "又釋順應傳 大伽倻國月光太子 … 父曰異腦王 求婚于新羅 迎夷粲比枝輩之女而生太子 …" 참조.

15 이영식, 2016,《가야제국사연구》, 생각과 종이, 522쪽. 이와는 달리 가야가 신라 종자들에게 가야 옷을 입게 하였는데 신라가 비밀리에 신라의 의관을 입도록 하였다고 해석한 견해(武田幸男, 1974,〈新羅法興王代の律令と衣冠制〉,《古代朝鮮日本》, 龍溪書舍)도 있다.

16 《일본서기》권17 계체기 23년조의 "新羅初送女時 并遣百人爲女從 受而散置諸縣 令着新羅衣冠 阿利斯等嗔其變服 遣使徵還 新羅大羞 翻欲還女曰 前承汝聘 吾便許婚 今旣若斯 請還王女" 참조.

17 《일본서기》권17 계체기 23년조. 이 3성과 5성을 탁순의 성으로 파악한 견해(김태식, 1993,《가야연맹사》, 일조각, 192–196쪽)도 있다.

18 《일본서기》권19 계체기 32년조의 "其文云太歲辛亥三月 軍進于安羅 營乞乇城" 참조.

19 김태식, 1993,《가야연맹사》, 일조각, 203~205쪽.

20 《일본서기》권19 흠명기 2년조의 "然任那境接新羅 恐致卓淳等禍(等謂㖨己呑加羅 言卓淳等國有敗亡之禍)" 참조.

21 《일본서기》권19 흠명기 2년조의 "任那旱岐等對曰 前再三廻 與新羅議 而無答報 所圖之旨 更告新羅 尙無所報 …" 참조.

22 《일본서기》권19 흠명기 2년조의 "夏四月 … 恐致卓淳等禍 非新羅自强故所能爲也 其㖨己呑 居加羅與新羅境界 而被連年攻敗 任那無能救援 由是見亡 其南加羅 蕞爾狹小 不能卒備 不知所託 由是見亡 其卓淳上下携貳 主欲自附 內應新羅 由是見亡 因斯而觀三國之敗 良有以也" 참조.

23 《일본서기》권19 흠명기 2년조의 "夫建任那者 爰在大王之意 祇承敎旨 誰敢間言" 참조.

24 《일본서기》권19 흠명기 2년조의 "秋七月 百濟聞安羅日本府與新羅通計" 참조.

25 《일본서기》권19 흠명기 5년조의 "春正月 … 是月 百濟復遣使 召任那執事與日本府執事 日本府任那 俱不遣執事 而遣微者 由是 百濟不得俱謀建任那國" 참조.

26 《일본서기》권19 흠명기 5년조의 "十一月 … 聖明王謂之曰 … 竊聞 新羅安羅兩國之境 有大江水 要害之地也 吾欲據此 脩繕六城 謹請天皇三千士卒 每城充以五百 并我兵士 … 所請兵士 吾給衣粮 欲奏天皇 其策一也 猶於南韓置郡令城主者 … 北敵强大 我國微弱 若不置南韓郡令城主 修理防塞 不可以禦此强敵 亦不可以制新羅 故猶置之 … 其策二也 又吉備臣 河內直 移那斯 麻都 猶在任那國者 … 各遣還其本邑 奏於天皇 其策三也" 참조.

27 《일본서기》권9 신공기 섭정 46년조의 "春三月乙亥朔 … 爰斯摩宿禰卽以傔人爾波移與卓淳人過古二人 … 時百濟肖古王 深之歡喜 而厚遇焉 仍以五色綵絹各一疋及角弓箭并鐵鋌四十枚 幣爾波移 便復開寶藏 以示諸珍異曰 吾國多有是珍寶 …" 참조.

28 노중국, 2012,《백제의 대외 교섭과 교류》, 지식산업사, 209~216쪽.

29 〈광개토대왕비〉의 "十年庚子 敎遣步騎五萬 往救新羅 從男居城 至新羅城 倭滿其中 官軍方至 倭賊退△ △背急追 至任那加羅從拔城 城卽歸服 … 倭寇大潰 …" 참조.

30 〈광개토대왕비〉의 "十四年甲辰 而倭不軌 侵入帶方界 … 王幢要截盪刺 倭寇潰敗 斬煞無數" 참조.

31 《일본서기》 권19 흠명기 9년조의 "春正月癸巳朔乙未 百濟使人前部德率眞慕宣文等 請罷 因詔曰 所乞求軍 必當遣救 宜速報王" 참조.

32 《일본서기》 권19 흠명기 9년조의 "夏四月壬戌朔甲子 百濟遣中部扞率掠葉禮等奏曰 … 然馬津城之役(正月辛丑 高麗率衆圍馬津城) 虜謂之曰 由安羅國與日本府 招來勸罸 以事准況 寔當相似 然三廻欲審其言 遣召而竝不來 故深勞念 伏願 … 暫停所乞救兵 待臣遣報" 참조.

33 노태돈, 1976, 〈고구려의 한수유역 상실의 원인에 대하여〉, 《한국사연구》 13집, 한국사연구회.

34 《일본서기》 권19 흠명기 7년조의 "是歲 高麗大亂 凡鬪死者二千餘人(百濟本記云 高麗以正月丙午 立中夫人子爲王 年八歲 狛王有三夫人 正夫人無子 中夫人生世子 其 舅氏麁群也 小夫人生子 其舅氏細群也 及狛王疾篤 細群麁群各欲立其夫人之子 故細群 死者二千餘人也)" 참조.

35 《삼국사기》 권44 열전 제4 거칠부전의 "今我國政亂 滅亡無日 願致之貴域" 참조.

36 《삼국사기》 권19 고구려본기 양원왕 7년조의 "秋九月 突厥來圍新城 不克 移攻白 巖城 王遣將軍高紇領兵一萬 拒克之 殺獲一千餘級" 참조.

37 노태돈, 1999, 《고구려사 연구》, 사계절, 403~404쪽.

38 《고려사》 권94 열전 제7 김은부전.

39 최종택, 1998, 〈고고학상으로 본 고구려의 한강유역진출과 백제〉, 《백제연구》 28집, 충남대학교 백제연구소.

40 구의동보고서간행위원회, 1997, 《한강유역의 고구려 요새-구의동유적 발굴조사 종합보고서-》, 소화출판사; 서울대학교박물관, 1977, 《22. 구의동유적》, 《발굴유 물도록》.

41 《일본서기》 권19 흠명기 12년조의 "是歲 百濟聖明王親率衆及二國兵(二國謂新羅任 那也) 往伐高句麗 獲漢城之地 又進軍討平壤 凡六郡之地 遂復故地" 참조.

42 노중국, 2006, 〈5-6세기 고구려와 백제의 관계-고구려의 한강유역 점령과 상 실을 중심으로〉, 《북방사논총》 11집, 고구려연구재단.

43 노중국, 2012, 〈신라 진흥왕의 한강유역 점령과 순수〉, 《향토서울》 81집, 서울 시사편찬위원회.

44 《삼국사기》 권44 열전 제4 거칠부전의 "百濟人先攻破平壤 居柒夫等乘勝 取竹嶺 以外 高峴以內十郡" 참조.

45 위가야, 2018, 〈5-6세기 백제와 신라의 '군사협력체제' 연구〉, 성균관대학교대 학원 박사학위논문, 194~196쪽.

46 이도학, 2017, 《신라가야사 연구》, 서경문화사, 50쪽.

47 10군의 위치에 대한 여러 견해의 정리는 장창은, 2011, 〈6세기 중반 한강 유 역 쟁탈전과 관산성 전투〉, 《진단학보》 111집, 진단학회 참조.

48 박성현, 2019, 〈신라의 입장에서 본 551~554년 삼국 사이의 전쟁〉, 《관산성》 새로운 동아시아 국제질서의 시작 한강유역과 관산성, 충청남도역사문화연구원· 경북문화재단.

49 《삼국유사》 권1 기이 제1 진흥왕조의 "第二十四眞興王 卽位時年十五歲 太后攝政 太后乃法興王之女子 … 承聖三年九月 百濟兵來侵於珍城 掠取人男女三萬九千 馬八千 匹而去 先是 百濟欲與新羅合兵 謀伐高麗 眞興曰 國之興亡在天 若天未厭高麗 則我何 敢望焉 乃以此言通高麗 高麗感其言 與羅通好 而百濟怨之 故來爾" 참조.

50 《일본서기》 권19 흠명기 13년조의 "夏五月戊辰朔乙亥 … 奏曰 高麗與新羅 通和 并勢 謀滅臣國與任那 …" 참조.

51 《일본서기》 권19 흠명기 13년조의 "新羅因此入居漢城 今新羅之牛頭方尼彌方也(地名未詳)" 참조.

52 《삼국사기》 권26 백제본기 성왕 31년조의 "秋七月 新羅取東北鄙 置新州" 참조.

53 《삼국사기》 권26 백제본기 성왕 31년조의 "冬十月 王女歸于新羅" 및 권4 신라본기 진흥왕 14년조의 "冬十月 娶百濟王女爲小妃" 참조.

54 김영심, 2007, 〈관산성전투 전후 시기 대가야·백제와 신라의 대립〉, 《5~6세기 동아시아의 국제정세와 대가야》 대가야학술총서5, 고령군 대가야박물관·계명대학교 한국학연구원.

55 《삼국사기》 권5 신라본기 진흥왕 14년조의 "秋七月 取百濟東北鄙 置新州 以阿湌武力爲軍主" 참조.

56 《일본서기》 권19 흠명기 14년조의 "冬十月庚寅朔己西 百濟王子餘昌(明王子 威德王也) 悉發國中兵 向高麗國 …" 참조.

57 백합야새를 황해도 황주의 蒜山으로 보는 견해(《암파강좌 《일본서기》 하, 암파서점, 106쪽 두주 8)도 있지만 지리적으로 볼 때 받아들이기 어렵다.

58 《일본서기》 권19 흠명기 14년조의 "冬十月庚寅朔己西 … 會明 有着頸鎧者一騎 揷鐃者(鐃字未詳)二騎 珥豹尾者二騎并五騎 連轡到來間日 小兒等言 於吾野中 客人有在 何得不迎禮也 今欲早知 與吾可以禮問答者姓名年位 餘昌對日 姓是同姓 位是扞率 年十九矣 百濟反問 亦如前法 而對答焉" 참조.

59 《일본서기》 권19 흠명기 14년조의 "冬十月庚寅朔己西 … 遂乃立標而合戰 於是 百濟以鉾刺墮高麗勇士於馬 斬首 仍刺擧頭於鉾末 還入示衆 高麗軍將憤怒益甚 是時 百濟歡叫之聲 可裂天地 復其偏將打鼓夜鬪 追却高麗王於東聖山之上" 참조. 동성산의 위치를 평양 동북쪽의 大聖山으로 추정하는 견해(《일본서기》 하, 암파서점, 108쪽 두주 4)도 있지만 받아들이기 어렵다.

60 박성현, 2011, 〈5~6세기 고구려·신라의 경계와 그 양상〉, 《역사와 현실》 82집, 한국역사연구회.

61 《삼국사기》 권4 신라본기 진흥왕 15년조의 "秋七月 修築明活城 百濟王明禮與加良 來攻管山城" 참조.

62 《일본서기》 권19 흠명기 14년조의 "春正月甲子朔乙亥 百濟遣上部德率科野次酒 扞率禮塞敦等 乞軍兵" 참조.

63 《일본서기》 권19 흠명기 14년조의 "六月 遣內臣(闕名) 使於百濟 仍賜良馬二疋 同船二隻 弓五十張 箭五十具 勅云 所請軍者 隨王所須 別勅醫博士 易博士 曆博士等 宜依番上下 … 又卜書曆本種種藥物可付送" 참조.

64 《일본서기》 권19 흠명기 14년조의 "八月辛卯朔丁酉 百濟遣上部奈率科野新羅 下部固德汶休帶山等 上表日 … 今年忽聞 新羅與狛國通謀云 … 庶先日本兵未發之間 伐取安羅 絶日本路 … 卽遣疾使輕舟 馳奏以聞 伏願 天慈速遣前軍後軍 相續來救 … 所遣軍衆來到臣國 衣糧之費 臣當充給 …" 참조.

65 《일본서기》 권19 흠명기 15년조의 "正月丙申 百濟遣中部木劦施德文次 前部施德日佐分屋等於筑紫 諮內臣佐伯連等日 … 又軍數幾何 … 此年之役 甚危於前 願遣賜軍使逮正月 於是 內臣奉勅而答報日 卽令遣助軍數一千 馬一百疋 船四十隻" 참조.

66 《일본서기》 권19 흠명기 15년조의 "二月 … 別奉勅貢易博士施德王道良 曆博士固

德王保孫 醫博士奈率王有悛陀 採藥師施德潘量豊 固德丁有陀 樂人施德三斤 季德己麻次 季德進奴 對德進陀 皆依請代之"참조.

67 《일본서기》 권19 흠명기 15년조의 "夏五月丙戌朔戊子 內臣率舟師 詣于百濟 冬十二月 百濟遣下部杆率汶斯奴上表日 … 臣等共議 遣有至臣等仰乞軍士 征伐斯羅 而天皇遣有至臣 帥軍以六月至來 臣等深用歡喜 …"참조.

68 양주동, 1965, 《증정 고가연구》, 일조각, 96쪽.

69 정영호, 1975, 〈백제 고리산성고〉, 《백제연구》 7·8합집, 충남대학교백제연구소.

70 옥천군·충북대학교 중원문화연구소, 2003, 《신라백제격전지(관산성) 지표조사보고서》; 차용걸, 2010, 〈관산성 전투의 재조명〉, 《충북향토문화》 12집, 충북향토문화연구소.

71 《삼국사기》 권3 신라본기 자비마립간 13년조의 "築三年山城 三年者 自興役 始終三年訖功 故名之"참조.

72 이 지도는 최영준, 2004, 《한국의 옛길 영남대로》, 고려대학교 민족문화연구원, 85쪽에서 옥천 부분을 추가한 것이다.

73 노중국, 2003, 《백제부흥운동사》, 일조각, 47~48쪽.

74 서정석, 2001, 《백제성곽연구》, 학연문화사, 251~261쪽.

75 양기석, 2001, 〈삼년산성의 역사성과 연구성과〉, 《삼년산성》, 보은군·충북대학교 중원문화연구소; 정재윤, 2019, 〈삼국통일의 전초전, 관산성 전투〉, 《관산성》 새로운 동아시아 국제질서의 시작 한강유역과 관산성, 충청남도역사문화연구원·경북문화재단.

76 《일본서기》 권19 흠명기 15년 동12월조.

77 《삼국사기》 권4 신라본기 진흥왕 15년조.

78 《일본서기》 권19 흠명기 15년조의 "以十二月九日 遣攻斯羅 … 領其方軍士 攻函山城 有至臣所將來民竹斯物部莫奇委沙奇 能射火箭 蒙天皇威靈 以月九日酉時 焚城拔之"참조.

79 《삼국사기》 권4 신라본기 진흥왕 15년조의 "秋七月 … 軍主角干于德伊湌耽知等逆戰失利 …"참조.

80 김주성, 2009, 〈관산성 전투의 배경〉, 《중원문화논총》 12집, 충북대학교 중원문화연구소.

81 《일본서기》 권19 흠명기 15년조의 "冬十二月 餘昌謀伐新羅 耆老諫日 天未與 懼禍及 餘昌日 老矣 何怯也 我事大國 有何懼也 …"참조.

82 《일본서기》 권19 흠명기 15년조의 "冬十二月 … 別奏 若但斯羅者 有至臣所將軍士亦可足矣 今狛與斯羅 同心戮力 難可成功 伏願速遣竹斯嶋上諸軍士 來助臣國 又助任那 則事可成 …"

83 《일본서기》 권19 흠명기 15년조의 "冬十二月 … 又奏 臣別遣軍士萬人 助任那 幷以奏聞"참조.

84 구타모라새를 옥천읍을 일컫는 고리산, 골산과 같은 것으로 보는 견해(전덕재, 〈관산성 전투에 대한 새로운 고찰〉, 《신라문화》 54집, 동국대학교 신라문화연구소)도 있다. 그러나 구타모라새는 여창이 새로 쌓은 진지이므로 신라군이 진을 치고 있는 고리산성이 될 수 없다.

85 《삼국사기》 권19 고구려본기 양원왕 10년조의 "冬 攻百濟熊川城 不克"참조.

86 차용걸 외, 2003, 《신라백제 격전지(관산성) 지표조사보고서》, 옥천군·충북대학

교 중원문화연구소.

87 《삼국사기》권4 신라본기 진흥왕 15년조의 "秋七月 … 百濟王明穠與加良 來攻管山城 … 於是 諸軍乘勝 大克之 斬佐平四人士卒二萬九千六百人 匹馬無反者" 참조.

88 백제가 가야군을 돕기 위해 군사 1만 명을 파견한 것을 백제군 전체로 보고 나머지 18,600명의 전사자를 가야군일 것으로 추론한 견해(김태식, 1993, 《가야연맹사》, 일조각, 301~303쪽)도 있다. 그러나 1만 군대는 가야를 돕는 군대이고 또 이 전쟁의 주체는 백제임이 분명하므로 이 견해는 성립할 수 없다.

89 《일본서기》권19 흠명기 15년조의 "餘昌遂見圍繞 欲出不得 士卒遑駭 不知所圖 有能射人筑紫國造 進而彎弓占擬 射落新羅騎卒 … 由是餘昌及諸將等得從間道逃歸" 참조.

90 《일본서기》하, 암파강좌, 111쪽 두주 11.

91 부여 쌍북리 210번지에서 출토된 목간의 "那尒△連公"(국립부여박물관, 2008, 《백제목간》)에 나오는 이 인물도 '連'을 가바네로 가지고 있었다(平川南, 2009, 〈百濟の都出土の'連公'木簡〉, 《國立歷史民俗博物館硏究報告》 153집, 國立歷史民俗博物館). 그러나 그가 왜계 관료였는지는 분명하지 않다.

92 《주서》권49 열전 제41 이역 상 백제전의 "五方各有方領一人 以達率爲之" 참조.

93 武田幸男, 1979, 〈眞興王代における新羅の赤城經營〉, 《朝鮮學報》 93輯, 朝鮮學會, 13쪽.

94 《삼국사기》권4 신라본기 법흥왕 19년조의 "金官國主金仇亥 與妃及三子 長曰奴宗 仲曰武德 季曰武力 以國帑寶物來降 王禮待之 授位上等 以本國爲食邑 子武力仕至角干" 참조.

95 《삼국사기》권41 열전 제1 김유신 상의 "金庾信 王京人也 十二世祖首露…祖武力 爲新州道行軍摠管 領兵獲百濟王及其將四人 斬首一萬餘級" 참조.

96 《삼국사기》권43 열전 제3 김유신 하의 "文武大王旣與英公 破平壤 還到南漢州 謂羣臣曰 昔者百濟明禮王在古利山 謀侵我國 庾信之祖武力角干 爲將逆擊之 乘勝俘其王及宰相四人與士卒 以折其衝 …" 참조.

97 《삼국사기》권41 열전 제1 김유신 상의 "初 舒玄路見葛文王立宗之子肅訖宗之女萬明 心悅而目挑之 不待媒妁而合 舒玄爲萬弩郡太守 將與俱行 肅訖宗始知與子與玄野合 疾之囚於別第 使人守之 …" 참조.

98 《삼국사기》권5 신라본기 진흥왕 15년조의 "秋七月 … 新州軍主金武力 以州兵赴之 及交戰 裨將三年山郡高干都刀 急擊殺百濟王 於是 諸軍乘勝 大克之" 참조.

99 《일본서기》권19 흠명기 15년조의 "冬十二月 … 新羅開明王親來 悉發國中兵 … 是時 新羅謂佐知村餇馬奴苦都(更名谷智) 曰苦都賤奴也 明王名主也 今使賤奴殺名主 冀傳後世 莫忘於口已 而苦都乃獲明王 再拜曰 請斬王首…明王仰天大㥨涕泣 許諾曰 寡人每念 常痛入骨髓 顧計不可苟活 乃延首受斬 苦都斬首而殺 堀坎而埋" 참조.

100 양기석, 2009, 〈관산성 전투의 양상과 영향〉, 《중원문화논총》 12집, 충북대학교 중원문화연구소.

101 주보돈, 1989, 〈울진봉평리신라비와 법흥왕대의 율령〉, 《한국고대사연구》 2집, 한국고대사연구회.

102 고경석, 1992, 〈삼국 및 통일신라기의 노비에 대한 고찰〉, 《한국사론》 28집, 서울대학교 국사학과.

103 《삼국사기》권6 신라본기 문무왕 상 8년조의 "冬十月二十二日 賜庾信位太大角干 仁問大角干 已外伊湌將軍等並爲角干 蘇判已下並增位一級 大幢少監本得 蛇川戰"

功第一 漢山州少監朴京漢 平壤城內 殺軍主述脫 功第一 … 授位沙湌 賜租七百石 軍師南漢山北渠 平壤城北門戰 功第一 授位述干 賜粟一千石 軍師斬壤仇杞 平壤南橋戰 功第一 授位述干 賜粟七百石 假軍師比列忽世活 平壤少城戰 功第一 授位高干 賜粟五百石 …"참조.

104 《삼국사기》 권6 신라본기 문무왕 상 원년조의 "至二十七日 先燒大柵 斬殺數千人 遂降之 論功 賜角干伊湌爲摠管者劒 迊湌波珍湌大阿湌爲摠管者戟 已下各一品位 … 上州摠管品日 與一牟山郡太守大幢 沙尸山郡太守哲川等 率兵攻雨述城 斬首一千級 … 波伽級湌 兼賜田宅衣物"참조.

105 《한서》 28 지리지 제8 하의 "樂浪朝鮮民 犯禁八條 … 相盜者 男沒入爲其家奴 女子爲婢 欲贖者 人五十萬 雖免爲民 俗猶羞之"참조.

106 《삼국사기》 권24 백제본기 근구수왕 8년조의 "春 不雨至六月 民饑 至有鬻子者 王出官穀贖之"참조.

107 노중국, 2016, 〈신라의 노인촌-울진봉평리신라비를 중심으로-〉, 《대구사학》 125집, 대구사학회.

제3부 맞수의 대결 이후의 백제와 신라

1 《삼국사기》 권26 백제본기 성왕 32년 추7월조 및 권4 신라본기 진흥왕 15년 추7월조.

2 《삼국유사》 권1 기이 제1 진흥왕조의 "第二十四眞興王 卽位時年十五歲 … 承聖三年九月 百濟兵來侵於珍城 掠取人男女三萬九千 馬八千匹而去 …"참조.

3 《일본서기》 권19 흠명기 18년조의 "春三月庚子朔 百濟王子餘昌嗣立 是爲威德王"참조.

4 三品彰英, 1975, 《三國遺事考證》 上, 塙書房, 190~191쪽.

5 양기석, 2013, 《백제정치사의 전개과정》, 서경문화사, 194~195쪽.

6 김주성, 2000, 〈성왕의 한강유역 점령과 상실〉, 《백제사상의 전쟁》 충남대 백제연구소 백제연구총서 제7집, 서경문화사.

7 김수태, 2004, 〈백제 위덕왕의 정치와 외교〉, 《한국인물사연구》 2집, 한국인물사연구소.

8 《일본서기》 권19 흠명기 15년조의 "明王 … 乃延首受斬 苦都斬首而殺 掘坎而埋(一本云 新羅留埋明王頭骨 而以禮送餘骨於百濟 今新羅王埋明王骨於北廳階下 名此廳曰都堂)"참조.

9 《예기》 곡례 상 제1의 "人生十年曰幼 學 二十曰弱 冠 三十曰壯 有室 四十曰强 而仕 五十曰艾 服官政 六十曰耆 指使 七十曰老 而傳 八十九十曰耄"참조.

10 《예기》 왕제의 "命鄕簡不帥敎者 以告者老 皆朝于庠 元日習射上功 習鄕上齒 大司徒帥國之俊士與執事焉"에 대한 주 "此下言簡不肖以絀惡之事 鄕畿內六鄕也 … 庠則鄕之學也 者老鄕中致仕之卿大夫也云云"참조.

11 《일본서기》 권19 흠명기 16년조의 "百濟餘昌謂諸臣等曰 少子今願奉爲考王 出家脩道 …"참조.

12 양기석, 2013, 《백제정치사의 전개과정》, 서경문화사, 195~197쪽.

13 《일본서기》 권19 흠명기 16년조의 "… 嗟夫前慮不定 後有大患 誰之過歟 … 今此
國宗 將授何國 … 縱使能用耆老之言 豈至於此 請俊前過 無勞出俗 …"참조.

14 《일본서기》 권19 흠명기 16년조의 "春二月 百濟王子餘昌遺王子惠(王子惠者 威德
王之弟也) 奏曰 聖明王爲賊見殺(十五年爲新羅所殺 故今奏之) … 蘇我卿曰 … 原夫
建邦神者 天地割判之代 草木言語之時 自天降來 造立國家之神也 頃聞 汝國輟而不祀
方今悛悔前過 修理神宮 奉祭神靈 國可昌盛 汝當莫忘"참조.

15 노중국, 2008, 〈백제의 骨族 의식과 골족 範圍〉, 《한국고대사연구》 50집, 한국고
대사학회.

16 《수서》 권81 열전 제46 동이 백제전 및 《통전》 권185 변방1 동이 상 백제조.

17 村山正雄, 1974, 〈百濟の大姓八族について〉, 《古代の朝鮮》, 雄山閣.

18 《일본서기》 권19 흠명기 4년조.

19 노중국, 2018, 《백제정치사》, 일조각, 416쪽.

20 《구당서》 권199 상 열전 제149 상 동이 백제전의 "所置内官曰 内臣佐平掌宣納事
内頭佐平掌庫藏事 内法佐平掌禮儀事 衛士佐平掌宿衛兵事 朝廷佐平掌刑獄事 兵官佐平
掌在外兵馬事"참조.

21 《주례》 천관총재 제1의 "天官第一 … 乃立天官冢宰 使帥其屬 而掌邦治 以佐王均
邦國"; 지관사도 제2의 "地官第二 … 乃立地官司徒 使帥其屬 而掌邦教 以佐王安援
邦國"; 춘관종백 제3의 "春官第三 … 乃立春官宗伯 使帥其屬 而掌邦禮 以佐王和邦
國: 하관사마 제4의 "夏官第四 … 乃立夏官司馬 使帥其屬 而掌邦政 以佐王平邦國";
추관사구 제5의 "秋官第五 … 乃立秋官司寇 使帥其屬 而掌邦禁 以佐王刑邦國"; 동
관고공기 제6의 "冬官第六 國有六職百工與居一焉 … 坐而論道 謂之王公 作而行之
謂之士大夫 審曲面執 以飭五材 以辨民器 謂之百工 通四方之珍異以資之 謂之商旅 飭
力以長地財 謂之農夫 治絲麻以成之 謂之婦功"참조.

22 黑田達也, 1985, 〈百濟の中央官制についての一試論〉, 《社會科學硏究》 10輯, 社會科
學硏究會, 32~35쪽.

23 노중국, 2018, 《백제정치사》, 일조각, 417~419쪽.

24 《삼국유사》 권2 기이 제2, 남부여 전백제 북부여조의 "又虎嵓寺有政事嵓 國家
將議宰相 則書當選者名 或三四 緘封置嵓上 須臾取看 名上有印跡者爲相"참조.

25 신라의 경우 대신들은 四靈地에 모여 중요한 국사를 논의하였다. 《삼국유사》
권1 기이 제1 진덕왕조의 "新羅有四靈地 將議大事 則大臣必會其地謀之 則其事必成
一曰東青松山 二曰南亐知山 三曰西皮田 四曰北金剛山"참조.

26 《주서》 권49 열전 제41 이역 상 고려전의 "其大對盧 則以彊弱相陵奪而自為之 不
由王之署置也"참조.

27 〈황초령비〉의 "加賞爵物 以章勳効"참조.

28 《삼국사기》 권38 잡지 제7 직관 상의 "大角干 或云大舒發翰 太宗王七年 滅百濟
論功 授大將軍金庾信大角干 於前十七位之上加之 非常位也"참조.

29 《삼국사기》 권38 잡지 제7 직관 상의 "太大角干 或云太大舒發翰 文武王八年 滅
高句麗 授留守金庾信以太大角干 賞其元謀也 於前十七位及大角干之上 加此位 以示殊
尤之禮"참조.

30 노중국, 2003, 〈삼국의 관등제〉, 《강좌한국고대사》 2, 가락국사적개발연구원.
그런데 《삼국사기》 권33 잡지 제2 색복조에는 "法興王制 自太大角干至大阿湌 紫
衣 阿湌至級湌 緋衣 並牙笏 大奈麻奈麻靑衣 大舍至先沮知黃衣"이라 하여 4색 공복

제와 연관하여 태대각간이 나온다. 법흥왕대는 17관등제와 골품제가 처음으로 정비된 시기여서 비상위를 설치해야 할 상황은 아니었다. 따라서 이 기사의 태대각간은 후대의 사실을 소급해서 기록한 것으로 보는 것이 타당하다.

31 《삼국사기》 권38 잡지 제7 직관 상 대보조의 "六日阿湌 或云阿尺干 或云阿粲 自重阿湌至四重阿湌 … 十日大奈麻 或云大奈末 自重奈麻至九重奈麻 十一日奈麻 或云奈末 自重奈麻至七重奈麻" 참조. 이 기사의 '自重奈麻至九重奈麻'는 '自重大奈麻至九重大奈麻'로 고쳐 보는 것이 학계의 통설이다.

32 노중국, 2003, 〈삼국의 관등제〉, 《강좌한국고대사》 2, 가락국사적개발연구원; 서의식, 2003, 〈신라 중위제의 추이와 지배신분층의 변화〉, 《역사와 현실》 50집, 한국역사연구회.

33 《삼국사기》 권4 신라본기 진흥왕 17년조의 "秋七月 置比列忽州 以沙湌成宗爲軍主" 참조.

34 정제의 성립과정에 대해서는 이문기, 1997, 《신라병제사연구》, 일조각, 104~114쪽 참조.

35 《삼국사기》 권3 신라본기 진흥왕 19년조의 "春二月 奈麻身得作砲弩上之 置之城上" 참조.

36 《삼국사기》 권5 신라본기 태종무열왕 8년조의 "五月九日 一云十一日 高句麗將軍惱音信 與靺鞨將軍生偕合軍 … 移攻北漢山城 列抛車 飛石所當 陴屋輒壞 城主大舍冬陁川 … 內設弩砲以守" 참조.

37 이문기, 1982, 〈신라 진흥왕대 신료조직에 대한 일고찰〉, 《대구사학》 20·21합집, 대구사학회.

38 《삼국유사》 권3 탑상 제4 미륵선화 미시랑 진자사조의 "及眞智王代 有興輪寺僧眞慈(一作貞慈也) 每就堂主彌勒像前 發願誓言 願我大聖化作花郎 出現於世 …" 참조.

39 《삼국유사》 권5 신주 제6 밀본최사조의 "… 良圖因此篤信釋氏 一生無怠 塑成興輪寺吳堂主彌陁尊像左右菩薩 并滿金畫其堂" 참조.

40 김두진, 1987, 〈신라 중고시대의 미륵신앙〉, 《한국학논총》 9집, 국민대학교 한국학연구소.

41 이기백, 1986, 〈신라 초기 불교와 귀족세력〉, 《신라사상사연구》, 일조각.

42 《삼국유사》 권4 탑상 제4 황룡사장육상조의 "新羅第二十四眞興王卽位十四年癸酉二月 將築紫宮於龍宮南" 참조.

43 양정석, 2000, 〈신라 황룡사북위 영녕사 그리고 일본 대관대사-5~7세기 동아시아 도성제와 관련하여-〉, 《한국사학보》 9집, 고려사학회.

44 《삼국사기》 권4 신라본기 진흥왕 14년조의 "春二月 王命所司 築新宮於月城東 黃龍見其地 王疑之 改爲佛寺 賜號曰皇龍" 참조.

45 남동신, 2001, 〈신라 중고기 불교치국책과 황룡사〉, 《신라문화제학술논문집》 22집, 동국대학교 신라문화연구소; 최선자, 2013, 〈신라 황룡사의 창건과 진흥왕의 왕권 강화〉, 《한국고대사연구》 72집, 한국고대사학회.

46 국립경주문화재연구소, 1984, 《황룡사지 발굴조사보고서 I》; 2019, 《황룡사지 발굴조사보고서 II-동회랑 동편지구-》.

47 강병희, 2013, 〈백제와 고구려 사찰과의 비교〉, 《백제 사찰과 주변국 사찰과의 비교 연구》 백제역사유적지구 세계유산등재, 백제역사유적지구 세계유산등재추진단·원광대학교박물관. 이와 달리 백제의 경우 웅진도읍기의 대통사지와 사비

도읍기의 정림사지, 부소산성 사지 등은 모두 1탑-1금당 구조였다.

48 《삼국유사》 권2 기이 제2 후백제 견훤조에는 진흥왕의 셋째 아들로서 仇輪公이 나온다. 구륜공이 셋째 아들인지의 여부는 단정하기 어렵지만 이는 진흥왕이 '輪'을 돌림자로 아들 이름을 지었음을 보여 준다.

49 《삼국사기》 권4 진지왕 즉위년조의 "眞智王 立 諱舍輪 或云金輪 眞興王次子" 참조.

50 김철준, 1962, 〈신라 상대사회의 Dual Organization(하)〉, 《역사학보》 2집, 역사학회.

51 금륜에 대해 진지왕이 왕이 된 뒤 자기의 이름 사륜을 금륜으로 고쳐 부른 것으로 보는 견해(고익진, 1989, 《한국고대불교사상사》, 동국대학교출판부, 45~48쪽; 고현아, 2016, 〈신라 상고기 진흥왕계 왕실의 구축과 정치이념 연구〉, 가톨릭대학교대학원 박사학위논문, 39~40쪽)도 있다. 그러나 이름은 아버지가 지어 주는 것이므로 받아들이기 어렵다.

52 남동신, 1992, 〈자장의 불교사상과 불교치국책〉, 《한국사연구》 76집, 한국사연구회.

53 《삼국사기》 권4 신라본기 진흥왕 35년조의 "春三月 鑄成皇龍寺丈六像 銅重三萬五千七斤 鍍金重一萬一百九十八分" 참조.

54 《삼국유사》 권4 탑상 제4 황룡사장육조.

55 남동신, 2001, 〈신라중고기 불교치국책과 황룡사〉, 《신라문화제학술발표논문집》 22집, 동국대학교 신라문화연구소.

56 이기백, 1986, 〈황룡사와 그 창건〉, 《신라사상사연구》 수록, 일조각; 최병헌, 2019, 〈신라 진흥왕대의 국가발전과 정치사상-진흥왕순수비·황룡사장육존상 조성의 역사적 의의-〉, 《신라문화》 54집, 동국대학교 신라문화연구소.

57 《삼국유사》 권4 탑상 제4 황룡사장육조의 "創東竺寺 邀安其三尊 輪其金鐵於京師…像成後 東竺寺三尊亦移安寺中" 참조.

58 노중국, 2000, 〈신라와 백제의 교섭과 교류-6~7세기를 중심으로-〉, 《신라문화》 17·18합집, 동국대학교 신라문화연구소.

59 《삼국유사》 권4 탑상 제4 황룡사장육조.

60 이기영, 1975, 〈인왕반야경과 호국불교〉, 《동양학》 5집, 단국대학교 동양학연구소; 김복순, 2010, 〈신라의 백고좌법회〉, 《신라문화》 36집, 동국대학교 신라문화연구소.

61 김복순, 2009, 〈신라와 고려의 사상적 연속성과 독자성-불교를 중심으로-〉, 《한국고대사연구》 54집, 한국고대사학회.

62 《삼국사기》 권44 열전 제4 거칠부전의 "惠亮法師 … 於是居柒夫同載以歸 見之於王 王以爲僧統 始置百座講會及八關之法" 참조.

63 《삼국사기》 권4 신라본기 진흥왕 33년조의 "冬十月二十日 爲戰死士卒 設八關筵會於外寺 七日罷" 참조.

64 《삼국사기》 권4 신라본기 진흥왕 16년조의 "春正月 置完山州於比斯伐" 참조.

65 《삼국사기》 권4 신라본기 진흥왕 23년조의 "九月 加耶叛 王命異斯夫討之 斯多含副之 斯多含領五千騎先馳 入栴檀門 立白旗 城中恐懼 不知所爲 異斯夫引兵臨之 一時盡降 論功 斯多含爲最" 참조.

66 《삼국사기》 권4 신라본기 진흥왕 17년조의 "秋七月 置比列忽州 以沙湌成宗爲軍主" 참조.

67 노태돈, 1976, 〈고구려의 한수유역 상실의 원인에 대하여〉, 《한국사연구》 13집,

한국사연구회.

68 고려의 경우 요나라의 소손녕이 고려를 공격해 와서 강동 6주의 땅을 내어놓으라고 하였을 때 서희 등이 강력히 반대하여 들어주지 않은 사실이 방증 사례가 될 것이다. 이에 대해서는 《고려사》 권94 열전 제7 서희전의 "遜寧又移書云 八十萬兵至矣 … 或言割西京以北與之 自黃州岊嶺 劃爲封疆 成宗將從割地之議 … 熙奏曰 食足則城可守 戰可勝也 … 又恐不合天意 成宗然而止之" 참조.

69 《삼국사기》 권19 고구려본기 양원왕 10년조의 "冬 攻百濟熊川城 不克" 참조.

70 《삼국사기》 권19 고구려본기 양원왕 11년조의 "冬十月 虎入王都 擒之 十一月 太白晝見" 참조.

71 《삼국사기》 권19 고구려본기 양원왕 13년조의 "冬十月 丸都城干朱理叛 伏誅" 참조. 이 부분을 '환도성 간주리'로 읽을 수도 있지만 그러면 간주리의 지위나 직책을 알 수 없다. 따라서 '환도성의 간(우두머리)인 주리'로 읽은 것이 타당하다고 생각한다.

72 노중국, 2012, 〈신라 중고기의 감문군주〉, 《계명사학》 23집, 계명사학회.

73 《예기》 왕제 제5의 "天子五年一巡守 歲二月 東巡守 至于岱宗 柴而望祀山川 觀諸侯 問百年者就見之 … 以觀民之所好惡…五月南巡守 至于南嶽 如東巡守之禮 八月西巡守 至于西嶽 如南巡守之禮 十有一月北巡守 至于北嶽 如西巡守之禮" 참조.

74 《사기》 본기 권1 오제본기 제1 제순의 "東巡狩 至於岱宗 …(鄭玄曰 王者巡狩以諸侯自專一國 威福任己 恐其壅遏上命 澤不下流 故巡行問人疾苦也)" 참조.

75 《사기》 권6 진시황본기 제6의 "二十八年 始皇東行郡縣 上鄒嶧山 立石 與魯諸儒生議 刻石頌秦德 議封禪望祭山川之事 乃遂上泰山 立石 封祠祀 …" 참조.

76 《한서》 권6 무제기 제6 효무황제 원봉 원년조의 "行所巡至 博奉高蛇丘 歷城梁父民田租遺賦貸已除 加年七十以上孤寡帛 人二匹 四縣無出今年算 賜天下民爵一級 女子百戶牛酒" 참조,

77 《위서》 권2 태조기 제2 태조 도모황제 등국 3년조의 "春二月 帝東巡" 참조.

78 〈광개토대왕비〉의 "九年己亥 百殘違誓 與倭和通 王巡下平壤 …" 참조.

79 《삼국사기》 권4 신라본기 진흥왕 16년조의 "冬十月 王巡幸北漢山 拓定封疆 十一月 至自北漢山 敎所經州郡 復一年租調 曲赦 除二罪 皆原之" 참조.

80 《사기》 권28 봉선서 제6의 "正義 此泰山上築土爲壇以祭天 報天之功 故曰封 此泰山下小山上除地 報地之功 故曰禪" 참조.

81 《사기》 권28 봉선서 제6의 "秦始皇旣幷天下而帝 … 卽帝位三年 東巡郡縣 祠騶嶧山 頌秦功業 … 而遂除車道 上自泰山陽至巓 立石頌秦始皇帝德 明其得封也 …" 참조.

82 김태식, 〈봉선대전(封禪大典), 그 기념물로서의 진흥왕 '순수비'〉, 《백산학보》 68집, 백산학회.

83 문화재청의 2008년도 보도자료 참조.

84 《삼국사기》 권45 열전 제5 온달전의 "溫達奏曰 惟新羅割我漢北之地爲郡縣 百姓痛恨 未嘗忘父母之國 …" 참조.

85 《삼국사기》 권4 신라본기 진흥왕 16년조의 "冬十月 王巡幸北漢山 … 十一月 至自北漢山 敎所經州郡 復一年租調 曲赦 除二罪 皆原之" 참조.

86 〈충주고구려비〉에 대해서는 단국대학교사학회, 1979, 《사학지》 13집 중원고구려비특집호; 고구려연구회 편, 2000, 《중원고구려비 연구》, 학연문화사 참조.

87 이 비의 건립 시기에 대해 '二月卄三日甲寅'을 근거로 449년(장수왕 37), 480년

(장수왕 68), 506년(문자왕 15)설 등이 나왔다. 이런 여러 설에 대한 소개는 서영대, 1992, 〈2. 중원 고구려비〉, 《역주 한국고대금석문》 제1권(고구려·백제·낙랑편), 한국고대사회연구소 편, 가락국사적개발연구원 참조. 그러나 비문의 '高麗太王'은 문자명왕이고 '祖王'은 장수왕이며, '太子 共'과 '古雛加 共'은 장수왕의 아들 助多로 보면 이 비를 세운 시기는 문자명왕대가 된다.

88 《삼국사기》 권4 신라본기 진흥왕 18년조의 "以國原爲小京 廢沙伐州 置甘文州 以沙湌起宗爲軍主 廢新州 置北漢山州" 참조.

89 《삼국사기》 권4 신라본기 진흥왕 19년조의 "春二月 徙貴戚子弟及六部豪民 以實國原" 참조.

90 《삼국사기》 권46 열전 제6 강수전의 "强首 中原京沙梁人也…遂就師 讀孝經曲禮爾雅文選" 참조.

91 국립중원문화재연구소, 2013, 《충추 탑평리유적(중원경 추정지) 발굴조사보고-본문-》 국립중원문화재연구소 학술연구총서 제12책.

92 국립중원문화재연구소, 2013, 《충추 탑평리유적(중원경 추정지) 발굴조사보고-본문-》 국립중원문화재연구소 학술연구총서 제12책.

93 《삼국사기》 권21 고구려본기 영류왕 24년조의 "帝以我太子入朝 遣職方郎中陳大德答勞 大德入境 所至城邑 以綾綺厚餉官守者日 吾雅好山水 此有勝處 吾欲觀之 守者喜導之 遊歷無所不至 由是 悉得其纖曲" 참조.

94 《삼국사기》 권37 잡지 제6 지리4의 "渤海國南海鴨淥扶餘柵城四府 並是高句麗舊地也 自新羅泉井郡至柵城府 凡三十九驛" 참조.

95 《삼국사기》 권35 잡지 제4 지리2 삭주 정천군의 "井泉郡 本高句麗泉井郡 文武王二十一年取之 景德王改名 築炭項關門 今湧州" 참조.

96 《송고승전》 권4 당 신라국 의상전의 "年臨弱冠 … 與元曉法師 同志西遊 行至本國海門唐州界 計心巨艦 將越滄波" 참조.

97 노중국, 2017, 〈신라의 해문 당성과 실크로드〉, 《동아시아의 실크로드와 당성》, 화성시·신라사학회.

98 《삼국사기》 권5 신라본기 선덕왕 11년조의 "秋七月 百濟王義慈大擧兵 攻取國西四十餘城 八月 又與高句麗謀 欲取党項城 以絕歸唐之路 王遣使 告急於太宗" 참조. 그러나 《삼국사기》 권28 백제본기 의자왕 3년 11월조에는 '入朝之路'로 나온다.

99 《삼국사기》 권6 신라본기 문무왕 상 8년조의 "六月十二日 遼東道安撫副大使遼東行軍副大摠管兼熊津道安撫大使行軍摠管右相檢校太子左中護上柱國樂城縣開國男劉仁軌奉皇帝勅旨 與宿衛沙湌金三光 到党項津 …" 참조.

100 〈성주사낭혜화상탑비〉의 "泊長慶初 朝注王子昕 艤舟唐恩浦 請寓載 許焉" 참조.

101 심광주, 2012, 〈남양만 일대의 성곽과 당성의 역사적 위상〉, 《황해의 문화교류와 당성》 화성 당성 국제학술심포지움, 한양대학교 문화재연구소.

102 울산발전연구원 문화재센터·아이엔디, 2009, 《울산 반구동 유적》.

103 《삼국사기》 권4 신라본기 진흥왕 25년조의 "遣使北齊朝貢" 참조.

104 《삼국사기》 권4 신라본기 진흥왕 27년조의 "春二月 北齊武成皇帝詔 以王爲使持節東夷校尉樂浪郡公新羅王" 참조.

제4부 맞수의 최후와 무덤

1 《일본서기》 권19 흠명기 15년조의 "冬十二月 … 其父明王憂慮 餘昌長苦行陣 久廢 眠食 父慈多闕 子孝希成 乃自往迎慰勞" 참조.

2 《삼국사기》 권4 신라본기 진흥왕 15년조의 "秋七月 … 百濟王明禮與加良 來攻管山 城 新州軍主金武力 以州兵赴之 及交戰 裨將三年山郡高干都刀 急擊殺百濟王" 참조.

3 《삼국사기》 권26 백제본기 성왕 32년조의 "秋七月 王欲襲新羅 親帥步騎五十 夜至 狗川 新羅伏兵發與戰 爲亂兵所害薨" 참조.

4 《일본서기》 권19 흠명기 13년조의 "新羅聞明王親來 悉發國中兵 斷道擊破" 참조.

5 김복순, 1992, 〈삼국의 첩보전과 승려〉, 《가산 이지관스님 화갑기념논총》, 논총 간행위원회 참조.

6 《삼국사기》 권25 백제본기 개로왕 21년조의 "… 先是 高句麗長壽王 陰謀百濟 求 可以間諜於彼者 時 浮屠道琳應募曰 … 是以倉庾虛竭 人民窮困 邦之隉杌 甚於累卵 於是 道琳逃還以告之 長壽王喜 將伐之" 참조.

7 《삼국사기》 권41 열전 제1 김유신 상의 "春秋入高句麗 過六旬未還 庾信揀得國內 勇士三千人 … 時高句麗諜者浮屠德昌 使告於王 王前聞春秋盟辭 又聞諜者之言 不敢 復留 厚禮而歸之" 참조.

8 《삼국사기》 권42 열전 제2 김유신 중의 "永徽六年乙卯秋九月 … 先是租未坤級湌 爲夫山縣令 被虜於百濟 爲佐平任子之家奴 從事勤恪 … 任子憐之不疑 … 乃逃歸 以 百濟之事 告庾信 庾信知租未困忠而可用 乃語曰 吾聞任子專百濟之事 思有以與謀而 未由 子其爲我 再歸之 … 遂復入於百濟 … 租未坤伺間報曰 前者畏罪不敢直言 其 實往新羅還來 庾信論我 來告於君曰 邦國興亡 不可先知 若君國亡 則君依於我國 我國 亡 則吾依於君國 任子聞之 嘿然無語 … 待罪數月 任子喚而問之曰 汝前說庾信之言 若何 租未坤驚恐而對 如前所言 任子曰 爾所傳 我已悉知 可歸告之 遂來說兼及中外之 事 丁寧詳悉 於是愈急幷呑之謀" 참조.

9 《일본서기》 권19 흠명기 15년조의 "冬十二月 … 苦都乃獲明王 再拜曰 請斬王首 明 王對曰 王頭不合受奴手 苦都曰 我國法 違背所盟 雖曰國王 當受奴手" 참조.

10 주보돈, 2012, 〈백제 성왕의 죽음과 신라의 '국법'〉, 《백제문화》 47집, 공주대학 교 백제문화연구소.

11 《일본서기》 권19 흠명기 15년조의 "寡人每念 常痛入骨髓 顧計不可苟活 乃延首受 斬" 참조.

12 《일본서기》 권19 흠명기 15년조의 "冬十二月 … 雖曰國王 當受奴手(一本云 明王 乘踞胡床 解受佩刀於谷知令斬)" 참조.

13 《일본서기》 권19 흠명기 15년조의 "苦都斬首而殺 堀坎而埋(一本云 新羅留明王 頭骨 而以禮送餘骨於百濟 今新羅王埋明王骨於北廳階下 名此廳曰都堂)" 참조.

14 《일본서기》 권19 흠명기 16년조의 "春二月 百濟王子餘昌遣王子惠(王子惠者 威德 王之弟也) 奏曰 聖明王爲賊見殺 … 俄而蘇我臣伺訊曰 聖王妙達天道地理 名流四表八 方 意謂 永保安寧 … 豈圖一旦眇然昇遐 與水無歸 卽安玄室 何痛之酷 何悲之哀 凡在 含情 誰不傷悼 當復何咎 致玆禍也 今復何術 用鎭國家" 참조.

15 국립부여박물관, 2010, 《백제 중흥을 꿈꾸다, 능산리사지》, 120쪽.

16 신광섭, 2003, 〈능산리사지 발굴조사와 가람의 특징〉, 《백제금동대향로와 고대

동아세아》 백제금동대향로발견 10주년기념 국제학술심포지엄, 국립부여박물관; 국립부여박물관 편, 2007, 《능사: 부여 능산리사지 6~8차 발굴조사보고서》 국립부여박물관 유적조사보고서 제13책, 323~329쪽.

17 부여군, 2018, 《부여 능산리고분군 조사 기록화사업Ⅰ-부여 능산리고분군의 조사와 기록》; 국립부여박물관, 2018, 《부여 능산리 1호(동하총)》 일제강점기 자료조사 보고 29집; 국립부여박물관, 2019, 《부여 능산리 동고분군》 일제강점기 자료조사 보고 32집.

18 서현주, 2017, 〈백제 사비기 왕릉 발굴의 새로운 성과와 역사적 해석〉, 《한국고대사연구》 88집, 한국고대사학회.

19 《삼국사기》 권18 고구려본기 고국원왕 12년조의 "十一月 斯自將勁兵四萬 出南道 … 遂入丸都 … 韓壽曰 … 請載其父尸 因其生母而歸 侯其束身自歸 然後返之 撫以恩信 策之上也" 참조.

20 《삼국사기》 권18 고구려본기 고국원왕 13년조의 "春二月 王遣其弟 稱臣入朝於燕 貢珍異以千數 燕王斯乃還其父尸" 참조.

21 전돌로 무덤을 만드는 데 드는 막대한 비용에 대해서는 조윤재, 2019, 〈무령왕릉은 왜 벽돌로 만들었나?〉, 《무령왕릉 다시보기》 백제학연구총서 쟁점백제사 15, 한성백제박물관 참조.

22 김영하, 1988, 〈신라 중고기의 정치과정 시론-중대왕권 성립의 이해를 위한 전제-〉, 《태동고전연구》 4집, 태동고전연구소;

23 《삼국사기》 권4 신라본기 진흥왕 33년조의 "三月 王太子銅輪卒" 참조.

24 주보돈, 1994, 〈비담의 난과 선덕왕대 정치 운영〉, 《이기백선생고희기념 한국사학논총》 상, 일조각.

25 전덕재, 2019, 〈도화녀비형랑 설화의 형성 배경과 역사적 의미〉, 《신라문화재학술발표논문집》 40집, 동국대학교 신라문화연구소.

26 《삼국사기》 권7 고구려본기 문자명왕 즉위년조의 "文咨明王 … 長壽王之孫 父王子古鄒大加助多 助多早死 長壽王養於宮中 以爲大孫 長壽在位七十九年薨 繼立" 참조.

27 《삼국사기》 권10 신라본기 소성왕 즉위년조의 "昭聖或云昭成王 立 諱俊邕 元聖王太子仁謙之子也 … 元聖大王元年 封子仁謙爲太子 至七年卒 元聖養其子於宮中 … 十一年爲太子 及元聖薨 繼位" 참조.

28 《삼국사기》 권4 신라본기 진평왕 즉위년조의 "… 王生有奇相 身體長大 志識沉毅明達" 참조.

29 《삼국유사》 권1 기이 제1 천사옥대조의 "第二十六白淨王 諡眞平大王 金氏 … 身長十一尺 駕行內帝釋宮(亦名天柱寺 王之所創) 踏石梯 二石並折 王謂左右曰 不動此石 以示後來 卽城中五不動石之一也" 참조.

30 《삼국유사》 권1 기이 제1 도화녀 비형랑조의 "御國四年 政亂荒婬 國人廢之" 참조.

31 노중국, 2016, 〈신라 흥륜사와 황룡사 그리고 진흥왕과 거칠부〉, 《신라문화제학술발표논문집》 37집, 동국대학교 신라문화연구소.

32 김기흥, 2000, 《천년의 왕국 신라》, 창작과 비평사, 190쪽; 김덕원, 2007, 《신라중고정치사연구》, 경인문화사, 52-56쪽.

33 《삼국사기》 권44 열전 제4 거칠부전의 "眞智王元年丙申 居柒夫爲上大等 以軍國事務自任…" 참조.

34 《삼국사기》 권26 백제본기 문주왕 4년조의 "秋八月 兵官佐平解仇 擅權亂法 有無

君之心 王不能制 …"및 삼근왕 즉위년조의 "三斤王 或云壬乞 文周王之長子 王薨 繼位 年十三歲 軍國政事一切 委於佐平解仇"참조.

35 《삼국사기》 권4 신라본기 진흥왕 36년조의 "春夏旱 皇龍寺丈六像 出淚至踵" 및 《삼국유사》 권4 탑상 제4 황룡사장육조의 "大建六年甲午三月(寺中記云 癸巳十月十七日) 鑄成丈六尊像 … 明年 像淚流至踵 沃地一尺 大王昇遐之兆"참조.

36 최병헌, 2019, 〈신라 진흥왕대의 국가발전과 정치사상-진흥왕순수비·황룡사장육 존상 조성의 역사적 의의-〉,《신라문화》 54집, 동국대학교 신라문화연구소.

37 《삼국사기》 권4 신라본기 진흥왕 37년조의 "… 王幼年卽位 一心奉佛 至末年祝髮 被僧衣 自號法雲 以終其身 王妃亦効之爲尼 住永興寺"참조.

38 최병헌, 1990, 〈신라의 성장과 신라 고분문화의 전개〉,《한국고대사연구》 4집, 한국고대사연구회.

39 이희준, 2016, 〈사로국의 성립과 성장〉,《신라의 건국과 성자》 신라 천년의 역 사와 문화 연구총서 02, 경상북도.

40 김용성, 2016, 〈사로국에서 신라로〉,《신라의 건국과 성자》 신라 천년의 역사 와 문화 연구총서 02, 경상북도.

41 《삼국사기》 권4 신라본기 지증왕 3년조의 "春二月 下令禁殉葬 前國王薨 則殉以 男女各五人 至是禁焉"참조.

42 《삼국사기》 권4 신라본기 지증왕 5년조의 "夏四月 制喪服法頒行"참조.

43 《삼국지》 권1 위서1 무제기 제1 건안 10년조의 "春正月 … 令民不得復私讎 禁 厚葬 皆一之於法"참조.

44 《삼국사기》 권4 신라본기 법흥왕 27년조의 "秋七月 王薨 諡曰法興 葬於哀公寺 北峯"참조.

45 《삼국사기》 권4 신라본기 진흥왕 37년조의 "秋八月 王薨 諡曰眞興 葬于哀公寺北 峯"참조.

46 《삼국사기》 권4 신라본기 진지왕 4년조의 "秋七月十七日 王薨 諡曰眞智 葬于永 敬寺北"참조. 그런데《삼국유사》 권1 왕력 신라 제25 진지왕조에는 "陵在哀公寺 北"으로 나온다.

47 《삼국사기》 권5 신라본기 태종무열왕 8년조의 "六月 王薨 諡曰武烈 葬永敬寺北" 참조.

48 전칭 왕릉의 비정 과정에 대해서는 이근직, 2012,《신라 왕릉 연구》, 학연문화 사 참조.

49 강인구, 1984, 〈신라 왕릉의 재검토(1)-유화계의 '나릉진안설'과 관련하여〉, 《동방학지》 41집, 연세대학교 국학연구원; 최민희, 2017, 〈경주 서악동고분군에 대한 새로운 왕릉 명칭 비정〉,《신라사학보》 40집, 신라사학회.

50 이근직, 2012,《신라 왕릉 연구》, 학연문화사.

51 김용성, 2012, 〈경주 서악동 능원과 그 의의〉,《영남대학교 문화인류학과 개설 40주년 기념논총 인류학고고학논총》, 영남대학교 문화인류학과 개설 40주년 기 념논총간행위원회; 윤상덕, 2014, 〈봉토 외형으로 본 신라 전·중기의 왕릉 추정〉, 《한국고고학보》 93집, 한국고고학회.

52 《삼국사기》 권23 백제본기 개로왕 21년조의 "道琳詣王門 告曰 … 先王之骸骨 權 攢於露地"참조.

53 위치에서 볼 때 무열왕릉 바로 뒤에 있는 4호분은 무열왕이 즉위 후 아버지

용춘을 文興대왕으로 추봉하고 나서 아버지 무덤을 왕릉급에 맞도록 새로 조영한 무덤일 가능성이 크다.

54 《삼국사기》 권4 신라본기 진지왕 원년조의 "以伊飡居柒夫爲上大等 委以國事" 참조.

55 《삼국사기》 권44 열전 제4 거칠부전의 "… 眞智王元年丙申 居柒夫爲上大等 以軍國事務自任 …" 참조.

56 《삼국유사》 권3 탑상 제4 미륵선화 미시랑 진자사조.

57 김덕원, 〈신라 진지왕대의 왕권강화와 미륵신앙〉, 《사학연구》 76집, 한국사학회.

58 《삼국사기》 권44 열전 제4 거칠부전의 "眞智王元年丙申 居柒夫爲上大等 以軍國事務自任 至老終於家 享年七十八" 참조.

59 김영하, 1988, 〈신라 중고기의 정치과정 시론-중대왕권 성립의 이해를 위한 전제-〉, 《태동고전연구》 4집, 태동고전연구소; 주보돈, 2014, 〈거칠부의 출가와 출사〉, 《한국고대사연구》 76집, 한국고대사학회.

60 《삼국유사》 권1 기이 제1 도화녀 비형랑조의 "前此 沙梁部之庶女 姿容艷美 時號桃花娘 王聞而召致宮中 欲幸之" 참조.

61 《삼국사기》 권4 신라본기 진평왕 원년조의 "八月 以伊飡弩里夫爲上大等 封母弟伯飯爲眞正葛文王 國飯爲眞安葛文王" 및 2년조의 "春二月 親祀神宮 以伊飡后稷爲兵部令" 참조.

62 김병곤, 2009, 〈진평왕의 즉위와 지증왕계 인물의 동향〉, 《한국고대사연구》 56집, 한국고대사학회.

63 《삼국사기》 권4 신라본기 진평왕 즉위년조의 "… 王生有奇相 身體長大 志識沉毅明達" 참조.

64 《삼국유사》 권4 탑상 제4 황룡사구층탑조의 "文殊又云 汝國王是天竺刹利種王" 참조.

65 《삼국유사》 권1 기이 제1 천사옥대조의 "淸泰四年丁酉五月 正承金傅獻鑴金粧玉排方腰帶一條 長十圍 鑴銙六十二 曰是眞平王天使玉帶也 …" 참조.

66 이정숙, 2012, 〈진평왕의 즉위 배경과 정국 추이〉, 《신라 중고기 정치사회 연구》, 혜안, 86쪽.

67 파른본 《삼국유사》 권1 왕력 제1 신라 제26 진평왕조의 "一名白淨 父銅輪王 一云東輪太子" 참조. 임신본 《삼국유사》에는 "父銅輪 一云東輪太子"로 나와 차이가 난다.

68 《삼국사기》 권4 신라본기 진평왕 즉위년조의 "眞平王 立 諱白淨 眞興王太子銅輪之子也" 참조.

69 김상현, 2013, 〈삼국유사 고판본과 파른본의 위상〉, 《동방학지》 제162집, 연세대학교 국학연구원; 남권희, 2015, 〈삼국유사 제판본의 서지적 분석〉, 《한국고대사연구》 79집, 한국고대사학회.

70 《삼국사기》 권5 신라본기 태종무열왕 원년조의 "夏四月 追封王考爲文興大王 母爲文貞太后" 참조.

71 《삼국유사》 권4 탑상 제4 황룡사장육조의 "寺記云 眞平王六年甲辰 金堂造成" 참조.

맺는 글

1 《광개토대왕비》의 "九年己亥 百殘違誓 與倭和通 王巡下平壤 而新羅遣使白王云 倭人 滿其國境 潰破城也 以奴客爲民 歸王請命 … 十年庚子 敎遣步騎五萬 往救新羅 從男 居城 至新羅城 倭滿其中 官軍方至 倭賊退△△背急追 至任那加羅從拔城 城卽歸服 安 羅人戍兵△ …"참조.

2 《충주고구려비》의 "五月衆 高麗太王祖王令△ 新羅寐錦 世世爲願 如兄如弟 上下相 和 守天東來之 … 新羅土內幢主 下部拔位使者補奴 …"및 《일본서기》 권14 웅략기 8년조의 "春二月 … 新羅國背誕 苞苴不入 於今八年 而大懼中國之心 脩好於高麗 由 是高麗王遣精兵一百人 守新羅 …"참조.

3 《삼국사기》 권3 신라본기 소지마립간 3년조의 "三月 高句麗與靺鞨入北邊 取狐鳴 等七城 又進軍於彌秩夫 我軍與百濟加耶援兵 分道禦之 賊敗退 追擊破之泥河西 斬首 千餘級"참조.

4 《구당서》 권199 상 열전 제149 동이 신라전의 "高祖旣聞海東三國舊結怨隙 … 乃 問其使爲怨所由 對曰 先是百濟往伐高麗 詣新羅請救 新羅發兵 大破百濟國 因此爲怨 每相攻伐 新羅得百濟王殺之 怨由此始"참조.

5 〈광개토대왕비〉의 "十四年甲辰 而倭不軌 侵入帶方界 … 王幢要截盪刺 倭寇潰敗 斬 煞無數"참조.

6 《삼국사기》 권24 백제본기 근초고왕 24년조의 " 秋九月 高句麗王斯由帥步騎二萬 來屯雉壤 分兵侵奪民戶"참조.

7 《삼국사기》 권24 백제본기 근초고왕 26년조의 "冬 王與太子帥精兵三萬 侵高句麗 攻平壤城 …"참조.

8 《삼국사기》 권18 고구려본기 장수왕 63년조의 "九月 王帥兵三萬 侵百濟 …"참조.

9 《고려사》 권92 열전 제5 崔凝傳의 "他日 太祖謂崔凝曰 昔新羅造九層塔 遂成一統之 業 今欲開京建七層塔 西京建九層塔 冀借玄功 除群醜 合三韓爲一家 卿爲我作發願疏 凝遂製造 …"참조.

10 노중국, 2018, 《백제정치사》, 일조각, 540~543쪽.

11 《삼국사기》 권5 신라본기 선덕왕 3년조의 "春正月 改元仁平 芬皇寺成"; 14년조의 "三月 創造皇龍寺塔 從慈藏之請也"참조.

12 《삼국유사》 권4 탑상 제4 황룡사구층탑조의 "神曰 皇龍寺護法龍 是吾長子 受梵 王之命 來護是寺 歸本國 成九層塔於寺中 隣國降伏 九韓來貢 王祚永安矣"참조.

13 《삼국사기》 권45 열전 제5 "及嬰陽王卽位 溫達奏曰 惟新羅割我漢北之地爲郡縣 百 姓痛恨 未嘗忘父母之國 願大王不以愚不肖 授之以兵 一往必還吾地 王許焉 臨行誓曰 鷄立峴竹嶺已西 不歸於我 則不返也 遂行 與羅軍戰於阿旦城之下 爲流矢所中 踣而死" 참조.

14 《삼국사기》 권41 열전 제1 김유신 상의 "或告麗王曰 新羅使者 非庸人也 … 王其 圖之 俾無後患 … 謂曰 麻木峴與竹嶺 本我國地 若不我還 則不得歸 春秋答曰 國家土 地 非臣子所專 臣不敢聞命 王怒囚之"참조.

찾아보기